Wissen
auf einen Blick

Der Zweite Weltkrieg

Bildnachweis
AKG: S. 9, 23, 29, 31, 41, 51, 63, 73, 75, 77, 81, 87, 103, 105, 119, 125, 133, 159; dpa/picture alliance: 5, 6, 11, 13, 17, 19, 21, 27, 35, 37, 39, 43, 45, 47, 53, 55, 65, 69, 83, 85, 89, 91, 93, 97, 99, 101, 107, 111, 113, 117, 121, 123, 129, 131, 137, 139, 141, 143, 145, 147, 149, 151, 155, 157, 161, 167, 169, 171, 173, 175, 179, 181, 183, 185, 187, 189, 191, 195, 197, 199, 201, 203, 205, 207; Interfoto: 4, 15, 25, 33, 49, 57, 59, 61, 67, 71, 79, 95, 109, 115, 127, 135, 163, 165, 177, 193, 208, 209, 210, 211; Kaufmann: 153

Gesamtherstellung: Naumann & Göbel Verlagsgesellschaft mbH

ISBN: 978-3-625-11521-2

www.naumann-goebel.de

Wissen
auf einen Blick

Der Zweite Weltkrieg

Friedemann Bedürftig

NGV

Inhalt

Wissen
auf einen Blick

Vorwort

Es gibt nur noch wenige Menschen, die aktiv am größten Krieg der Menschheitsgeschichte teilgenommen haben. Und selbst die, durch deren frühe Kindheitserinnerungen noch Fliegeralarm und Panzerrasseln dröhnen, sind bereits im Ruhestand. Und doch: Die bedrückende Vergangenheit will nicht vergehen, die Bilder bleiben gegenwärtig. So belastend das sein mag, so wichtig ist es für das Verstehen jener entscheidenden Epoche unserer Geschichte. Gern wird in diesem Zusammenhang von „Bewältigung" gesprochen, doch hängt man damit den Anspruch zu hoch. Geschichte, so formulierte es Bundespräsident Richard von Weizsäcker zum 40. Jahrestag des Kriegsendes 1985, „lässt sich ja nicht nachträglich ändern oder ungeschehen machen. Wer aber vor der Vergangenheit die Augen schließt, wird blind für die Gegenwart."

Die Augen weit öffnen möchte daher unsere Darstellung. Nicht zuletzt deswegen beginnt sie mit dem Ende, mit dem Zusammenbruch der Mächte, die den vernichtenden Weltenbrand zu verantworten hatten. Selbst Triumphe der einen oder anderen Seite nämlich sollen nicht vergessen machen, was Krieg letztlich immer heißt: Leid und Elend, Not, Tod und Zerstörung. Und es soll stets präsent bleiben, dass die Brandfackel von Deutschland ausging, das sich einem gewissenlosen „Führer" anvertraut hatte und von ihm in den Abgrund geführt worden ist. Es brauchte das Bündnis fast aller Staaten der Erde, dem Tyrannen in den Arm zu fallen und seinen Vernichtungswillen zu brechen. Nach der einleitenden Bilanz folgen daher die wichtigsten Schritte auf dem Weg in den Krieg von der Erprobung der deutschen Waffen in Spanien bis zum Bündnis des deutschen und des sowjetischen Diktators nur Tage vor Beginn des Waffengangs, der schließlich in Europa und Fernost, in Afrika und auf allen Weltmeeren tobte.

Im Wesentlichen schließen sich Kapitel an, die chronologisch vom Verlauf des Krieges und der verschiedenen Feldzüge berichten, unterbrochen aber immer wieder auch durch politische Themen, Sorgen des Alltags und Probleme zu Hause, an der „Heimatfront", wie es damals hieß. Den größeren Abschnitten sind jeweils kurze Unterthemen in Kästen beigegeben, die Details genauer beleuchten, Waffensysteme vorstellen, Kriegsverbrechen schildern, Kulturelles beisteuern oder Zusammenhänge sichtbar machen. Dominieren freilich musste Militärisches, das den Gang der Ereignisse bestimmte. Und da der Kriegsschauplatz die ganze Welt war, lassen sich die Berichte am besten mit Atlas-Begleitung verfolgen, damit die Orte des Geschehens besser in den Blick rücken. Die Übersichtskarten, die dem Buch beigegeben sind, wollen und können nur eine erste Orientierung bieten.

Eine strikte Chronologie ließ sich wegen des globalen Geschehens nicht einhalten; insbesondere der Fernost-Krieg machte Sprünge nötig. Aber auch sonst überlappen sich immer wieder Ereignisse, die bis zu einem gewissen Abschluss weitererzählt werden und damit den kommenden Entwicklungen manchmal vorgreifen. Das bleibt aber die Ausnahme, sodass insgesamt eine chronologische Abfolge gewahrt wird. Die Unterteilung des Stoffs in eine große Zahl von in sich abgeschlossenen Erzählabschnitten mit je einem Merkbild dient der Fasslichkeit, ohne dass darüber der Gesamtzusammenhang zu kurz kommt.

Bei allem Bemühen um Sachlichkeit sind Wertungen nicht immer zu umgehen gewesen. Vieles verlangte nach klarer Stellungnahme, um die wir uns nicht drücken durften. Sonst aber sprechen die Fakten, die jedem erlauben, sich ein eigenes Bild zu machen.

Bedingungslos

Kriegsende in Europa (1945)

Für die Schlussphase der Kämpfe in Europa 1945 hat sich aus deutscher Sicht die Bezeichnung „Zusammenbruch" eingebürgert. Er war so total, wie es der Krieg gewesen war, die Kapitulation am 8. Mai, wie gefordert, eine bedingungslose. „Deutschland wird nicht mit dem Ziel der Befreiung besetzt werden, sondern als eine besiegte feindliche Nation." Dieser Satz, niedergelegt in der Direktive JCS 1067 vom 11.5.1945, der Instruktion für die amerikanische Militärregierung, bündelte noch einmal den Hass auf den Hitlerismus, der die erstaunliche Koalition der Sieger zusammengehalten und der Deutschland in eine Trümmerwüste verwandelt hatte.

Rauchende Ruinen

400 Millionen Kubikmeter Schutt türmten sich auf, ganze Städte wie Jülich oder Xanten, Schauplätze der letzten Schlachten im Westen, waren fast völlig vertilgt, Großstädte wie Köln, Dresden, Kassel oder Dortmund standen nur noch zu einem Drittel, vierzig Prozent aller Wohnungen waren total zerstört oder nicht mehr wiederaufbaubar. In den Industrierevieren Schlesiens und des Ruhrgebiets rauchten nicht mehr die Schlote, sondern die Ruinen. Alle 33 Eisenbahnbrücken über Rhein und Weser, 22 der 34 über die Donau lagen in den Flüssen, ein Drittel des Reichsbahnnetzes war unbefahrbar, 1500 Schiffswracks blockierten den Rhein, 3455 die Seehäfen. Die Strom- und Wasserversorgung funktionierte nur stellen- und zeitweise.

Durch diese Wüstenei irrten Millionen von Menschen auf der Suche nach einer Bleibe, nach Nahrung, nach Freunden, Kindern, Eltern. Es waren Ausgebombte und Flüchtlinge aus dem Osten, befreite Zwangsarbeiter und einstige Häftlinge. Und es waren vor allem Frauen und Kinder, Alte, Kranke und Krüppel, denn über vier Millionen Männer waren gefallen, zwölf Millionen in Gefangenschaft. Und es waren allesamt Entwurzelte, die auf die eine oder andere Weise Heimat verloren hatten. Die Zukunft schien allen finster, viele zweifelten, ob es überhaupt noch eine geben könne – die Selbstmordraten schnellten in die Höhe, vor allem dort, wo zum Elend auch noch Übergriffe der Besatzer kamen.

Rechte der Besiegten? Man fragte sich in der Welt ja schon, ob für diese Deutschen auch nur die Menschenrechte gelten sollten. Ob Gegner, Mitläufer oder Mittäter des NS-Systems – sie alle standen als Deutsche am Pranger, ausgespieen von der Völkerfamilie, die sich entsetzte über die in den KZs zutage kommenden Verbrechen und über die vollends unfassbaren Meldungen aus den Todesfabriken im Osten. Nichts gewusst? Das ließ sich niemandem weismachen, schon gar nicht den Menschen, die unter dem deutschen Terror gelitten hatten.

Opferbilanz

Nach vorsichtigen Schätzungen hatte der Krieg insgesamt 60 Millionen Menschenleben vernichtet. Allein Russland beklagte 27 Millionen Tote, darunter 3 Millionen in deutschem Gewahrsam verhungerte, zu Tode geschundene, erschossene Rotarmisten. Polen hatte über 5 Millionen Einwohner verloren, Deutschland etwas mehr, wozu noch 2,5 Millionen Tote durch Flucht und Vertreibung kamen. 1 Million Jugoslawen, 800 000 Franzosen und fast 400 000 Briten waren Kampfhandlungen zum Opfer gefallen. Während des Bombenkriegs der Alliierten waren 600 000 Einwohner deutscher Städte gestorben, was die angloamerikanischen Luftwaffen mit 100 000 Mann Besatzungen bezahlt hatten. Den wohl entsetzlichsten „Posten" bildeten die 6,5 Millionen wehrlosen Opfer der deutschen „Endlösung der Judenfrage", des systematischen Völkermords, der neben Juden auch 500 000 andere rassisch Verfolgte verschlungen hatte.

US-Soldat vor der Silhouette des Kölner Doms. Deutschland lag in Trümmern, materiell wie moralisch. Seine Kathedralen waren ausgeglüht, doch die Türme standen noch. Ein Zeichen der Hoffnung? 1945 nur schwer zu glauben.

Görings Luftwaffe probt den Ernstfall

Spanischer Bürgerkrieg (1936-1939)

Weder die Militärdiktatur unter Primo de Rivera (1923-1930), noch die zweite Republik seit 1931 hatte die anhaltende Staats- und Gesellschaftskrise im sozial zerklüfteten Königreich Spanien zu entschärfen und die verfeindeten Lager anzunähern, geschweige denn zu versöhnen vermocht. Als sich im Frühjahr 1936 eine Volksfrontregierung aus Linksrepublikanern, Sozialisten und Kommunisten gebildet hatte, putschten nach Ermordung des Monarchistenführers Calvo Sotelo am 13.7. Truppen im spanischen Nordafrika unter General Francisco Franco und setzten zum Vormarsch auf Madrid an. Der dadurch entbrennende Bürgerkrieg zog Sympathisanten beider Seiten nach Spanien. Für die Republik engagierten sich Tausende von Freiwilligen aus zahlreichen demokratischen Staaten in Internationalen Brigaden, und auch die Sowjetunion sowie Mexiko unterstützten die Volksfront.

Schulterschluss mit Mussolini

Franco dagegen fand Hilfe bei Italien, das 20 000 reguläre Soldaten und 27 000 Freiwillige („Milicia volontaria") schickte, und beim Deutschen Reich, das den Luftwaffenverband „Legion Condor" entsandte, um sowohl Waffensysteme wie die politische Reaktion der europäischen Staaten zu testen. Zunächst leistete die Legion im Juli 1936 Transporthilfe beim Übersetzen von Franco-Truppen aus Marokko auf die Iberische Halbinsel. Dann griff sie mit Kampfflugzeugen direkt ein und trug mit Nachrichten-, Transport- und Panzereinheiten insgesamt etwa 6000 immer wieder ausgetauschte Kämpfer stark, oft entscheidend zu Franco-Siegen bei. Hitlers Ziel war neben der Eindämmung des Kommunismus, der Schulterschluss mit Italien und die Erprobung von Waffen „im scharfen Schuss" (Göring). Zunächst geheimgehalten, wurde der Einsatz der Legion Condor mit dem Angriff auf Guernica (siehe Kasten) im April 1937 allgemein bekannt. Ihre Heimkehr auf KdF-Schiffen wurde am 6.6.1939 mit einer Parade in Berlin gefeiert, wobei Goldtafeln mit den Namen von 300 Gefallenen (tatsächliche Verluste 420) mitgeführt wurden.

Ermunterung zur Aggression

Dass die Westmächte sich aus dem Krieg heraushielten und die Intervention des faschistischen Italiens und des nationalsozialistischen Deutschlands stillschweigend duldeten, gehörte zu den Erfahrungen, die Hitler in seinen aggressiven Absichten bestärkten. Die Generalprobe für die Verschärfung seines außen- und rüstungspolitischen Kurses schien ihm glänzend geglückt. Innerspanisch endete der Krieg, der mit seinen Grausamkeiten die spanische Gesellschaft auf Jahrzehnte spaltete, am 1.4.1939 mit dem Sieg Francos; über 500 000 Menschen hatten den Tod gefunden.

Guernica

Als „Erprobungskrieg" sah die deutsche Luftwaffe den Einsatz der Legion Condor im Spanischen Bürgerkrieg, für ihre Opfer jedoch bedeutete das tödlicher Ernst. Symbol dafür wurde der baskische Ort Guernica, den am 26.4.1937 neun Maschinen mit 7950 Kilo Bomben angriffen. Sie trafen nicht, wie geplant, militärische Ziele, sondern die Stadt selbst, die zu großen Teilen vernichtet wurde. Propaganda und Gegenpropaganda haben die Details allerdings so verwischt, dass nicht einmal die genaue Zahl der Opfer – sie schwankt zwischen 100 und 1600 – gesichert ist. Möglich erscheint auch, dass das Zerstörungswerk von republikanischen Milizen („Dinamiteros") vollendet wurde, die den vorrückenden Franco-Truppen nach dem Prinzip der verbrannten Erde nichts Brauchbares in die Hände fallen lassen wollten. Picasso hielt das Inferno von Guernica auf einem Gemälde fest.

Kämpfer der Legion Condor, angetreten zur Parade in Berlin am 6.6.1939 nach dem Sieg der Franco-Faschisten im Spanischen Bürgerkrieg. Ursprünglich wurde der Einsatz deutscher Flieger in Spanien sorgfältig beschwiegen. Nun aber wollte sich das Regime mit im Triumph sonnen.

Staatsoberhaupt desavouiert

Blomberg-Fritsch-Krise der Wehrmacht (Januar/ Februar 1938)

Die Wehrmacht war nach fünf Jahren Hitler-Herrschaft noch relativ wenig nationalsozialistisch infiltriert, auch wenn die Führung sich 1934 zum Handlanger des „Führers" bei der Entmachtung und Ermordung der SA-Spitze um Ernst Röhm gemacht und Reichskriegsminister von Blomberg den Eid der Soldaten auf Hitler durchgesetzt hatte. Dieser blieb aber immer misstrauisch gegenüber dem Offizierkorps und fand sich darin bestärkt, als er am 5.11.1937 seine militärischen Pläne vor dem Minister und den Oberbefehlshabern (OB) der Teilstreitkräfte darlegte. Blomberg und Generaloberst von Fritsch, OB des Heeres, warnten vor dem Kriegskurs und waren damit für Hitler untragbar geworden.

Zwielichtige Vergangenheit

Ein Vorwand zur Entlassung des Ministers fand sich sehr bald: Der geschiedene Generalfeldmarschall hatte sich mit einer nicht standesgemäßen Frau verlobt und war von Göring, dem zweiten Mann im Staat, zur Eheschließung ermuntert worden, da mit überlebten gesellschaftlichen Vorurteilen aufgeräumt werden müsse. Hitler und er fungierten daher am 12.1.1938 als Blombergs Trauzeugen. Wenige Tage später wurde bekannt, dass Frau von Blomberg nicht nur nicht standesgemäß, sondern wegen früher Tätigkeit im horizontalen Gewerbe nicht als Ehefrau eines der höchstrangigen Vertreter des Reiches hinnehmbar war. Das Staatsoberhaupt Hitler sah sich zudem durch die Trauungsteilnahme desavouiert und legte Blomberg den Rücktritt nahe, den dieser am 27.1.1938 einreichte.

Fritsch wäre nun der gegebene Nachfolger im Ministeramt gewesen, das aber auch Göring anstrebte. Er präsentierte Erkenntnisse der Geheimen Staatspolizei (Gestapo), nach denen Fritsch homosexuelle Beziehungen zu einem Strichjungen unterhalten habe und mithin ein Sicherheitsrisiko sei. Fritsch, dessen Ehrenwort Hitler nicht genügte, wurde in der Reichskanzlei dem „Subjekt" Schmid gegenübergestellt. Der Zeuge blieb bei der Behauptung intimer Beziehungen zu Fritsch, der am 4.2.1938 entlassen wurde. Hitler übernahm nun selbst die Wehrmachtführung und ersetzte das Ministerium durch ein neu geschaffenes Oberkommando der Wehrmacht (OKW, siehe Kasten). Die völlige Rehabilitierung Fritschs durch ein Ehrengerichtsverfahren unter Vorsitz von Göring am 18.3.1938 ging im Strudel der Ereignisse um den Anschluss Österreichs unter.

Durch den Blomberg-Skandal hatte Hitler die Streitkräfte in den Griff bekommen, die Fritsch-Krise brach dem Offizierkorps dann moralisch das Rückgrat: Es gab Ehre und Selbstachtung preis, als es den ranghöchsten Soldaten des Reiches widerstandslos zum Opfer einer kriminellen Nazi-Intrige werden ließ.

Oberkommando der Wehrmacht (OKW)

Am 4.2.1938 bildete Hitler das im Reichkriegsministerium arbeitende Wehrmachtamt zum Oberkommando der Wehrmacht um, als oberste, ihm als oberstem Befehlshaber der Wehrmacht direkt unterstellte Kommando- und Verwaltungsbehörde der deutschen Streitkräfte. Sie sollte „im Frieden die einheitliche Vorbereitung der Reichsverteidigung auf allen Gebieten" sicherstellen und ersetzte damit das nun wegfallende Ministerium. Chef OKW wurde Generaloberst Keitel im Ministerrang. Er gebot über vier Ämter: Wehrmachtführungsamt unter General Jodl (1940 umbenannt in Wehrmachtführungsstab) als militärische Stabsabteilung Hitlers, Amt Auslandsnachrichten und Abwehr unter Admiral Canaris, Allgemeines Wehrmachtamt und Wehrwirtschafts- und Rüstungsamt. Das OKW arbeitete Hitlers Weisungen für die Kriegführung aus und gab seine Befehle an die Teilstreitkräfte weiter, ohne Kommandoberechtigung über sie zu haben.

Reichskriegsminister Werner von Blomberg (links mit Marschallstab) zusammen mit dem Oberbefehlshaber des Heeres Generaloberst Werner Freiherr von Fritsch auf dem „Reichsparteitag der Arbeit" im September 1937.

Kraftlose Beschwichtigung

Münchener Abkommen (30.9.1938)

Ein wesentlicher Markstein auf dem Weg in Hitlers Krieg wurde eine der ersten Gipfelkonferenzen im modernen Sinn am 29./30.9.1938 in München: Die Staats- und Regierungschefs Großbritanniens, Frankreichs, Italiens und des Deutschen Reiches berieten über Hitlers Forderung nach Angliederung des von drei Millionen Deutschen besiedelten Sudetenlandes an das Deutsche Reich. Das Gebiet hatte bis zur Angliederung an die Tschechoslowakei 1918 zu Österreich-Ungarn gehört; Hitler leitete daher aus dem Anschluss Österreichs deutsche Ansprüche darauf ab.

Nervenkrieg gegen Prag

Hitler hatte sie seit Mai 1938 durch einen beispiellosen Nervenkrieg flankiert, indem er die Sudetendeutsche Partei unter Konrad Henlein die Forderungen nach Autonomie an Prag immer höher schrauben ließ, die Propaganda über angebliche tschechische Gräuel anheizte und mit militärischen Maßnahmen drohte – und sie bereits planen ließ. Der britische Premier Chamberlain war schließlich zur Rettung seiner Beschwichtigungs- oder Appeasement-Politik (siehe Kasten) mehrmals mit Hitler zusammengetroffen und hatte die Konferenz, vermittelt durch Italiens Diktator Mussolini, akzeptiert.

Sie diente – ohne Zuziehung des Opfers – nur noch der Bemäntelung des Zurückweichens vor dem deutschen Diktator, das im Münchener Abkommen vom 30.9. festgeschrieben wurde: Die Tschechoslowakei musste das fragliche Gebiet, den entscheidenden Eckpfeiler seiner Verteidigung, zwischen dem 1. und dem 10.10.1938 an Deutschland herausgeben und erhielt dafür vage Versprechungen einer internationalen Garantie. Hitler bekräftigte zwar, dass dies seine „letzte territoriale Forderung" sei, doch stand sein Entschluss zur „Zerschlagung der Resttschechei" längst fest. Chamberlain verkündete seinen „Erfolg" als Sieg des Friedens, ignorierte dabei aber den tiefen Schock, den das Arrangement der Westmächte mit dem NS-Staat in Moskau auslöste. Von München führte ein direkter Weg zum Hitler-Stalin-Pakt und damit zum Zweiten Weltkrieg.

Beistandsgarantie für Polen

Das Abkommen entpuppte sich nämlich schon ein halbes Jahr später als Kapitulation vor erpresserischen Forderungen eines skrupellosen Risikopolitikers: Hitler kümmerte sich nicht um das Papier, die Wehrmacht besetzte im März 1939 auch die tschechischen Gebiete der Tschechoslowakei. London beendete erst daraufhin die Politik des Appeasement und gab dem mutmaßlichen nächsten Opfer der deutschen Gewaltpolitik (Polen) eine Beistandsgarantie.

> ### *Appeasement*
>
> *Nach dem Weltkrieg 1914–1918 war Großbritannien Führungsmacht Europas, freilich eine angeschlagene. Weltreich wie Mutterland steckten in der Krise und brauchten Ruhe zur inneren Stabilisierung. Diese aber wurde in den 1930er Jahren empfindlich gestört von den aggressiven Mächten Italien, Deutschland und Japan. London entwickelte daher eine Strategie des dosierten Nachgebens v.a. Hitler gegenüber, „Appeasement" genannt. Zum einen waren Hitlers Forderungen zunächst nur gegen die Beschränkungen durch den Versailler Vertrag gerichtet, den auch England immer als problematisch empfunden hatte. Zum anderen bot Hitler anfangs für ein Entgegenkommen Gegenleistungen (Flottenabkommen 1935) an und operierte mit dem unstrittigen Selbstbestimmungsrecht der Völker. In dieser Lage wäre ein neuer Waffengang nicht nur riskant gewesen, sondern auch äußerst unpopulär. Frankreich allein war kaum handlungsfähig und musste sich der britischen Politik anschließen.*

„Frieden für unsere Zeit!" verkündete Premierminister Chamberlain fast triumphierend nach der Konferenz von München. Er ahnte nicht, dass für den, mit dem er da handelseinig geworden war, der Vertrag das Papier nicht wert war, auf dem er unterschrieben hatte.

Arrangement mit dem Todfeind

Hitler-Stalin-Pakt (23.8.1939)

„Pokale! Pokale!" Der sowjetische Diktator Stalin war in bester Stimmung, tauschte mit Hitlers Leibfotografen Hoffmann Artigkeiten aus und animierte seine deutschen Gäste zum Trinken: Reichsaußenminister Ribbentrop sprach dem köstlichen Krimsekt ebenso eifrig zu wie der deutsche Botschafter in Moskau, Graf von der Schulenburg. Sie feierten an diesem 23. August 1939 im Moskauer Kreml den soeben unterzeichneten Nichtangriffsvertrag auf zehn Jahre, der als Hitler-Stalin-Pakt Geschichte machen sollte. Noch gestern hatte kein Mensch so ein Arrangement für denkbar gehalten, denn die Feindschaft zwischen dem Nationalsozialismus und Bolschewismus hatte zu den wenigen Konstanten der Weltpolitik gehört.

Ziel: Lebensraum im Osten

Gab es da doch mehr Verwandtschaft als vermutet? Ideologisch sicher nicht, aber an Skrupellosigkeit ließen sich die Führer beider Länder von niemandem übertreffen. Und auch die Interessenlage gebot ein Zusammengehen: Hitler war es nicht gelungen, Polen von seinen Garantiemächten im Westen zu trennen. Und der umgekehrte Weg hatte sich auch als nicht gangbar erwiesen: Polen hatte sich standhaft geweigert, mit dem braunen Nachbarn über die rote UdSSR herzufallen. Nun versperrte es Deutschland den Weg zum „Lebensraum im Osten", den Hitler schon in seinem Buch „Mein Kampf" gefordert hatte.

> ### *Vorbereitungen*
> *Die Unterschrift unter das Münchener Abkommen war kaum trocken, da schuf Hitler erneut vollendete Tatsachen: Am 15.3.1939 ließ er die „Resttschechei" besetzen und als Protektorat Böhmen und Mähren dem Reich anschließen. Memel wurde nur acht Tage später „heimgeholt", und dann begann schon das Anziehen der polnischen Daumenschrauben: Hitler forderte die Schaffung einer exterritorialen Landverbindung nach Ostpreußen, das seit 1918 durch einen Korridor vom Reich abgetrennt war. Dem freundlichen alten Herrn in London platzte der Kragen. Chamberlain beendete die Appeasement-Politik und gab den kleinen ost- und südosteuropäischen Staaten britische Garantien. Paris schloss sich dem an. Aber auch die Gegenseite positionierte sich: Der deutsch-italienische „Stahlpakt" Ende Mai stärkte die „Achse Berlin-Rom", Stalin sicherte Hitler im Osten. Ein Eingreifen der Westmächte hielt er nun für ausgeschlossen. Diese Fehlspekulation sollte aus dem Polenunternehmen einen Weltkrieg machen.*

Was lag näher als die Verbindung mit dem ursprünglichen Opfer, um die Blockade zu beseitigen? Und die ideologischen Differenzen? An denen hatte Hitler noch keine Machtfrage scheitern lassen, hatte Südtirol um des Partners Italien willen verschmäht und suchte nun den Ausgleich mit dem bisherigen Todfeind Stalin, der aus seinem Holz geschnitzt war und nicht erst umständlich Parlamente befragen musste. Als Lebensmittellieferer konnte er zudem eine mögliche britische Blockade Deutschlands unwirksam machen.

Lachender Dritter

Nach wochenlangen Verhandlungen hatte der neue Freund die Westmächte abblitzen lassen, die ihn gegen Hitler hatten werben wollen, und rechnete nun so: Natürlich würde Hitler nicht ewig stillhalten, doch bot er Zeitgewinn und Industriegüter für das rückständige Russland. Außerdem versprach das geheime Zusatzprotokoll zum Vertrag (Ostteil Polens, Baltikum, Finnland und Bessarabien als künftige sowjetische Interessensphäre) deutlich mehr als der Westen zu bieten gewillt gewesen war. Und womöglich würden sich die kapitalistischen Staaten bald gegenseitig zerfleischen, während er, Stalin, als lachender Dritter würde ernten können.

Freibrief für Hitlers Krieg gegen Polen: Sowjetaußenminister Molotow am 23.8.1939 bei der Unterschrift unter den deutsch-sowjetischen Nichtangriffspakt. Hinter ihm Reichsaußenminister von Ribbentrop (links) und der sowjetische Dikator Stalin.

Durchbruch an allen Fronten

Beginn des Feldzugs gegen Polen (1.9.1939)

Von Ostpreußen bis in die Slowakei traten in der Morgenkühle des 1.9.1939 zwei deutsche Heeresgruppen mit fünf Armeen und anderthalb Millionen Mann zum Angriff gegen Polen an. Ohne Kriegserklärung stießen motorisierte Verbände, gefolgt von Infanteriedivisionen, aus Pommern und Ostpreußen sowie aus Schlesien in zwei Keilen ins Innere Polens vor. Das polnische Heer war zahlenmäßig unterlegen. Der Vorteil der inneren Linie nützte nichts, denn die entscheidenden Defizite lagen in der Bewaffnung: Gegen rund 2500 deutsche Panzer hatten die Polen nur 600 Kampfwagen und 11 Kavalleriebrigaden aufzubieten, und in der Luft verfügte Deutschland über mehr als doppelt so viele Maschinen, noch dazu über weit modernere. Zwei Luftflotten mit über 1100 Kampfflugzeugen unterstützten die Operationen der deutschen Bodentruppen und schalten das Gros der veralteten feindlichen Luftstreitmacht schon in den ersten Stunden aus.

Zur Gewaltlösung seit langem entschlossen

Seit Monaten hatte ein Nervenkrieg zwischen beiden Ländern getobt, jetzt sprachen die Waffen. Und wenn auch Hitler erst um 10 Uhr morgens vor den Reichstag trat und den Kriegszustand erklärte, so wusste Warschau doch schon lange, dass der „Führer" nicht pokerte, sondern zur Gewaltlösung entschlossen war. Planmäßig hatte er das politische Vorfeld bereinigt, die viele Jahre zum Schein gepflegten guten Beziehungen zum Nachbarland zerstört und sich um Isolierung des Gegners bemüht. Der Pakt mit Stalin am 23.8.1939 bildete nur den Schlussstein. Gab es noch eine Chance für den Frieden? Hitler fürchtete nichts mehr als das. Zwar war Italien nicht kriegsbereit, und London hatte erst am 25.8. Polen eine Beistandsgarantie gegeben. Doch Hitler traute den „verweichlichten" Demokratien nicht zu, dass sie zu ihren Versprechungen stehen würden. Und Hilfe aus Rom konnte er momentan ohnedies nicht brauchen.

Er hatte es brandeilig. Wie hatte er am 22. August auf dem Obersalzberg seinen Generälen unverblümt gesagt? „Ich habe nur Angst, dass mir noch im letzten Moment irgendein Schweinehund einen Vermittlungsplan vorlegt." Das blieb ihm erspart. Nun schufen die deutschen Truppen Fakten. Sie brachen an allen Fronten durch. Danzig wurde schon wenige Stunden nach Angriffsbeginn dem Deutschen Reich angegliedert. Hinter der rollenden Front rückten sogenannte Einsatzgruppen nach, die eines der finstersten Kapitel dieses Krieges schreiben sollten. Ihren Auftrag hatte Hitler ebenfalls auf dem Obersalzberg auf die Formel gebracht: „Herz verschließen gegen Mitleid. Brutales Vorgehen. Größte Härte!"

Gleiwitzer Sender

Er werde, versprach Hitler am 22.8.1939 vor hohen Offizieren, einen „propagandistischen Anlass zur Auslösung des Krieges geben, gleichgültig, ob glaubhaft": Am 31.8.1939 überfiel gegen 20 Uhr ein deutsches Einsatzkommando in Zivil unter SS-Sturmbannführer Naujocks den Rundfunksender in der oberschlesischen Industriestadt Gleiwitz, unterbrach das Programm und verlas einen polnischen Aufruf zum Kampf gegen Deutschland. Zum Beweis der polnischen Täterschaft ließ man einen erschossenen KZ-Häftling (SS-Jargon: „Konserve") in polnischer Uniform zurück. Hitler behauptete daraufhin am nächsten Tag bei der Verkündigung des Beginns des Polenfeldzugs vor dem Reichstag: „Polen hat nun heute Nacht zum ersten Mal auf unserem eigenen Territorium auch durch reguläre Soldaten geschossen ..." In Wirklichkeit war der Propagandacoup ein Flop, weil der Sender zur Tatzeit nur lokal ausstrahlte. Erst die NS-Zeitungen vom Folgetag konnten für die nötige Aufbauschung sorgen.

Breitseiten des alten Linienschiffs „Schleswig-Holstein" auf polnische Befestigungen der Westerplatte vor Danzig eröffneten am 1.9.1939 um 4.45 Uhr die Feindseligkeiten gegen Polen. Das sechs Tage zuvor zu einem „Freundschaftsbesuch" eingelaufene Schiff war ein Trojanisches Pferd: In seinem Bauch lauerte eine Hundertschaft Marineinfanterie.

Der Wehrmacht entgegen

Einrücken der Roten Armee in Polen (17.9.1939)

In der Nacht zum 17.9.1939 fand der deutsche Botschafter in Moskau, Friedrich Werner Graf von der Schulenburg, kaum Schlaf. Kurz nach Mitternacht wurde er für 2 Uhr früh in den Kreml bestellt. Dort erwarteten ihn der sowjetische Diktator Stalin und sein Außenminister Molotow. Sie unterbreiteten Schulenburg eine Erklärung, die mit dem deutschen Vertragspartner abgestimmt werden sollte: In wenigen Stunden, las Schulenburg, würde die Rote Armee die Grenze nach Polen überschreiten. Da der polnische Staat nicht mehr existierte, so Stalins Argumentation, müsste die Sowjetunion für den Schutz der Weißrussen und Ukrainer in Ostpolen sorgen. Schulenburg schlug ein paar Änderungen vor, die Stalin bereitwillig vornahm. Als der deutsche Botschafter den Kreml verließ, gab er dem polnischen Kollegen die Klinke in die Hand.

Verbrüderung mit dem Feind

Gegen 6 Uhr morgens überwältigten Rotarmisten entlang der polnisch-sowjetischen Grenze die polnischen Posten. Sieben Armeen (rund eine Million Mann) stießen nach Westen vor, den Truppen der verbündeten deutschen Wehrmacht entgegen. Widerstand gab es kaum, im Gegenteil: Fast überall wurden die grauen Soldaten mit dem roten Stern freudig begrüßt, und selbst Einheiten der polnischen Streitkräfte verbrüderten sich mit den Russen, denn niemand wusste zunächst, was dieser Einmarsch zu bedeuten hatte. Manche erhofften sich sogar Unterstützung gegen die deutschen Angreifer. Größere Kämpfe jedenfalls hatten die Russen nicht zu bestehen.

Hass auf die „Landdiebe"

Dass da keine Freunde kamen, dämmerte den Polen jedoch sehr schnell. Ihre Soldaten wurden entwaffnet und bei Widerstand umstandslos erschossen. Beim hohen Vormarschtempo der Roten Armee, die bereits am nächsten Tag Wilna besetzte, wuchs das Heer gefangener Polen rasch an. Und das löste bei vielen Menschen in „Polen B" Freude aus. So nannten die Bewohner der westlichen Regionen abfällig die „unkultivierten" Ostprovinzen. „Richtige" Polen bildeten im ca. 200 000 Quadratkilometer umfassenden sowjetischen Einmarschgebiet eine Minderheit. Sie stellten nur etwa ein Drittel der rund 13 Millionen Einwohner. Zudem waren die Polen in der Osthälfte zumeist Kolonisten und damit von den anderen nur zähneknirschend geduldete Besatzer. Nun entlud sich der Hass auf die „Landdiebe". Die Russen schauten nur zu und ließen sich gern die Arbeit der Entpolonisierung abnehmen, die sie ohnedies vorhatten.

Sowjetische Besatzungspolitik

Die Ukrainer und Weißrussen, zu deren Schutz die Rote Armee angeblich hatte in Polen einrücken müssen, durften zwar ihr Mütchen an der polnischen Minderheit kühlen, bekamen aber selbst sogleich zu spüren, dass Stalin ihnen keinerlei Freiheiten zu gewähren gedachte. Seine Geheimpolizei NKWD entfesselte einen Terror gegen alle Selbstständigkeitsbestrebungen, der dem der deutschen Einsatzgruppen nicht nachstand. Das Hissen eigener Fahnen wurde untersagt, erlaubt war nur die rote mit Hammer und Sichel, denn die sowjetisch besetzten Gebiete wurden umgehend staatlich mit den angrenzenden Sowjetrepubliken vereinigt. Verbunden war das mit scharfer antikirchlicher Politik, was die katholischen Ukrainer besonders hart traf. Richtig froh konnten eigentlich nur die vor allem in den Städten lebenden zahlreichen Juden sein, die schon auf den Koffern gesessen hatten, um vor den anrückenden Deutschen zu fliehen. Sie stellten erfreut fest, dass es in der Roten Armee jüdische Offiziere gab und boten sich als wertvolle Mitarbeiter bei der Installierung einer sowjetischen Verwaltung an.

Ungleiche Waffenbrüder: Deutsche Soldaten zu Gast bei einem sowjetischen Panzerregiment östlich von Brest-Litowsk, September 1939.

Weiße Fahne über der Hauptstadt

Kapitulation von Warschau (28.9.1939)

Polen war geschlagen. Von Sieg jedoch konnte erst überzeugend nach dem Fall der Hauptstadt gesprochen werden. Sie aber hielt immer noch, obwohl seit dem 19. September vollständig eingeschlossen und von Resten der zerschlagenen polnischen Armee „Lodz" unter General Rómmel verteidigt, der Aufforderungen zur Kapitulation kategorisch ablehnte. Das brachte die mit der Eroberung beauftragte deutsche Heeresgruppe Süd in Schwierigkeiten. Sie stand einerseits unter Druck des Führerhauptquartiers, rasch ein Ende zu machen, weil Hitler fürchtete, die Polen könnten sich womöglich den anrückenden Russen ergeben. Andererseits scheuten die Befehlshaber den verlustreichen Straßenkampf, gegen den sich vor allem der Stabschef der Heeresgruppe, General Manstein, wandte. Daher zogen seine 8. und 10. Armee den Ring um die Stadt nur so eng wie möglich und ließen auch keine Zivilisten heraus. Man hoffte, dass Rómmel und Bürgermeister Starzynski unter dem Druck der Bewohner vielleicht doch noch die Waffen strecken würden.

Brände in allen Stadtteilen

Die Rechnung ging nicht auf. Nach mehreren Flugblattaktionen, die den Warschauern die Sinnlosigkeit des Widerstands vor Augen führen sollten, mussten die Generäle Hitlers Drängen auf Beschießung der Stadt nachgeben. Am 24. September begann ein gnadenloses Bombardement durch die gesamte deutsche Artillerie, dem Luftangriffe der Fliegerdivision z.b.V. (zur besonderen Verwendung) am 25. folgten. 450 Maschinen warfen bei 1176 Einsätzen 72 Tonnen Brand- und 486 Tonnen Sprengbomben ab. Die geschundene Stadt brannte an allen Enden. Doch sie hielt.

Die Hoffnungen der Eingeschlossenen auf Entlastung durch eine Offensive der Westmächte schwanden von Stunde zu Stunde. Am 26. meldete sich über Radio Warschau noch einmal der Bürgermeister: „Zum letzten Mal appelliere ich an unsere Bundesgenossen. Ich bitte nicht um Hilfe. Ich fordere Vergeltung. Für die eingeäscherten Kirchen, für die zerstörten Baudenkmäler, für die Tränen und das Blut der unschuldig Ermordeten, für die Qualen derjenigen, die, von Bomben zerrissen, vom Feuer der Phosphorgeschosse verbrannt, in den eingestürzten Schutzräumen und Kellern erstickt sind." Und trotz dieses Infernos schloss Starzynski seinen Appell mit den hochgemuten Worten: „Warschau kämpft. Noch ist Polen nicht verloren!" Tags darauf aber mussten auch er und der harte General Rómmel die Aussichtslosigkeit weiteren Kämpfens einsehen. Am 28.9.1939 unterzeichneten beide Seiten die Kapitulation der Hauptstadt, 120 000 Mann ergaben sich den Deutschen.

Blitzkrieg

Schon vor dem Krieg war in militärischen Fachpublikation vereinzelt von „Blitzkrieg" als strategischer Option die Rede. Sie bot sich für die Wehrmacht an, die nur über eine unzureichende Tiefenrüstung verfügte und einen Abnutzungskrieg nicht lange hätte durchstehen können. In Polen wurde das Konzept dank der Vorteile in der Motorisierung erfolgreich umgesetzt; und der Begriff fand daher rasch weite Verbreitung, sogar in englischen Blättern stand das deutsche Wort. Man verstand darunter: Geballter Angriff mit schnellen gepanzerten Verbänden unter dichtem Luftschirm, Durchbrechen der gegnerischen Linien, Vorstoßen in die Tiefe des Raumes, Abschneiden der rückwärtigen Verbindungen des Feindes, Zerstörung der Befehlsstränge, entschlossenes Ausnutzen der Verwirrung zum Aufrollen des gegnerischen Aufmarsches durch Frontalangriff mit Infanterie und Artillerie sowie schließlich der Stoß in den Rücken durch Eindrehen der Panzerspitzen.

Abkippen zum Angriff. Der Sturzkampfbomber (Stuka) Junkers Ju 87 eignete sich besonders zur Bekämpfung von Punktzielen, weil er seine Bomben erst unmittelbar davor ausklinkte, ehe der Pilot die Maschine wieder abfing.

Von der Landkarte getilgt

Das Ende des Feldzugs in Polen (6.10.1939) und die Folgen

Nach dem Fall Warschaus am 28.9.1939 und der Kapitulation von Modlin einen Tag später gab es nur noch wenige Widerstandsnester. Mit der Kapitulation von 16 857 polnischen Soldaten bei Kock (östlich Deblin) am 6.10. erlosch der letzte Widerstand. Die polnische Armee hatte gegen Deutschland (geschätzt) 70 000 Tote, 133 000 Verwundete und 700 000 Gefangene verloren, die Rote Armee meldete zudem 217 000 gefangene Polen bei 737 eigenen Toten und 1859 Verwundeten. Die Wehrmacht hatte an Verlusten: 10 572 Tote, 3409 Vermisste und 30 322 Verwundete.
Die Sowjetunion annektierte die von ihren Truppen besetzten Gebiete. Hitler erwog dagegen zeitweilig das Bestehenlassen einer gewissen polnischen Staatlichkeit. Seine Maßnahmen aber liefen dann doch auf eine de-facto-Annexion hinaus: Ehemals preußische Gebiete (rund 90 000 Quadratkilometer mit 10 Millionen Einwohnern) wurden als Gau Danzig-Westpreußen und Wartheland dem Reich angegliedert. Weitere 98 000 Quadratkilometer mit den Bezirken Warschau, Radom, Krakau und Lublin mit noch einmal 12 Millionen Einwohnern wurden zum sogenannten Generalgouvernement, einem „Nebenland" des Reiches, zusammengefasst.

Besatzungsterror

Schon während und unmittelbar nach Ende der Kampfhandlungen aber erfuhren die Polen, was ihnen in der Zeit der deutschen Besatzung blühen würde: Sechs sogenannte Einsatzgruppen folgten der Front und sorgten für „völkische Flurbereinigung", wo für „Volksdeutsche" Platz geschaffen werden sollte. Diese schon lange in Polen ansässigen Deutschen wurden zur Bildung eines „Selbstschutzes" aufgerufen, dem schließlich rund 100 000 Mann angehörten, ein Drittel aller volksdeutschen Männer. Sie nahmen nun Rache für tatsächliche und angebliche frühere polnische Schikanen, und die genannten Polizeieinheiten unterstützten sie dabei nach Kräften.
Die Wehrmacht versuchte da und dort, dem terroristischen Treiben Einhalt zu gebieten und zog einige der halbamtlichen Mordbrenner sogar zur Rechenschaft. Doch nach Ende der Feindseligkeiten entzog Hitler dem Heer die Gerichtsbarkeit in den besetzten Gebieten, so dass die Einsatzgruppen wieder ungehindert ihr blutiges Handwerk ausüben konnten. Vor allem ging es gegen die polnische Führungsschicht, die so dezimiert werden sollte, dass Widerstand gegen die Besatzer sich nicht würde bilden können. Unter der Codebezeichnung „Intelligenz-Aktion" wurden daher im Oktober/ November 1939 rund 60 000 Ärzte, Anwälte, hohe Beamte, Lehrer, Offiziere, Kaufleute und Geistliche erschossen.

Scapa Flow

Der Name Scapa Flow spielte in der Propaganda des Dritten Reiches ein große Rolle: In Scapa Flow, dem Stützpunkt der britischen Home Fleet auf den Orkney-Inseln, hatte sich die deutsche Hochseeflotte am 21.6.1919 selbst versenkt, um der Auslieferung an die Sieger des Ersten Weltkriegs zu entgehen. 1939 entwarf Admiral Dönitz als Führer (später Befehlshaber) der U-Boote einen Plan zum Angriff auf die in Scapa Flow vor Anker liegenden britischen Großkampfschiffe und betraute Kapitänleutnant Günther Prien mit der Durchführung. Mit U 47 drang Prien in der Nacht des 14.10.1939 durch den Holm-Sund in den mit tiefgestaffelten U-Boot-Fangnetzen, Minensperren und Blockadeschiffen vielfach gesicherten Hafen ein, torpedierte nach mehreren Fehlschüssen das Schlachtschiff „Royal Oak" und entkam wieder in die Nordsee. Das Bravourstück hatte militärisch wenig Bedeutung, löste aber in Großbritannien einen tiefen Schock aus und wurde in Deutschland als unvergleichliche Heldentat gefeiert.

Der kleine Gefreite des Ersten Weltkriegs als großer Triumphator: Hitler als Oberster Befehlshaber der Wehrmacht bei der Abnahme des Vorbeimarsches siegreicher Truppenteile in Warschau am 5.10.1939.

Sicherung des Erznachschubs

Angriff auf Dänemark und Norwegen (9.4.1940)

Im Februar 1940 planten die Alliierten, mit vier Divisionen in den finnisch-sowjetischen Winterkrieg einzugreifen, und bereiteten dazu eine Landung in Norwegen vor, von wo aus sie den Finnen zur Hilfe kommen wollten. Zwar durchkreuzte der Moskauer Friede vom 12.3.1940 nach dem schwer errungenen und teuer erkauften sowjetischen Sieg (207 000 gefallene und verwundete Rotarmisten) über das kleine Finnland dieses Vorhaben, doch wurde die alliierte Operation neu angesetzt für den 8.4. als Tag der Einschiffung von Truppen nach Norwegen. Hitler sah darin eine Gefährdung sowohl der Ostseezugänge als auch der schwedischen Erzlieferungen, die über den nordnorwegischen Hafen Narvik abgewickelt wurden. Er gab daher am 1.3.1940 Weisung für das Unternehmen „Weserübung", die Besetzung von Norwegen und Dänemark.

Mit allen fahrbereiten Einheiten

Am 9.4., nur knapp vor dem britischen Zugriff, begannen die Operationen, die die Alliierten völlig überraschten, obwohl ihnen kurz zuvor der Einbruch in den deutschen „Enigma"-Funkschlüssel gelungen war. Aber zu dieser Zeit richtete sich ihre ganze Aufmerksamkeit bereits auf den deutschen Aufmarsch im Westen, wo man den nächsten Angriff erwartete. Für „Weserübung" setzte die Kriegsmarine zur Sicherung alle fahrbereiten Einheiten ein: 2 Schlachtschiffe, 7 Kreuzer, 14 Zerstörer, 8 Torpedoboote, 12 Schnellboote, 31 U-Boote sowie zahlreiche kleinere Schiffe. Die Luftsicherung übernahm das X. Fliegerkorps mit 430 Maschinen, davon 220 Bomber. Als Gruppe XXI (Falkenhorst) wurden nach und nach 7 deutsche Divisionen auf dem See- und Luftweg in Oslo, Kristiansand, Stavanger, Bergen und Narvik gelandet. Die Besetzung Dänemarks gelang fast kampflos, Norwegen aber setzte sich mit 6 schwachen Divisionen und der Flotte zur Wehr und bekam Hilfe von britischen, französischen und polnischen Truppen, die zwischen dem 14. und 18.4. bei Harstad, Namsos, Andalsnes und Narvik landeten.

Hitler, der den gewagten Handstreich gegen das skandinavische Land ersonnen hatte, zeigte plötzlich Nerven. Er ließ dem Befehlshaber des in Narvik stehenden verstärkten Gebirgsjägerregiments und etwa 2100 Marinesoldaten, Generalleutnant Eduard Dietl, mitteilen, dass er notfalls eine Internierung seiner Einheiten in Schweden in Erwägung ziehen solle. Der Wehrmachtführungsstab unter General Jodl hielt den Funkspruch jedoch zurück und bemühte sich, Hitler von der Notwendigkeit zu überzeugen, dass Narvik gehalten werden müsse. Schließlich änderte Hitler seinen Befehl dahingehend ab, dass Dietl so lange Widerstand gegen die mit 25 000 Mann weit überlegenen Feindkräfte leisten sollte, wie er es irgend verantworten könne.

Sitzkrieg

Selbst Hitler war einen Moment sprachlos gewesen, als am 3.9.1939, zwei Tage nach Beginn des Krieges gegen Polen, die Ultimaten der Westmächte und wenig später deren Kriegserklärungen eingetroffen waren. Es zeigte sich aber, dass Engländer und Franzosen nicht für einen so plötzlichen Angriff gerüstet waren, so dass der Polenfeldzug ohne nennenswerte Störungen aus dem Westen beendet werden konnte. Auch danach blieb es weitgehend ruhig an der deutschen Westgrenze bis auf einige Propagandaaktionen, so dass die Briten von „phoney war" (unechter Krieg) sprachen, was durch einen Hörfehler als „funny war" Verbreitung fand und zur französischen Übersetzung „drôle de guerre" (komischer Krieg) führte. Auf deutscher Seite nannte man die Phase der Untätigkeit an der Westfront bis zum Angriff der Wehrmacht am 10.5.1940 dagegen „Sitzkrieg".

Deutscher Wachposten mit schwerem MG bei der Anlandung von Truppentransporten im Hafen von Oslo zwei Wochen nach der Besetzung Norwegens durch die Wehrmacht. Mit Angriffen britischer Flieger von der See her musste ständig gerechnet werden.

Unschätzbare Stützpunkte

Ende der Kämpfe in Norwegen (9.6.1940)

In Süd- und Mittelnorwegen erlosch bis Anfang Mai 1940 der Widerstand gegen die deutschen Besatzer. Bei Narvik aber ging der Kampf weiter. Nachdem ein britisches Schlachtschiff den Hafen und die Stadt bombardiert hatte, zog sich Dietl in die Berge östlich der Stadt zurück, verstärkt durch zwei Kompanien Fallschirmjäger, die über dem Raum Narvik abgesprungen waren, und drei Bataillone Infanterie. Mit diesen noch immer weit unterlegenen Kräften hielt sich Dietl an der Erzbahn und wies alle Versuche einer Einschließung ab. Auf Dauer hätte ihm aber alles Lavieren nicht geholfen, hätten sich die Dinge im Westen nicht so rasant entwickelt. Der deutsche Sturmlauf zwang die Alliierten, ihr Norwegen-Unternehmen Anfang Juni 1940 abzubrechen. Haakon VII. und die königliche Familie gingen ins englische Exil. Zur Enttäuschung des Kollaborateurs Vidkun Quisling hatte Hitler inzwischen den 42-jährigen „Alten Kämpfer" Josef Terboven zum deutschen Reichskommissar ernannt.

Hoher Preis auf beiden Seiten

Nach Einstellung aller Kämpfe zogen beide Seiten eine bittere Bilanz: Die deutsche Kriegsmarine hatte 3 Kreuzer, 10 Zerstörer, 1 Torpedoboot und 6 U-Boote verloren, ihre beiden Schlachtschiffe sowie 3 Kreuzer waren beschädigt worden. Alliierte Schiffsverluste: 1 Träger, 2 Kreuzer, 9 Zerstörer und U-Boote, dazu einige norwegische Einheiten, darunter 2 Panzerschiffe, 1 Zerstörer, 2 Torpedoboote und 3 U-Boote. Deutschland beklagte 3692 Tote (darunter 2375 Verluste beim Seetransport durch britische U-Boote), Großbritannien 3349, Norwegen 1355, Frankreich und Polen 530. Während der alliierte Einsatz jedoch letztlich vergeblich gewesen war, stand auf deutscher Seite neben der Sicherung der Erzlieferungen aus Schweden ein weiterer Gewinn: Die Kriegsmarine erhielt Basen, die ihr im Ersten Weltkrieg bitter gefehlt hatten und den Engländern die harte Blockade ermöglicht hatten. Jetzt hatte man mit der Besetzung der westnorwegischen Häfen beste Voraussetzungen für den unausweichlich kommenden großen U-Bootkrieg. Deutsche Über- wie Unterwasserstreitkräfte hatten erstmals Stützpunkte außerhalb des sogenannten nassen Dreiecks der Nordsee. Das konnte die Unterlegenheit gegenüber der Royal Navy nicht ausgleichen, machte es dieser aber um vieles schwerer, ihre Überlegenheit auszuspielen. Hinzu kamen neue Startplätze für deutsche Luftflotten für den Fall eines Luftkrieges gegen die britischen Inseln.

„Admiral Graf Spee"

Am 30.6.1934 lief das Panzerschiff „Admiral Graf Spee" vom Stapel und wurde 1936 in Dienst gestellt. Tausend Mann Besatzung betrieben das 12 500-Tonnen-Schiff mit seinen sechs 28-Zentimeter-Geschützen in Drillingstürmen. Im Kriegsfall sollte es Feindkräfte binden und Handelskrieg führen. Daher lief die Admiral Graf Spee unter dem Kommando von Kapitän Hans Langsdorff am 21.8.1939 von Wilhelmshaven in den Südatlantik aus. Bis Anfang Dezember 1939 versenkte sie 9 britische Handelsschiffe mit insgesamt 50 081 BRT. Am 13.12.1939 stieß ein britischer Kreuzerverband vor der Mündung des Rio de La Plata auf das Panzerschiff. Es gelang Langsdorff zwar, die Gegner niederzukämpfen, doch nahm er wegen einiger eigener Treffer und Verluste (36 Tote, 59 Verwundete) nicht die Verfolgung auf, sondern lief zwecks beabsichtigter Reparatur Montevideo an. Die uruguayischen Behörden verweigerten jedoch die dafür erforderliche Liegezeit. Langsdorff, verunsichert durch gefälschte Meldungen über starke britische Kräfte vor der Küste, ließ daher die Besatzung von Bord gehen, lief am 17.12. wieder aus und sprengte nach Rücksprache mit Berlin sein Schiff. Drei Tage später nahm er sich das Leben.

General Dietl (rechts) mit Gebirgsjägern. Trotz zahlenmäßiger Unterlegenheit konnte er bei Narvik aushalten, bis der Feldzug im Westen (seit 10.5.1940) die Alliierten zum Abbruch des Norwegen-Unternehmens zwang.

Ziel Kanalküste

Deutscher Aufmarsch für den Westfeldzug (10.5.1940)

Trotz der Kriegserklärung der Westmächte am 3.9.1939 war es an der deutschen Westfront monatelang fast gänzlich ruhig geblieben. Währenddessen liefen die deutschen Vorbereitungen für den Fall „Gelb", den Angriff im Westen. Allerdings wurde der Angriffsbeginn immer wieder aufgeschoben, und schließlich musste sogar der Aufmarschplan geändert werden, weil er bei einem Luftzwischenfall den Alliierten zum Teil in die Hände gefallen war:

Abschneiden der alliierten Armeen

Nach ersten Entwürfen, die wie Neuauflagen des Schlieffen-Planes aus dem Jahr 1905 anmuteten, setzte sich nun eine Konzeption durch, die General v. Manstein entworfen hatte. Sie wurde am 24.2.1940 vom Oberkommando des Heeres (OKH) als neue Aufmarschanweisung vorgelegt und von Hitler gebilligt. Manstein rechnete mit einem feindlichen Vorrücken durch Belgien, wie es im sogenannten Dijle-Plan bei einer deutschen Invasion vorgesehen war. Dieser Macht gedachte er nicht in gleicher Weise die Masse der deutschen Streitkräfte gegenüberzustellen, sondern konzentrierte sie im Mittelabschnitt. Ihr Vorstoß sollte aus den nur scheinbar unwegsamen Ardennen mit Schwerpunkt südlich Namur gegen Somme und Kanalküste zielen und damit die alliierten Armeen in Belgien im Rücken fassen, die so lange vom deutschen rechten Flügel festgehalten würden; danach sollte Umgruppierung und Vormarsch aller Kräfte nach Süden erfolgen.

Dementsprechend sah der deutsche Aufmarsch bei Angriffsbeginn so aus (in Klammern die Befehlshaber): Im Norden Heeresgruppe B (v. Bock) gegen die niederländische Armee (Winkelman), die belgische Armee (König Leopold III.) und die französische Heeresgruppe 1 (Billotte) mit dem britischen Expeditionskorps (Lord Gort); dort standen 29 deutsche gegen rund 60 alliierte Divisionen. Im Mittelabschnitt Heeresgruppe A (v. Rundstedt) mit starken Panzerverbänden gegen die 9. und 2. französische Armee und umgekehrtem Kräfteverhältnis: 45 deutsche gegen 18 französische Divisionen. Im Süden an der Oberrheinfront vor der Maginot-Linie (siehe Kasten) die Heeresgruppe C (v. Leeb) gegen die französischen Heeresgruppen 2 (Prételat) und 3 (Besson), hier sollten 19 deutsche gegen 27 französische Divisionen die Grenze halten. Die Sicherung in der Luft übernahmen die deutschen Luftflotten 2 und 3 mit 2288 Maschinen gegen 1604 französische und 581 britische Flugzeuge. 2445 deutschen Panzern standen 3373 alliierte gegenüber, jedoch waren diese auf die Divisionen verteilt und wurden nicht in geschlossenen Verbänden eingesetzt.

Maginot-Linie

*Die weitgehende Entwaffnung Deutschlands nach der Niederlage 1918 durch den Versailler Vertrag stillte nicht das französische Sicherheitsbedürfnis: 1929-1932 entstand entlang der Ostgrenze von Longwy bis Basel am Oberrhein eine nach dem damaligen französischen Kriegsminister Maginot (*1877, †1932) benannte, drei Milliarden Francs teure Befestigungslinie aus tiefgestaffelten Bunkern, Artillerie- und Infanterieblöcken, Unterstanden, unterirdischen Versorgungssystemen und Beobachtungstürmen. Sie galt in Unterschätzung moderner Kriegsmittel als unüberwindlich und förderte ein trügerisches Festungsdenken. Diese Immobilität wurde der französischen Armee im Frankreichfeldzug zum Verhängnis, da Hitler die niederländische und belgische Neutralität ignorierte. Bei Erfolg im Norden konnten durchbrechende deutsche Verbände in den Rücken der Maginot-Linie vorstoßen und damit das gigantische Befestigungswerk wertlos machen.*

Vor allem die schnellen modernen deutschen Panzer vom Typ III und IV (Bild) sollten die alliierten Verteidiger bald vor schier unlösbare Aufgaben stellen. Die Kampfwagen griffen funkgeführt in geschlossenen Rudeln an, während die gegnerischen Tanks auf Infanterie-Einheiten verteilt waren.

Hohes Überraschungsmoment

Zusammenbruch der Niederlande (15.5.1940)

Den Hauptstoß im Westfeldzug sollte die Heeresgruppe A im Mittelabschnitt mit zwei Panzerkorps unter General der Kavallerie v. Kleist führen. Als die Motoren am frühen Morgen des 10. Mai 1940 losbrüllten, rückte zunächst aber das Geschehen weiter nördlich in den Blick, denn dort ging es gegen die neutralen Niederlande. Sie wurden angeblich angegriffen, weil sie alliierte Überflüge zugelassen und damit selbst ihren Status verletzt hätten. Sie waren das schwächste Glied in der alliierten Kette und sahen sich allein einer gewaltigen deutschen Übermacht gegenüber. Diese drückte sich nicht so sehr in Zahlen aus, sondern in wesentlich modernerem Kriegsgerät und einer Kampfführung, deren hohes Überraschungsmoment den Gegner in Verwirrung stürzte: Tief im Landesinnern sprangen Luftlandetruppen unter Generalleutnant Student ab und besetzten sogar Teile von Rotterdam, wo britische Truppenlandungen befürchtet wurden.

Sicherung strategischer Punkte

Die Stadt wurde durch tragische Umstände zum Schlüssel für den schnellen niederländischen Zusammenbruch: Die größte Hafenstadt des Landes (1940 etwa 620 000 Einwohner) bildete im Verteidigungskonzept der Regierung in Den Haag einen Eckpfeiler der „Festung Holland", wohin sich die Streitkräfte unter General Winkelman bei einem deutschen Angriff zurückziehen sollten. Zum deutschen Offensivplan gehörte daher die Besetzung einiger Brücken in Rotterdam sowie des Flugplatzes Waalhaven im Süden der Stadt. Gleich am Angriffstag nahmen deutsche Fallschirmjäger die vorgesehenen Punkte und hielten sich gegen holländische Angriffe bis zum Eintreffen der Spitzen der 18. Armee (v. Küchler). In der danach aussichtslosen Lage bot Stadtkommandant Oberst Scharroo am 14.5. Student die Kapitulation an. Inzwischen war jedoch das Kampfgeschwader 54 mit 100 Bombern vom Typ Heinkel He 111 von westfälischen Basen zum Angriff auf Rotterdam aufgestiegen. In aller Eile versuchte die Führung, die Maschinen noch zurückzubeordern, doch der Befehl drang nicht mehr durch. Nur rund 40 Bomber konnten noch mit Leuchtraketen gestoppt werden, die anderen entfesselten mit 97 Tonnen Bomben in der Altstadt einen Feuersturm, in dem 917 Zivilisten ums Leben kamen, 78 000 wurden obdachlos. Nach Warschau war dies der zweite vernichtende Luftschlag gegen die Zivilbevölkerung, der später zur Rechtfertigung des alliierten strategischen Bombenkriegs dienen sollte. Die Niederlande kapitulierten am 15.5.1940 nach nur vier Kriegstagen.

Abwehr

Jeder größere Staat unterhält sogenannte Nachrichtendienste und Dienste, die fremde Nachrichtendienste bekämpfen (abwehren) sollen. Insofern war die deutsche Abwehr, bis 1938 dem Reichskriegsminister, danach dem Oberkommando der Wehrmacht (OKW) unterstellt, nichts Besonderes. Sie wurde es erst durch ihren Chef (seit 1935) Admiral Wilhelm Canaris und einige seiner Mitarbeiter wie vor allem Oberst Hans Oster, der die Zentralabteilung leitete. Ihr Ziel bestand spätestens seit 1938 eher in der Tarnung von Gegnern der Hitler-Diktatur als in der Enttarnung von gegnerischen Agenten. Es bildet sich im Amt Ausland/Abwehr, so die offizielle Bezeichnung, am Tirpitzufer in Berlin eine Zentrale des militärischen Widerstands. Oster teilte dem niederländischen Militärattachés, Oberst Sas, sogar den Angriffstermin mit. Doch man glaubte ihm nicht, hielt alles für „Spielmaterial". Man konnte sich einfach nicht vorstellen, dass ein deutscher Offizier Verrat begehen könne. Offenbar aber auch nicht, zu welchen Verbrechen dessen oberster Befehlshaber fähig war.

Mit massiertem Einsatz von Fallschirmjägern hinter den gegnerischen Linien hatten die niederländischen Streitkräfte nicht gerechnet. Die Gegenwehr in Rotterdam war entsprechend schwach, so dass Schlüsselstellungen bis zur Ankunft der Infanterie gehalten werden konnten.

Durchbruch der Kampfwagen

Eben Emael und Sedan (11.5.1940 und 14.5.1940)

Mit ähnlichen Überraschungen wie in Holland wartete die Wehrmacht auch im Mittelabschnitt auf: Das waffenstarrende belgische Sperrfort Eben Emael zwischen Lüttich und Maastricht am Albertkanal, 1932-1935 zur Sicherung von Brücken errichtet, galt als uneinnehmbar. Anfang Mai 1940 waren 650 Mann darin stationiert. Im deutschen Plan für den Feldzug im Westen hatten die Ausschaltung von Eben Emael und der blitzartige Zugriff auf die Brücken über Maas und Albertkanal oberste Dringlichkeit. 84 Fallschirmpioniere der 7. Luftlandedivision wurden gegen das Fort angesetzt. Ihr Transportmittel war der bis dahin streng geheime Kampfsegler DFS 230.

Mit Hohlladungen gegen Festungswerke

Am frühen Morgen des 10.5.1940 wurden die Segler von elf Ju 52 bis vor das Ziel geschleppt. Zwei mussten notlanden, die anderen schwebten um 5.25 Uhr auf das Dach der Kampfanlage. Gegen einen lautlosen Überfall aus der Luft gab es auf der Festung kaum Vorkehrungen. Die Fla-(Flugabwehr-)Stellungen wurden in den ersten zehn Minuten ausgeschaltet, die Kuppeln mit neuartigen Hohlladungen neutralisiert. Den Belgiern gelang es nicht, die kleine Sturmtruppe vom Dach der Festung zu vertreiben, andererseits vermochte diese zunächst auch nicht ins Fort hineinzukommen. Am folgenden Tag rückte mit den Angriffsspitzen des XVI. Panzerkorps (Hoepner) das Pionierbataillon 51 an. Der Festungsgraben wurde mit Schlauchbooten überquert, gegen Mittag drangen die Pioniere von außen in Eben Emael ein; die Verteidiger ergaben sich. 24 Mann waren gefallen, 59 verwundet.

Freiburg im Breisgau

Die Universitätsstadt Freiburg in Südbaden mit 110 000 Einwohnern (1939) wurde am Nachmittag des deutschen Angriffs im Westen (10.5.1940) Opfer eines Luftangriffs, bei dem 57 Zivilisten, darunter 22 Kinder und 13 Frauen, ums Leben kamen und über 100 verletzt wurden. Die Angreifer, drei Bomber vom Typ Heinkel He 111 vom Kampfgeschwader 51 „Edelweiß" aus Landsberg am Lech, hatten eigentlich den Flughafen Dijon-Longvic bombardieren sollen, sich aber im Gewitter über dem Schwarzwald verflogen und Freiburg für das Ausweichziel Dôle-Tavaux gehalten. Die nationalsozialistische Propaganda gab den Fehlwurf als alliierten „Terrorangriff auf eine offene deutsche Stadt" aus und rechtfertigte künftig deutsche Angriffe als „Vergeltung".

Die Verluste der Angreifer betrugen 6 Gefallene und 20 Verletzte.

Hauptangriff nicht erkannt

Überrascht wurden auch die Verteidiger an der Nahtstelle von französischen, britischen und belgischen Truppen durch eine Waffe, die aus dem Polenfeldzug hinreichend bekannt hätte sein müssen: die Sturzkampfbomber (Stuka) Junkers Ju 87. In der Wirklichkeit nahm sich ein rollender Einsatz dieser „fliegenden Artillerie" über dem von deutschen Panzerrudeln beherrschten Schlachtfeld denn doch um vieles schockierender aus als in der Zeitung. Nach Einnahme von Eben Emael konzentrierten sich die deutschen Angriffe auf den Raum Sedan, wo am 14.5.1940 ein Maasübergang gelang, indem Stukas die Batterien der Verteidiger niederkämpften, Pioniere eine Panzerbrücke schlugen und die Masse der deutschen Kampfwagen in den Rücken der planmäßig an die Dijle vorrückenden alliierten Truppen vorstieß und sie abschnitt. Hier entfaltete die Zusammenarbeit von Luft- und funkgeführter Panzerwaffe ihren ganzen Schrecken, zumal der entscheidende Durchbruch von der feindlichen Aufklärung erst mit erheblicher Verzögerung als solcher erkannt wurde und nicht mehr abzuriegeln war.

Mit dem Beginn der Westoffensive am 10.5.1940 marschierten deutsche Truppen in Holland, Belgien und Luxemburg ein. Wehrmachtssoldat vor einer brennenden Ortschaft, Mai/Juni 1940.

Triumph verspielt

Alliierte Truppen aus Dünkirchen gerettet (4.6.1940)

Nach dem Überschreiten der Maas drang die Panzergruppe v. Kleist in atemberaubendem Tempo Richtung Kanalküste vor. Der am Tag des deutschen Angriffs neu ernannte britische Premierminister Churchill prägte für diese Strategie den Begriff „Sichelschnitt". Sie traf die Alliierten völlig unvorbereitet, kostete aber auch auf Seiten der Deutschen Nerven, nicht so sehr bei der Truppe, aber in der höheren Führung. Selbst v. Kleist begann sich Sorgen um die immer rascher und immer weiter gedehnte Südflanke zu machen. Als er das vorstürmende Korps Guderian aber bremsen wollte, stieß er auf heftigen Widerstand seines zornmütigen Untergebenen, der fürchtete, dass er um die Früchte seiner Siege gebracht werden könnte. Kleist gab nach und gestattete weiter „gewaltsame Aufklärung".

Überblick gefährdet

Noch gedrückter war die Stimmung im Führerhauptquartier „Felsennest" bei Münstereifel. Generalstabschef Halder vermerkte in seinen Tagesnotizen über Hitler: „Er hat Angst vor dem eigenen Erfolg." Noch aber ging der deutsche Panzerraid weiter. Am 20.5. erreichten die Spitzen die Kanalküste, wo sie planmäßig nach Nordnordost eindrehten, zur Schließung des Kessels um das Gros der alliierten Kräfte im Artois und in Flandern. Unterdessen flog Hitler ins Hauptquartier von Rundstedts Heeresgruppe A in Charleville, weil er fürchtete, den Überblick über die Lage zu verlieren.

Hier, wo er die nahen flandrischen Sümpfe und ihre Tücken im Weltkrieg als Soldat kennen gelernt hatte, stoppte er nun am 24.5. die Panzer. Dabei hätten nur noch wenige Stunden genügt, den gesamten Kessel zu zerschlagen. Warum also der Halt-Befehl? Und warum mussten die schnellen Verbände mehr als zwei volle Tage tatenlos zusehen, wie sich die alliierten Truppen, wenn auch unter Verlust allen Kriegsgeräts, in Dünkirchen einschifften (insgesamt 338 226 Mann konnten sich bis zum 4.6. retten)? Glaubte Hitler an Görings Versprechen, seine Luftwaffe könne die Gegner erledigen? Gerade dagegen sprach das Strandgelände und das wechselhafte Wetter, das nur selten genaue Angriffe zuließ. Wollte er die Panzer für den Endkampf gegen Frankreich schonen? Nein, dieser Gegner war bereits geschlagen.

Für Siege allein zuständig

Am häufigsten hört man daher, dass Hitler ein Verständigungszeichen nach London habe geben wollen, indem er vor allem das britische Expeditionskorps entkommen ließ. Hatte er nicht immer wieder vom „germanischen Brudervolk" der Angelsachsen geredet und sie als „natürliche Verbündete" bezeichnet? Doch auch das lässt sich nicht halten. Es spricht eher alles dafür, dass der „Führer" nur keine anderen Sieger neben sich zu dulden gedachte. Selbstherrlich triumphierende Generäle durfte es auch um den Preis einer empfindlichen Schlappe nicht geben.

> *Belgien*
>
> *Im Weltkrieg 1914–1918 zum größten Teil von deutschen Truppen besetzt, lehnte sich Belgien danach an Frankreich an. Der seit 1934 regierende König Leopold III. (1901–1983) kehrte jedoch am 14.10.1936 zur traditionellen Neutralitätspolitik zurück, als Friedenssignal gegenüber Hitler. Das rettete das kleine westliche Nachbarland des Reiches im Frankreichfeldzug nicht vor erneuter Besetzung durch deutsche Truppen, vor denen es am 28.5.1940 kapitulierte; 500 000 belgische Soldaten gingen in deutsche Kriegsgefangenschaft; 7500 waren gefallen, 15 850 verwundet. Während sich in London eine belgische Exilregierung bildete, blieb König Leopold III., Oberbefehlshaber der geschlagenen Streitkräfte, im Lande und wurde von den Besatzern in seinem Schloss Laeken interniert.*

Lohnende Motive boten sich den deutschen Bildberichtern in Dünkirchen 1940, wo die geschlagenen alliierten Truppen alles schwere Gerät hatten zurücklassen müssen.

Endlose Flüchtlingsströme

„Fall Rot" und der Zusammenbruch Frankreichs (22.6.1940)

Schon einen Tag nach dem Ende des Kessels in Dünkirchen begann am 5.5.1940 der eigentliche Frankreichfeldzug, „Fall Rot". Vergeblich versuchten 49 französische Divisionen die an der Somme und an der unteren Aisne improvisierte und nach dem Oberbefehlshaber Weygand benannte Verteidigungslinie gegen die Angriffe der deutschen Heeresgruppe B (v. Bock) zu halten. Als die Panzergruppe v. Kleist am 9.6. die untere Seine erreichte, trat auch die deutsche Heeresgruppe A (v. Rundstedt) mit drei Armeen und der Panzergruppe Guderian an der oberen Aisne und der Maas zum Vormarsch Richtung Südosten an. Sie wurde weniger durch Gegenwehr als durch endlose Flüchtlingsströme aufgehalten. Paris fiel kampflos am 14.6., und am gleichen Tag setzte die Heeresgruppe C (v. Leeb) zum frontalen Angriff gegen die Maginot-Linie an, die nun auch im Rücken bedroht und nach zwei Tagen durchbrochen war. Guderians Panzer hatten inzwischen die Schweizer Grenze bei Pontarlier erreicht, vier französische Armeen waren im Osten des Landes eingeschlossen.

Eingreifen Italiens

Sie hatten ohnedies inzwischen kaum noch Kampfwert, weil keinerlei Selbstvertrauen und schon gar kein Vertrauen mehr in die militärische Führung. Die nach Bordeaux ausgewichene politische Führung erhielt am 16.6. vom britischen Premier Churchill den Vorschlag einer Union beider Staaten (eine Staatsangehörigkeit, gemeinsame Streitkräfte, eine Regierung). Von den Kolonien aus sollte der Krieg gegen Hitler fortgesetzt werden. Das französische Kabinett unter Ministerpräsident Reynaud sah dafür keine Chancen, lehnte ab und trat zurück. Der 84-jährige Held des Ersten Weltkriegs, Marschall Pétain, übernahm die Macht und suchte am 17.6. um Waffenstillstand nach. Italien war inzwischen am 10.6. in den Krieg eingetreten, weil sich Mussolini, der zunächst Italiens „non-belligeranza" (Nichtkriegführung) erklärt hatte, einen Platz am Tisch des Siegers sichern wollte. Die italienische Offensive an der Alpenfront scheiterte jedoch kläglich.

Bilanz in Zahlen

Verluste Frankreich: 1,9 Millionen Gefangene, 121 037 Gefallene und 250 107 Verwundete; Deutschland: 27 024 Gefallene, 18 384 Vermisste und 111 034 Verwundete; Großbritannien: 68 111 Tote, Verwundete und Gefangene, dazu 1526 Mann Flugzeugbesatzungen. Deutsche Materialverluste: 683 Panzer, 157 Panzerspähwagen, 1220 Flugzeuge durch Feindeinwirkung, dazu 659 Maschinen durch Unfälle. Dem stand eine Beute von 790 000 Tonnen Kraftstoff gegenüber, deren Wert bedeutend war für das rohstoffarme Land, das bei Beginn der Feindseligkeiten am 10.5. gerade einmal über Reserven für vier Monate uneingeschränkter Kriegführung verfügt hatte.

Teilung des Landes

Am 22.6. ließ Hitler die französischen Unterhändler im selben Waggon im Wald von Compiègne wie 1918, nun allerdings mit vertauschten Rollen, das deutsche Diktat für den Waffenstillstand unterzeichnen. Am 24. folgte die entsprechende Vereinbarung mit Italien in Rom. Vom Folgetag an herrschte Waffenruhe in ganz Frankreich, aus dem unterdessen noch einmal 191 870 vorwiegend englische Soldaten hatten evakuiert werden können. Das Land wurde längs der Linie westlich von Genf–Tours–Mont de Marsan–Dôle–spanische Grenze geteilt. Westküste und Nordteil blieben in deutscher Hand, die Regierung Pétain residierte fortan im mittelfranzösischen Badeort Vichy. In London hatte sich unter General de Gaulle eine Art Gegenregierung gebildet, die schon am 18.6. zur Fortsetzung des Kampfes aufgerufen hatte.

Parade deutscher Truppen auf den Champs-Élysées, im Hintergrund der Arc de Triomphe. Hitler sprach vom „glorreichsten Sieg aller Zeiten" und befahl „die Beflagung des Reiches für zehn, das Glockenläuten für sieben Tage".

Seelöwe schwimmt nicht

Beginn der Luftschlacht um England (13.8.1940)

Nach dem Zusammenbruch Frankreichs im Juni 1940 rechnete Hitler mit einem Einlenken Englands. Als dieses ausblieb, wurde am 16.7. mit Weisung Nr. 16 das Unternehmen „Seelöwe", die Landung von Wehrmachttruppen in Großbritannien, in Auftrag gegeben: Bis zum 15.8. sollte in den Kanalhäfen „Transportraum für 260 400 Mann, 61 983 Pferde, 34 200 Fahrzeuge, darunter Panzer, Artillerie und 52 leichte Flakbatterien der Luftwaffe" bereitgestellt werden. Die dafür erforderliche Flotte sollte die deutschen Armeen 9 (Strauß) und 16 (Busch) in drei „Treffen" übersetzen, wozu allerdings zuvor die Luftherrschaft über dem Ärmelkanal zu erringen war.

Weder die Truppenmassierung von 40 Divisionen (später auf 25 reduziert) noch das Zusammenziehen der Transportmittel ließ sich verheimlichen. Mit Luftangriffen dezimierten die Briten die Schlepperflotte. Der Angriffstermin wurde daher mehrfach verschoben, bis die Herbststürme einen Beginn noch 1940 nicht mehr ratsam erscheinen ließen. Entscheidend aber wirkte sich die Entwicklung der Luftschlacht um England aus. Da es der Luftwaffe nicht gelang, der britischen Abwehr Herr zu werden, wurde „Seelöwe" erst aufs nächste Jahr vertagt und dann (10.1.1941) endgültig aufgegeben.

Immer schlechtere Verlustbilanz

Als Deckname für den Beginn der „Battle of Britain" am 13.8.1940 wurde die Codebezeichnung „Adlertag" gewählt. Der dadurch ausgelöste verschärfte Luftkrieg gegen Großbritannien sollte zur Erringung der Luftherrschaft über Ärmelkanal und Südengland führen. Gemäß Führerweisung Nr. 17 für die Führung des „Luft- und Seekriegs gegen das englische Mutterland" wurden die Luftflotten 2 (Kesselring) in Holland, Belgien und Nordostfrankreich, 3 (Sperrle) in Nordwestfrankreich und 5 (Stumpff) in Norwegen bereitgestellt. Sie verfügten über insgesamt 2355 Maschinen, die am Angriffstag bei 34 Verlusten gut 1500 Einsätze flogen. Die RAF verlor 13 Maschinen und 7 Piloten. Das Missverhältnis von Erfolg und Verlusten wuchs in den nächsten Wochen derart an, dass die Luftwaffe gezwungen war, einen Zielwechsel vorzunehmen. Ihre abgeschossenen Besatzungen nämlich waren über Feindgebiet und meist auch über See verloren, während die gegnerischen Flieger sich oft mit dem Fallschirm retten und mit neuen Maschinen wieder aufsteigen konnten.

Mers el-Kebir

Im französischen Kriegshafen Mers el-Kebir bei Oran in Algerien lag bei Ende des Frankreichfeldzuges ein großer Teil der französischen Kriegsflotte: die Schlachtschiffe „Dunkerque", „Strasbourg", „Provence" und „Bretagne", das Flugzeugmutterschiff „Commandant Teste" sowie eine Flottille von 6 Zerstörern. Im Rahmen des Unternehmen „Catapult", mit dem das britische Kriegskabinett verhindern wollte, dass die französische Flotte den Deutschen in die Hände fiel, erschien am 3.7.1940 die Force H (Admiral Somerville) mit den Schlachtschiffen „Hood", „Resolution" und „Valiant", dem Träger „Ark Royal", 2 Kreuzern und 11 Zerstörern vor Mers el-Kebir. Nach verstrichenem Ultimatum zur Übergabe oder Selbstversenkung ließ Somerville das Feuer auf die vor Anker liegenden und kaum gefechtsbereiten Schiffe eröffnen. Dabei wurden die „Bretagne" mit 977 Mann und ein Zerstörer (42 Tote) versenkt, „Provence" und „Dunkerque" (210 Tote) schwer getroffen, während es der „Strasbourg" mit 5 Zerstörern glückte, nach Toulon zu entkommen. In Frankreich löste der Überfall des einstigen Verbündeten einen tiefen Schock aus; die Regierung von Vichy brach die Beziehungen zu London ab, bei der Bevölkerung wuchs die Bereitschaft zur Kollaboration mit den Deutschen.

Ein Bild für alle Bombenkrieger: Ihre Opfer waren und sind vorwiegend die Schwächsten wie hier die Kinder vor dem Trümmerhaufen ihres Hauses in einer englischen Stadt 1940.

Schlimmer als Zähneziehen

Vergebliches Werben um Spanien und Vichy (23./24.10.1940)

Englands hartnäckige Weigerung, sich auf Verhandlungen einzulassen, ließ Hitler nach Verbündeten suchen. Besonders geeignet schien ihm der spanische Diktator Franco, der ihm wegen der Hilfe im Bürgerkrieg verpflichtet war. Ihm musste doch die Wegnahme des schon lange geforderten englischen Gibraltar schmackhaft zu machen sein, von wo aus dann deutscherseits der Zugang zum Mittelmeer zu sperren wäre. So ließe sich auch Malta auf Sicht und ohne großes Risiko ausschalten. Pläne für den Schlag gegen Gibraltar mit deutscher Hilfe (Unternehmen „Felix") waren bereits für Januar 1941 vorbereitet. Hitler reiste daher und auch auf Anraten seines Außenministers v. Ribbentrop am 23.10.1940 in den südfranzösischen Badeort Hendaye und traf dort mit Franco und seinem Außenminister Serrano Suñer zusammen.

Viel zu hohe Forderungen

Im Nachhinein sagte Hitler über die dortigen Gespräche, dass er sich lieber drei oder vier Zähne ziehen lasse, als dass er so etwas noch einmal mitmachen wolle. Er traf auf einen Partner, der geschickt mit den Lasten des erst kurze Zeit zurückliegenden Bürgerkriegs argumentierte und die Forderungen an deutsche Unterstützung entsprechend hoch, in Hitlers Augen viel zu hoch schraubte. Außerdem verlangte Franco Anteile an der Beute des Krieges gegen Frankreich, indem er die Ausdehnung des spanischen Kolonialreichs in Nordafrika zu Lasten von Französisch-Marokko vorschlug. Auch da waren Hitler die Hände gebunden, da er das am nächsten Tag vorgesehene Gespräch mit dem französischen Staatschef Pétain belastet und die wegen Mers el-Kebir relativ große Bereitschaft zur Kollaboration in Frankreich gefährdet hätte.

> ### *Dreimächtepakt*
> *Am 27.9.1940 schlossen auf Initiative Hitlers die drei Staaten Deutschland, Italien und Japan ein Abkommen auf zehn Jahre, das Deutschland in Kontinentaleuropa (ohne Sowjetunion), Italien im Mittelmeerraum und Japan im „großostasiatischen" Raum als Ordnungsmächte anerkannte. Dieser Dreimächtepakt sah auch gegenseitige „Hilfe mit allen politischen, wirtschaftlichen und militärischen Mitteln" vor für den Fall eines Angriffs auf einen der Vertragspartner. Dem gegen die USA gerichteten Pakt traten später Ungarn, Rumänien, die Slowakei und Bulgarien bei. Der insgeheim von Hitler zur Vollendung eines „Kontinentalblocks" gegen Amerika erhoffte Beitritt der UdSSR zum Pakt scheiterte beim Besuch von Sowjet-Außenminister Molotow in Berlin am 12./13.11.1940. Im Grunde war die Vision allerdings schon seit Hendaye und Montoire Ende Oktober 1940 hinfällig und der Krieg gegen die Sowjetunion für Hitler beschlossene Sache.*

Für Feindseligkeiten zu schwach

Auf der Fahrt nach Montoire, einer Kleinstadt im Departement Loir-et-Cher, wo ihn Pétain erwartete, ließ sich Hitler bereits Karten von Russland vorlegen. Er ahnte wohl, dass sein Versuch einer „Strategie der Peripherie" zum Scheitern verurteilt war und England nur mit einem Sieg im Osten zum Einlenken bewegt werden konnte. Und so kam es dann auch: Wie schon sein spanischer Gesprächspartner wich auch der französische Politiker den deutschen Forderungen nach Beteiligung am Kampf gegen England aus und verfolgte einen Kurs des Abwartens („attentisme"). Sein Land sei zu schwach nach dem verlorenen Krieg und könne auch von den Kolonien aus gegen Großbritannien nicht aktiv werden. Trotz der Gefahr einer deutschen Besetzung auch des restlichen Frankreichs ließ Pétain sich nicht festlegen, da Hitler seinerseits nicht bereit war, Zusagen über friedensvertragliche Regelungen und die Rückkehr wenigstens eines Teiles der Kriegsgefangenen zu machen.

Vermeintliche Eintracht: Hitler verabschiedet sich nach Beendigung der erfolglosen Gespräche über einen Kriegsbeitritt Spaniens am 23.10.1940 auf dem französischen Grenzbahnhof von Franco (rechts).

„Blitz" über London

Nachtangriffe auf englische Städte (1940/41)

Als die Verluste der Luftwaffe beim Versuch, die Royal Air Force (RAF) niederzukämpfen, auch wegen der britischen Radar-Frühwarnkette (siehe Kasten) unerträglich anstiegen, musste die Luftwaffe seit Anfang September 1940 endgültig zu Nachtangriffen auf London und andere englische Städte übergehen. So erholte sich die RAF und die britische Flugzeugproduktion, während die erhoffte Zermürbung der Zivilbevölkerung ausblieb. Selbst so verheerende Angriffe wie der auf Coventry am 14./15.11.1940 stählten eher den Widerstandswillen der Briten: Am Nachmittag des 14.11.1940 entschlüsselten britische Experten deutsche Funksprüche, die auf einen nächtlichen Großangriff der Luftwaffe hinwiesen. Das genaue Ziel aber erkannten sie erst, als am späten Abend 449 deutsche Bomber über der Industriestadt Coventry erschienen und bis zum folgenden Morgen 503 Tonnen Sprengbomben und 881 Brandschüttkästen abwarfen. Das Stadtzentrum ging in Flammen auf, während die Rüstungsbetriebe nur geringe Schäden erlitten; 554 Menschen fanden den Tod, 865 wurden verletzt. Die deutsche Propaganda kündigte nach diesem Beginn der Nachtoffensive in der Luftschlacht um England zynisch an, man werde weitere Städte „coventrieren". Coventry wurde zum Inbegriff des Luftterrors gegen die Zivilbevölkerung und zum fatalen Muster für den späteren alliierten Bombenkrieg gegen deutsche Städte.

Parlament getroffen

Dabei traf es London weit schwerer, weil sehr viel häufiger: Als Herz des Empire, Schaltzentrale der Kriegführung und größter Ballungsraum des Landes (1940 rund 8,7 Millionen Einwohner) wurde die Stadt Hauptziel der deutschen Flieger. Die ersten Bomben fielen am 23.8.1940 auf die Innenstadt und lösten einen Vergeltungsangriff der RAF gegen Berlin aus, was wiederum zu Hitlers Drohung führte, er werde „London vom Erdboden vertilgen". Bei der folgenden, von den Briten „Blitz" genannten Angriffserie fielen allein im September 1940 über 5300 Tonnen Sprengbomben und 7429 Brandschüttkästen auf die Stadt, allnächtlich suchten die Menschen Schutz in den U-Bahn-Schächten. Seit März 1941 folgten weitere Nachtangriffe, deren schwerster am 10./11.5.1941 mit 500 Maschinen 1212 Einwohner Londons tötete. Insgesamt vernichtete die deutsche Luftoffensive 1940/41 über 84 000 Gebäude und beschädigte zahllose weitere, darunter Westminster Abbey und die Houses of Parliament. Die Krise auf dem Balkan und der anstehende Russlandfeldzug zwangen Hitler schließlich im Mai 1941 zum Abbruch der Luftschlacht um England. Sie hatte 40 000 Zivilisten das Leben gekostet, 52 000 waren schwer verletzt worden (bis 31.5.1941); die Luftwaffe hatte 2500 Maschinen eingebüßt.

Radar

Was auf deutscher Seite Funkmess hieß, nannten die Briten Radar (Radio detecting and ranging): das mit elektromagnetischen Wellen arbeitende Verfahren zur Ortung von Flugzeugen, Schiffen u.a., das auch als Navigationshilfe verwendet wurde. Die Briten setzten wegen ihrer insularen Lage die Radartechnik vorrangig in der Luftverteidigung ein. Bei Kriegsbeginn verfügten sie über ein funktionsfähiges Frühwarnsystem, das 18 Stationen entlang der Süd- und Ostküste zwischen Portsmouth und Aberdeen umfasste. Sie meldeten schon auf 160 Kilometer Entfernung anfliegende Maschinen, was dem Fighter Command einen entscheidenden taktischen Vorsprung gegenüber den deutschen Angreifern sicherte. Vom bodenständigen Luftwarnraum weitete sich die Radartechnik auf immer neue Anwendungsgebiete aus: Feuerleitsysteme, boden- oder bordgestützte Navigation für Flugzeuge, U-Boot-Ortung, Nachtjagd.

Der mächtige Akzent, den St. Paul's Cathedral in der britischen Hauptstadt bildete, wies den deutschen Nachtbombern den Weg. Von den Bränden ringsum beleuchtet und in Rauch gehüllt hielt der barocke Riesenbau stand.

Waffengang in der Sonne

Mussolinis Parallelkrieg in Afrika (1940/41)

Hitlers militärische Erfolge hatten den Feldherrenehrgeiz seines Verbündeten Mussolini geweckt. Er hielt Ausschau nach lohnenden Zielen. Bei Kriegseintritt seines Landes an der Seite Deutschlands am 10.6.1940 stand in der italienischen Kolonie Libyen eine italienische Heeresgruppe mit insgesamt 153 000 Mann. Sie verfügten über 339 leichte Panzer, 1441 Geschütze und 290 Flugzeuge. Trotz dieses teilweise veralteten Geräts rechnete sich Mussolini gegen die schwachen britischen Kräfte in Ägypten (31 000 Mann) gute Chancen aus, sogar den Suezkanal unter Kontrolle zu bringen, und eröffnete ohne Abstimmung mit Berlin am 13.9.1940 seinen „Parallelkrieg" in Nordafrika. Für den Einzug mit seinen Truppen in Kairo ließ er sich bereits eine schneeweiße Marschalluniform schneidern

Riesige Beute

Die italienische Offensive über die libysch-ägyptische Grenze blieb nach Einnahme von Sidi Barrani allerdings schon am 19.9. liegen. Anfang Dezember 1940 gingen die Briten unter General Wavell zum Gegenangriff über, überrannten ein italienisches Korps, eroberten am 11.12. Sidi Barrani zurück und überschritten am 2.1.1941 bei Sollum die Grenze nach Libyen, wo sie nach stürmischem Vormarsch am 8.2. vor El Agheila zur Sicherung des Nachschubs anhielten. Die hart umkämpfte Seefestung Tobruk war am 21.1., Benghasi am 6.2. gefallen; Tripolis, Hauptstadt der Kolonie Libyen, geriet in Gefahr. Britische Beute: 130 000 Gefangene, 408 Panzer und 1290 Geschütze bei eigenen Verlusten von 558 Gefallenen und 1373 Verwundeten.

Ostafrika

Noch ehe Mussolini von Libyen aus losschlug, griff er in Ostafrika vom italienisch annektierten Abessinien (heute Äthiopien) aus nach Britisch-Somaliland, wo nur eine Truppe von 1500 Mann stand. Gegen sie musste er am 3.8.1940 nur ein kleines Kontingent aus Abessinien in Marsch setzen. Es erreichte am 19.8. Berbera, den Hauptstützpunkt der Briten, die sich über See nach Aden absetzten. Ein halbes Jahr später aber kamen sie wieder, vertrieben am 16.3. die Italiener aus Berbera und marschierten in Abessinien ein, wo sie sich mit den beiden Divisionen vereinigten, die unter General Cunningham aus Kenia durch Italienisch-Somaliland auf Addis Abeba vorstießen. Im Norden befreite inzwischen General Platt mit ebenfalls zwei Divisionen bis 27.3. das italienische Eritrea. Cunningham nahm am 6.4. die abessinische Hauptstadt und ließ seine Truppen nach Nordosten vorgehen, wo er im Verein mit dem von Norden anrückenden Platt Amba Aladji bis zum 16.5. niederkämpfen konnte.

Gegenoffensive des Deutschen Afrika-Korps

Deutsche Hilfsangebote hatte Mussolini anfänglich entrüstet zurückgewiesen. „Wenn sie erst einmal bei uns Fuß fassen, kommen wir nicht mehr los von ihnen", so begründete er diese Politik. Nun aber zwang ihn die Lage, Hitler um Hilfe zu bitten, der einen deutschen „Sperrverband" aus der 5. leichten Division und der 15. Panzerdivision unter General Erwin Rommel entsandte, Luftunterstützung leistete das nach Sizilien verlegte X. Fliegerkorps (Geißler). Das so formierte Deutsche Afrika-Korps (DAK) traf Mitte Februar 1941 in Libyen ein und unternahm entgegen der vorgesehenen bloßen „Sperrfunktion" am 22.3. einen Aufklärungsvorstoß gegen die britischen Stellungen bei El Agheila, aus dem sich eine umfassende Gegenoffensive entwickelte. Zwar konnte Rommel Tobruk nicht nehmen, doch drang er bis Bardia vor, eroberte die gesamte Cyrenaika zurück und schnitt die Festung so von allen Landverbindungen ab. Britische Gegenstöße scheiterten im Mai und Juni.

Kradschützen-Gespann des Deutschen Afrika-Korps in der Libyschen Wüste. Trotz des völlig ungewohnten Terrains erzielte General Rommel mit seinen „Wüstenfüchsen" auf Anhieb erstaunliche Erfolge.

Zum dritten Mal verspekuliert

Italiens griechische Niederlage und der Balkanfeldzug (6.4.1941)

Die afrikanischen Offensiven der Italiener schienen zunächst erfolgreich zu verlaufen. Dass bald herbe Rückschläge drohen sollten, ahnte niemand, als Mussolini eine neue Chance sah, seine Vision vom „mare nostro", einem italienisch beherrschten Mittelmeer wie zur Römerzeit, näherzukommen. Er ließ gegen deutsche Warnungen am 28.10.1940 vom 1939 annektierten Albanien aus eine Armee nach Griechenland einfallen und kündigte markig an, er werde dem Gegner „das Genick brechen". Immerhin bot er 8 Divisionen (155 000 Mann) auf, darunter 1 Panzer- und 1 Gebirgs-(Alpini-)Division sowie das 4. Fliegerkorps mit 187 Maschinen. Die Griechen waren zwar zahlenmäßig überlegen, doch schwächer und unmoderner ausgerüstet. Sie konnten allerdings leichter personelle Verstärkungen heranführen und nach erstem Zurückweichen am 3.11. den linken Flügel der italienischen 11. Armee zurückschlagen.

Nach Albanien zurückgeworfen

In Piräus gingen zur gleichen Zeit britische Truppen an Land, die nach Vertreibung aus Frankreich hier erstmals wieder auf dem europäischen Kontinent Fuß fassten und die Südostflanke der Achsenmächte bedrohten. Hitler entschloss sich daher zum Angriff auf Griechenland und befahl am 12.11.1940 Vorbereitungen zur Inbesitznahme des griechischen Festlands nördlich der Ägäis von Bulgarien aus (Unternehmen „Marita"). Die Lage der Italiener verschlechterte sich unterdessen weiter: Trotz Verdopplung der Streitkräfte zur Heeresgruppe Albanien mussten sie sich am 14.11. ganz von griechischem Territorium zurückziehen, und auch der am Jahresende mit dem Oberbefehl betraute Marschall Cavallero konnte die Initiative nicht wiedergewinnen.

Verstärktes Engagement Londons

Hinzu kam die katastrophale Entwicklung im Afrikafeldzug, so dass Hitler Truppen in die „befreundeten" Staaten Rumänien und Bulgarien einrücken ließ. Aber auch die Briten verstärkten ihr Engagement in Griechenland, wo schließlich über 60 000 Mann aus England, Australien, Neuseeland, Palästina und Zypern standen. Eine Zeitlang konnte Hitler Jugoslawien an sich binden, doch als am 27.3.1941 die deutschfreundliche Führung in Belgrad gestürzt worden war, bezog er auch Jugoslawien in die Angriffspläne ein. Am 6.4.1941 griffen die deutsche 12. Armee (List) aus Bulgarien heraus Griechenland, und die 2. Armee (Weichs) aus Österreich und Ungarn heraus Jugoslawien an. Der italienische Krieg gegen Griechenland weitete sich zum Balkanfeldzug.

Volksschädlinge

Begriffe aus dem Arsenal der Biologie waren bei NS-Propagandisten beliebt: Wie die Juden als „Parasiten" gebrandmarkt wurden, so bezeichnete man Menschen, die sich an der Volksgemeinschaft vergingen, als „Volksschädlinge", ein Begriff, der sogar rechtsförmig verwendet wurde: Am 5.9.1939 erging eine „Verordnung gegen Volksschädlinge", die eine drastische Ausweitung des Strafrahmens und der Möglichkeiten zur Strafverfolgung brachte. Konnte einem Straftäter Ausnutzung der besonderen Verhältnisse des Krieges nachgewiesen werden (z. B. bei Verdunklung wegen Fliegeralarms), drohte ihm die Todesstrafe. Das betraf nicht nur Delikte gegen Leib, Leben oder Eigentum, sondern auch alle anderen Straftaten, „wenn dies das gesunde Volksempfinden wegen der besonderen Verwerflichkeit der Tat" angeblich erforderte. Ein nach der Verordnung vor Gericht gestellter Angeklagter verlor alle Verfahrensrechte, wenn er auf frischer Tat ertappt worden war „oder sonst seine Schuld offen zu Tage lag". Von den 15 000 Todesurteilen ziviler Gericht nach 1939 gingen die meisten auf diese Verordnung zurück.

Gepanzerte deutsche Einheit auf dem Marsch durch eine brennende jugoslawische Ortschaft. Der Gegner konnte dem überfall-artigen Angriff nur elf Tag hinhaltenden Widerstand entgegensetzen.

Auf klassischem Terrain

Wehrmachttriumph auf dem Balkan (April 1941)

Der deutsche Balkanfeldzug wurde noch einmal ein „Blitzkrieg". Den schnellen deutschen Panzertruppen und der Übermacht der Luftwaffe hatten die personell zwar viel stärkeren Armeen Jugoslawiens und die durch den Kampf an der Front gegen die Italiener gebundenen Griechen wenig entgegenzusetzen. Bombenangriffe auf Belgrad durch die Luftflotte 4 (Löhr) forderten ungeheure Opfer unter der Zivilbevölkerung (allein am Angriffstag 1500). Gegenwehr der insgesamt nur 340 Maschinen starken jugoslawischen Luftwaffe kam kaum zum Tragen. Im Feuer der deutschen Geschütze und Panzer lösten sich ganze gegnerische Verbände auf. Schon elf Tage nach Angriffsbeginn kapitulierte die jugoslawische Armee.

Hoffnungslose Lage

Am selben Tag durchbrach das deutsche XVIII. Korps die britische Riegelstellung am Olymp, nachdem schon am 9.4. Saloniki genommen worden war. Die nach dem kürzlich verstorbenen Diktator benannte waffenstarrende Metaxas-Linie im Norden hatte den Attacken der deutschen 2. Panzerdivision nur zwei Tage standhalten können. Aus London kam nun der Befehl zur Räumung Griechenlands; insgesamt konnten die Briten 50 732 Mann evakuieren. Angesichts der hoffnungslosen Lage, fand am 18.4. in Athen ein Kriegsrat statt, bei dem sich die Frontbefehlshaber gegen die Meinung von König Georg II. für eine Kapitulation aussprachen. Tags darauf entsandten die Befehlshaber der drei in Epirus kämpfenden griechischen Korps Unterhändler ins Hauptquartier der Waffen-SS-Brigade „Leibstandarte Adolf Hitler" und vereinbarten die Waffenstreckung vor dem deutschen OB Generalfeldmarschall List zum 23.4.; am 27.4. rückte die Aufklärungsabteilung der deutschen 5. Panzerdivision in Athen ein, und am 30.4. war die Besetzung des griechischen Festlands einschließlich Peloponnes abgeschlossen. Kreta (siehe Kasten) wurde einen Monat später genommen. Die italienische 2. Armee (Ambrosio) hatte unterdessen weitgehend kampflos die dalmatinische Küste besetzt.

Gefährlicher Zeitverlust

Im Balkanfeldzug verlor die Wehrmacht 2559 Mann an Gefallenen, 3169 Vermisste und 6820 Verwundete; 16 100 Briten (davon 14 000 Gefangene) kehrten nicht mehr heim; 344 000 Serben und 223 000 Griechen gerieten in deutsche Gefangenschaft. Die RAF büßte 209, die Luftwaffe 158 Maschinen ein. Entscheidender freilich für den weiteren Kriegsverlauf war der Zeitverlust; der längst geplante Russlandfeldzug verzögerte sich um mehrere Wochen.

Kreta

Die griechische Mittelmeerinsel Kreta mit 8400 Quadratkilometern und 430 000 Einwohnern (1939) wurde gegen Ende des Balkanfeldzuges Zufluchtsort des griechischen Königs mit seiner Regierung sowie 32 000 Mann der evakuierten britischen Truppen. Wegen der strategischen Bedeutung Kretas beschloss die deutsche Führung einen Angriff, beginnend mit einer Luftlandung (Unternehmen „Merkur"). Die am 20.5.1941 abspringenden 15 000 Mann der 7. Fallschirmdivision des XI. Fliegerkorps (Student) gerieten in mörderisches Abwehrfeuer und konnten zunächst nirgends die gesteckten Ziele erreichen. Nachschub und Verstärkungen kamen erst heran, als die Luftwaffe die britischen Seestreitkräfte vertrieben hatte. Malemes mit Flugplatz war schon am zweiten Tag genommen worden, am 27.5. fiel die Hauptstadt Chania, tags darauf der Hafen in der Sudabucht. Rethymnon ergab sich am 29.5., am 31.5. erlosch der letzte Widerstand. Die Briten und ihre Verbündeten hatten 17 754 Mann an Gefallenen und Gefangenen verloren, die Angreifer 3725 Tote und Vermisste sowie 2643 Verwundete zu beklagen.

Gut 15 000 deutsche Fallschirmjäger sprangen bei der ersten großen Luftlandeoperation der Geschichte über dem von alliierten Truppen verteidigten Kreta ab. Das Ziel des Unternehmens „Merkur", die Besetzung der Insel, gelang bis zum 31.05. Deutsche Fallschirmjäger in einem kretischen Dorf, kurz nach der Einnahme der Insel.

Himmelsgeschenk?

Stellvertreter des „Führers" nach England geflogen (10.5.1941)

Um 22.08 Uhr am 10.5.1941 meldete eine schottische Radarstation bei Inverness: „Unbekanntes Flugobjekt, Planquadrat 1!" und wenige Minuten später sahen Soldaten an der Küste eine Maschine im Tiefflug von See heranrasen, eine Messerschmitt Me 110, die mangels Reichweite hier gar nicht sein konnte. Wenn die Soldaten gewusst hätten, dass sie sogar aus Augsburg kam, wären sie völlig an ihrem fliegerischen Verstand verzweifelt. An dem des Mannes, der die Me 110 mit Zusatztanks hierher navigiert hatte, sollten bald viele zweifeln – und doch: Vielleicht war er gar nicht verrückt, sondern womöglich in höchstem Auftrag unterwegs?
Beim Piloten handelte es sich um Rudolf Heß, den Stellvertreter des „Führers". Er verließ nach weiterem Flug ins Landesinnere aus Sorge vor der Flak sein Flugzeug und sprang mit dem Fallschirm ab; die Maschine zerschellte auf einem Acker. Es gab gewaltige Aufregung, und die Wellen davon erreichten bald London, wo zunächst alles ratlos war, ob es sich bei Heß um ein Himmels- oder ein Danaergeschenk handelte, wie beim Dichter Homer das Trojanische Pferd genannt wird. Der britische Premierminister Churchill begriff wohl als erster, dass sich ihm hier eine unschätzbare Chance auftat. Was Heß wollte – Verständigung zwischen England und dem Deutschen Reich – war ihm gleichgültig. Es ging ihm einzig darum, es so aussehen zu lassen und damit bei Stalin Verwirrung zu stiften.

Stoff für die Gerüchteküche

Der sowjetische Diktator nämlich hatte sich als äußerst stur erwiesen. Obwohl London klare Hinweise darauf hatte, dass sich Hitlers nächster Schlag gegen Russland richten würde, obwohl der deutsche Aufmarsch von mehreren Millionen Mann Bände sprach und obwohl Meisterspion Sorge aus Tokio jede Menge Informationen lieferte, ließ sich Stalin nicht in seiner Vertragstreue Hitler gegenüber irre machen. Er sah den Aufmarsch als bloße Drohkulisse, die ihn deutschen Wünschen gegenüber gefügig machen sollte. Solange der erklärte Falke Churchill in London das Sagen hatte und England nicht niedergerungen war, sah er keine Gefahr für sein Reich. Und deswegen verhängte Churchill eine Art Nachrichtensperre über die Heß-Sache. Es sollte so aussehen, als tobe wegen dessen Angebot ein Machtkampf um Downing Street Nr. 10. Gut möglich, dass da einer obsiegen könnte, der die ausgestreckte Hand des „Führers" nicht zurückweisen würde.
Merkwürdig lange wartete dieser, nämlich bis zum Abend des 12.5., ehe er offiziell erklären ließ, Heß habe in geistiger Umnachtung gehandelt. Solche Dementis heizten die Gerüchteküche erst richtig an. Moskau wurde unruhig, und genau das hatte Churchill bezweckt, denn die folgenden Truppenbewegungen der Roten Armee beschleunigten Hitlers Entschluss zum Losschlagen. Bald würde England nicht mehr Einzelkämpfer gegen den deutschen Despoten sein, der von der Heß-Initiative tatsächlich nichts gewusst hatte, wie Akten-Veröffentlichungen 1992 zweifelsfrei ergeben haben.

Stellvertreter des Führers

Nein, zweiter Mann im Staate Hitler war Rudolf Heß nicht, er stand nur der Parteileitung als Hitler-Stellvertreter vor, eine 1933 geschaffene Dienststelle. Heß erhielt den Rang eines Reichsministers ohne Geschäftsbereich. Er residierte im Braunen Haus in München und hatte die Aufgabe, die „Gliederungen und angeschlossenen Verbände der NSDAP politisch einheitlich auszurichten und politische Richtlinien zu erteilen". Nach dem Flug von Heß nach England rückte sein Stabsleiter Martin Bormann nach, doch hieß die Dienststelle fortan Parteikanzlei und Bormann seit April 1943 „Sekretär des Führers".

Trümmer der Me 110, mit der Rudolf Heß von Augsburg nach Schottland geflogen war, um Großbritannien zu Friedensverhandlungen zu bewegen.

Kein Entkommen vor der Übermacht

Kampf und Ende der „Bismarck" (27.5.1941)

Sie war der Stolz der deutschen Kriegsmarine, und sie erhielt auch den stolzesten Namen aller ihrer Großkampfschiffe: „Bismarck" wurde sie nach dem ersten Kanzler des Deutschen Reiches von 1871 getauft, als sie am 14.2.1939 im Beisein Hitlers in Hamburg vom Stapel lief. Das modernste aller Schlachtschiffe zur damaligen Zeit hatte eine Bewaffnung von acht 38-Zentimeter-Rohren, die Granaten von fast einer Tonne Gewicht verschossen. Hinzu kamen 28 kleinere Geschütze und 28 Flugabwehrkanonen. Zur Aufklärung standen ihr sechs Bordflugzeuge vom Typ Arado Ar 196 zur Verfügung.

Endkampf unvermeidlich

Am 18.5.1941 übernahm Admiral Lütjens die Führung eines nur aus der „Bismarck" und dem Schweren Kreuzer „Prinz Eugen" bestehenden Verbandes und lief mit ihm in die Nordsee aus. Ziel des Unternehmens mit der Codebezeichnung „Rheinübung" war der Durchbruch in den Atlantik und die Bindung starker britischer Kräfte zur Entlastung der Mittelmeertransporte. Teile der britischen Home Fleet erwarteten den Verband an der Dänemark-Straße, wo es am 24.5. zu einem kurzen Gefecht mit den Schlachtschiffen „Hood" und „Prince of Wales" kam, bei dem die „Hood" innerhalb von fünf Minuten sank (1416 Tote, nur 3 Gerettete) und die „Prince of Wales" schwere Treffer erhielt. Auch die „Bismarck" war beschädigt, doch verkannte Lütjens das Ausmaß und setzte den Raid in den Atlantik mit verminderter Fahrt fort; die „Prinz Eugen" entließ er. Die breite Ölspur der „Bismarck" erleichterte der Royal Navy die Verfolgung mit 5 Schlachtschiffen, 2 Flugzeugträgern, 9 Kreuzern und 18 Zerstörern. Von Flugbooten am 26.5. gesichtet, wurde die Ruderanlage der „Bismarck" von Torpedojägern zerstört; sie stellte sich zum Endkampf.

Wilhelm II.

Nur mit Mühe vermochten dem deutschen Kaiser Wilhelm II. seine Vertrauten im November 1918 klar zu machen, dass seine Zeit abgelaufen war. Schließlich dankte er ab und ging nach Holland ins Exil, wo er als Bleibe das Haus Doorn bei Utrecht zugewiesen bekam. Hier hielt er als aufgehörter Monarch Hof, und hoffte auf eine baldige Restauration in Deutschland. Doch der Ruf nach ihm wollte nicht ertönen. Mit Aufkommen der Hitlerbewegung keimte neue Hoffnung, zumal Göring, bald zweiter Mann im Dritten Reich, zweimal nach Doorn zu Besuch kam. Hitler aber hatte für gekrönte Häupter nur Verachtung und verbot höheren Offizieren beim Einmarsch in Holland 1940 den Kontakt zum einstigen Kaiser. Erst bei dessen Tod am 4.6.1941 gab er die kompromisslose Haltung auf, ließ ein Ehrenbataillon abkommandieren, kondolierte der Witwe und dem Ex-Kronprinzen und entsandte Seyß-Inquart, Reichkommissar für die Niederlande, zur Beisetzung.

Zu hoher Preis

Gegen nächtliche Zerstörerattacken konnte sich die „Bismarck" noch behaupten, doch am Morgen des 27.5. sah sie sich einer erdrückenden Übermacht gegenüber: Die Schlachtschiffe „King George" und „Rodney" sowie die Kreuzer „Norfolk" und „Dorsetshire" eröffneten um 8.48 Uhr das Feuer, das aus dem deutschen Schlachtschiff binnen einer Stunde eine rauchende Ruine machte. Lütjens ordnete die Selbstversenkung an. 1977 Seeleute kamen um, als die „Bismarck" um 10.26 Uhr bei 48 Grad 10 Minuten Nord und 16 Grad 12 Minuten West sank; 115 Besatzungsmitglieder wurden gerettet. Obwohl die Bindung starker Feindkräfte gelungen war und die Mittelmeer-Geleite zeitweilig entlastet wurden, sahen Hitler und die Kriegsmarine den Preis als viel zu hoch an und setzten in der Folgezeit keine Großkampfschiffe mehr im Zufuhrkrieg ein.

Schwerstens bewaffnet, schneller als vergleichbare Kriegsschiffe und dennoch verwundbar: die „Bismarck". Schon auf ihrer ersten Feindfahrt wurde sie Opfer einer gewaltigen Übermacht und der falschen Lagebeurteilung der eigenen Führung.

Verhängnisvolle Unterschätzung

Aufmarsch zum Russlandfeldzug (22.6.1941)

Einen Zweifrontenkrieg lehnte Hitler eigentlich ab. Als sich aber Großbritannien im Sommer 1940 zu keiner Verständigung bereit zeigte und auch nicht aus der Luft niederzuringen war, befahl Hitler die Vorbereitung eines Angriffs auf die verbündete Sowjetunion: „Ist aber Russland zerschlagen, dann ist Englands letzte Hoffnung getilgt." An einem Sieg über die Rote Armee zweifelten nicht einmal mehr die, die noch vor wenigen Monaten vor dem Frankreichfeldzug gewarnt hatten. Gerade der Sieg im Westen schien die Unüberwindlichkeit der Wehrmacht zu belegen. Hinzu kam das Desaster der sowjetischen Truppen im Winterkrieg gegen das kleine Finnland, das zu verhängnisvoller Unterschätzung ihrer Kampfkraft führte. Außerdem hatte Hitler schon in „Mein Kampf" (1925/26) festgestellt: „Das Riesenreich im Osten reif zum Zusammenbruch." Am 18.12.1940 erging die „Weisung Nr. 21 Fall Barbarossa", so die Codebezeichnung für den ins Auge gefassten Russlandfeldzug.

Zielkonflikt mir der Generalität

Der Name erinnerte bewusst an den Kreuzzug des Stauferkaisers im 12. Jahrhundert, denn auch im Kampf gegen das „soziale Verbrechertum" des Kommunismus sah Hitler einen Kreuzzug zur Rettung des Abendlands. Dass Kaiser Friedrich I. bei seinem Zug zur Befreiung Jerusalems umgekommen war, kümmerte die Planer im OKW nicht. Sie wollten weisungsgemäß mit schnellen Panzerraids die „Masse des russischen Heeres" vernichten und dazu spätestens im Mai 1941 zum Angriff antreten. Den Termin durchkreuzte der Balkanfeldzug, die Strategie litt unter einem Zielkonflikt zwischen Hitler und der Generalität, die einen geballten Vorstoß auf Moskau wünschte, während der Diktator mit Leningrad als „Brutstätte des Bolschewismus" und der Ukraine als Kornkammer zur Versorgung andere Prioritäten setzte.

Zum Angriff ohne Kriegserklärung traten am 22.6.1941 rund 75 Prozent des deutschen Feldheeres (3 Millionen Mann mit 3580 Panzern und Sturmgeschützen) in drei Heeresgruppen mit insgesamt 152 Divisionen an: Nord (v. Leeb) mit Stoßrichtung baltische Länder und Leningrad, Mitte (v. Bock) in Richtung Minsk–Smolensk–Moskau und Süd (v. Rundstedt) in Richtung Kiew–Dnjepr-Bogen. Dazu kamen finnische, ungarische, slowakische, rumänische und italienische Verbände. Der deutsche Angriff traf auf 5 sowjetische Heeresgruppen, formiert in 15 Armeen mit 149 Divisionen. Die deutsche Luftwaffe bot mit den Luftflotten 1, 2, 4 und 5 insgesamt 1945 Bomber, Stukas, Zerstörer und Jäger auf, die Sowjetunion verfügte in den westlichen Militärbezirken über 8000 Maschinen.

Kommissarbefehl

Dass der Russlandfeldzug nach Hitlers Willen ein „Krieg zweier Weltanschauungen" werden sollte, musste der deutschen Generalität spätestens seit dem 30.3.1941 bekannt sein. An diesem Tag eröffnete Hitler den Kommandeuren, dass in einem kommenden Ostfeldzug politische Kommissare der Roten Armee zu töten seien. Ein entsprechender Kommissarbefehl erging kurz vor dem Überfall auf die UdSSR. Danach waren gefangene Kommissare von den Kriegsgefangenen zu trennen und zu „erledigen", im rückwärtigen Heeresgebiet ergriffene Kommissare mussten den Einsatzgruppen oder dem SD (zur Erschießung) übergeben werden. Entsprechende Richtlinien gingen am 6.6.1941 an die Oberbefehlshaber der Armeen, die sie mündlich an ihre Befehlshaber weiterzugeben hatten. Ein Jahr lang blieb der völkerrechtswidrige Befehl trotz wachsender Proteste der Truppe in Kraft, dann ließ ihn Hitler aufheben, „um die Neigung zum Überlaufen und zur Kapitulation eingeschlossener sowjetischer Truppen zu steigern".

So sah es an vielen Stellen beim Anlaufen von „Barbarossa" aus: Die am Bug aufmarschierten Wehrmachtverbände durchquerten den Fluss, der auch für Panzer und Sturmgeschütze keine unüberwindliche Barriere bildete.

Schwenk nach Süden

Deutscher Sommerfeldzug (1941)

Der deutsche Angriff im Morgengrauen des 22.6.1941 überrumpelte die von Stalins Säuberungen 1936/38 geschwächte Rote Armee zwar nicht völlig, traf sie aber recht unvorbereitet. Ihre weit überlegene Luftwaffe blieb viel zu lange am Boden und wurde schon in den ersten Tagen weitgehend ausgeschaltet. Der stellenweise nur dünne Schleier der Fronttruppen hielt vereinzelt gegen Infanterieattacken, kaum aber dort, wo die schnellen Panzerverbände vorstießen. Die Heeresgruppe Mitte errang mit ihren beiden Panzergruppen auf diese Weise Ende Juni/Anfang Juli den ersten großen Sieg in der Doppelschlacht von Bialystok und Minsk, wo 300 000 Sowjetsoldaten in Gefangenschaft gerieten. Weitere Erfolge am Dnjepr und an der oberen Düna schlossen sich an. Fast euphorisch notierte Generalstabschef Halder schon am 3.7., der Krieg sei binnen zwei Wochen gewonnen worden.

Millionenaderlass

Die Kette der deutschen Siege riss nicht ab. Im Baltikum stieß die Heeresgruppe Nord durch Litauen und Lettland bis Estland vor und fasste Leningrad ins Auge. Im Mittelabschnitt schien sich bereits der Anfang vom Ende der sowjetischen Streitkräfte abzuzeichnen: Bei Smolensk (bis 5.8.) gingen 310 000, bei Kiew (bis 26.9.) 655 000 und in der Doppelschlacht von Wjasma und Brjansk (bis 15.10.) 673 000 Rotarmisten in Gefangenschaft. Ein Millionenaderlass, von dem sich selbst nach Ansicht amerikanischer Beobachter die Sowjetarmee kaum würde erholen können. Doch gerade die immensen Verluste verschafften ihr eine Atempause und wichtigen Zeitgewinn. Hitler nämlich hatte gegen den Rat seiner obersten Militärs die Panzer nach Süden eindrehen lassen, weil er die Ukraine zur Versorgung des Ostheeres brauchte und weil die Heeresgruppe Süd nicht nach Plan vorankam.

Unterstützung aus der Neuen Welt

Zwar brachte die gigantische Umfassungsschlacht große Erfolge, doch sie kostete Zeit. Diese nutzte Stalin, der persönlich den Oberbefehl über die Rote Armee übernommen hatte, zur Verlagerung von Industrieanlagen nach Osten und zur Verständigung mit Churchill. Der britische Premier hatte gleich nach dem deutschen Angriff ein Bündnis angeregt und Lieferung von Kriegsmaterial angeboten. Das konnte er aufgrund des wachsenden Engagements der USA zur Verteidigung Englands und der Demokratie, wie es in der Atlantikcharta (siehe Kasten) zum Ausdruck kam. Auch wenn auf deutscher Seite immer mehr Freiwillige der Waffen-SS aus Norwegen, Dänemark, Frankreich, Belgien und den Niederlanden Verstärkung brachten – die politische Konstellation entwickelte sich ungünstig für Deutschland und berechtigte auf sowjetischer Seite zu neuen Hoffnungen.

> ### *Atlantikcharta*
> *Die USA waren im Sommer 1941 noch nicht in den Krieg eingetreten, doch sie unterstützten massiv die Kriegsgegner Deutschlands, besonders Großbritannien. Der amerikanische Präsident Roosevelt und der britische Premierminister Churchill trafen sich am 14.8.1941 an Bord des britischen Schlachtschiffs „Prince of Wales" vor der amerikanischen Küste und veröffentlichten ein gemeinsames Nachkriegsprogramm, das als Atlantikcharta in die Geschichte einging: 1. keine Annexionen; 2. Gebietsveränderungen nur nach Volksabstimmungen; 3. Selbstbestimmungsrecht der Völker; 4. Zugang für alle zu Rohstoffen und Welthandel; 5. wirtschaftlicher Fortschritt durch Zusammenarbeit; 6. Freiheit von Furcht und Not durch Frieden; 7. Freiheit der Meere; 8. Gewaltverzicht, Entwaffnung der Aggressoren, Abrüstung. 47 Staaten schlossen sich der Erklärung an, die Vorbild der Charta der Vereinten Nationen wurde.*

Gefangene sowjetische Soldaten in einem Sammellager nach der Kesselschlacht bei Uman (Ukraine), 18.10.1941.

Karriere eines „Völkerliedes"

Soldatensender Belgrad: „Lili Marleen" (seit August 1941)

1915 sollte Gardefüsilier Hans Leip, im bürgerlichen Leben Schriftsteller, aus Berlin an die Front abrücken. Der Abschied von den Freundinnen Lili und Marleen, inspirierte ihn zu Strophen, die einen Krieg später Geschichte machten: „Vor der Kaserne,/ vor dem großen Tor/ stand eine Laterne/ und steht sie noch davor,/ so wolln wir da uns wiedersehn,/ bei der Laterne wolln wir stehn/ wie einst Lili Marleen." Wenn der deutsche Soldatensender Belgrad seit August 1941 allabendlich um 21 Uhr 57 die rauchige Stimme Lale Andersens über alle Fronten rundfunkte, war Feuerpause. Auf beiden Seiten lauschten Grenadiere, Pioniere und Kanoniere dem von Norbert Schultze 1938 so eingängig vertonten Lied. Vor allem bei den Soldaten des Deutschen Afrika-Korps und bei ihren Gegnern von der britischen 8. Armee war „Lili Marleen" ein Hit.

Von Goebbels bemäkelt

Leip wusste, dass die Verse zu seinen besten gehörten. Er wusste aber wohl auch, dass es als Volks-, ja „Völkerlied" eher ein Schultze als ein Leip war und immer sein würde. Immerhin konnte er sich nach dem Krieg über das Wort des alliierten Oberbefehlshabers Eisenhower freuen, der über ihn gesagt hatte: „Der einzige Deutsche, der im Krieg der ganzen Welt Freude gemacht hat." Und als wohl noch ehrender dürfte Leip die Schelte von Minister Goebbels empfunden haben, der die „Lili Marleen" als eine „Schnulze mit Totentanzgeruch" bemäkelt hatte und sie aus dem Programm nehmen ließ, als von 1943 an die Zeit der „Gefühlsduselei" vorbei war. Aus dem Äther verbannen aber konnte er die Melodie nicht, denn längst sangen auch amerikanische Stars wie Marlene Dietrich („Lady of the lamplight") oder französische wie Edith Piaf den Leip-Schultze-Song.

Und er machte Karriere in der britischen Propaganda, für die Marius Goring 1942 die Zeilen von Hans Leip umfunktionierte: „Der Führer ist ein Schinder,/ das sehn wir hier genau./ Zu Waisen macht er Kinder,/ zur Witwe jede Frau./ Oh, der an allem schuld ist, den/ will ich an der Laterne sehn!/ Hängt ihn an die Laterne/ von der Lili Marleen!" So etwas erbitterte Goebbels, und er ließ seine Wut an Lale Andersen aus. Sie unternahm sogar einen Selbstmordversuch. Es gab auf alliierter Seite 1942 bereits Meldungen, sie sei in einem KZ umgekommen. Goebbels sorgte daher eilends wieder für einen Auftritt der Sängerin zum Beweis für die Lügenhaftigkeit der britischen Kollegen.

Wunschkonzert für die Wehrmacht

Die beliebteste deutsche Rundfunksendung während des Krieges war das live ausgestrahlte Wunschkonzert, erstmals am 1.10.1939, dann jeden Sonntag 16-20 Uhr im Großen Sendesaal des Berliner Rundfunkhauses, moderiert von Heinz Goedeke. Motto: „Die Front reicht ihrer Heimat jetzt die Hände, die Heimat aber reicht der Front die Hand." Umrahmt von Musik wurden Wünsche, Grüße und Mitteilungen zwischen den Soldaten im Feld und Angehörigen daheim ausgetauscht, oft erste Nachricht seit längerer Zeit; so gab es etwa ein „Geburtenregister", aus dem nach einleitendem Babygeschrei mancher Soldat erfuhr, dass er Vater geworden war. Besonders geschätzt waren Schlager aus Musikfilmen („Das kann doch einen Seemann nicht erschüttern") und Soldatenlieder („Erika"), von der Front meistgewünscht: „Heimat, deine Sterne". Das streng zensierte Wunschkonzert – im Notfall konnte ein Zensuroffizier eine technische Panne auslösen – verfolgte einen schönfärberischen Zweck, doch ließen manche Liedtexte auch die Nöte des soldatischen Alltags erkennen. 1940 entstand eine Filmromanze unter dem Titel „Wunschkonzert" mit Carl Raddatz und Ilse Werner.

Sie hatte nicht gerade eine „sexbombige" Figur und war trotzdem ein begehrter Spindschmuck: Lale Andersen (Autogramm-Postkarte), deren betörende Stimme zum erotischen Schwärmen einlud.

Niederlage in der Kältesteppe

Gegenoffensive der Roten Armee (Dezember 1941)

Bei strahlendem Oktoberwetter begann am 2.10.1941 das Unternehmen „Taifun", die Offensive gegen die sowjetische Hauptstadt. Es sollte nach Hitlers Willen der finale Schlag gegen das Reich des roten Zaren werden. Trotz fortgeschrittener Jahreszeit sah der deutsche oberste Feldherr noch keinen Grund zur Vorsorge für einen Winterfeldzug. Seine Frontkommandeure sahen ebenfalls gute Chancen für einen rechtzeitigen Sieg. Die ersten Schlachten wie die schon erwähnte bei Wjasma und Brjansk schienen ihnen recht zu geben. Die Lage entwickelte sich so positiv, dass Hitler schon nach drei Tagen die Annahme einer Kapitulation von Moskau verbot. Er wollte die „Hauptstadt des Bolschewismus" ausradieren, wie eine seiner Lieblingsvokabeln lautete. „Dieser Gegner ist bereits gebrochen und wird sich nie wieder erheben", verkündete er schon zu Beginn der Offensive.

Über Moskau wurde der Ausnahmezustand verhängt, die ausländischen Diplomaten mussten die Stadt verlassen, und auch die sowjetische Führung setzte sich am 16.10. nach Kuibyschew (heute Samara) an der Wolga ab. Doch nun begann herbstlicher Dauerregen und verwandelte die ohnedies kaum befestigten „Rollbahnen" in grundlosen Morast: im Gelände konnte sich selbst Infanterie kaum bewegen. Der deutsche Vormarsch geriet ins Stocken und blieb dann einen Monat lang fast ganz liegen, ehe um den 15. November herum Frost die deutschen Panzer noch einmal flott machte. Es ging wieder voran, doch der Elan war raus. Die Truppe zeigte dramatische Erschöpfungserscheinungen, ihre Verluste, bis November 1941 über 600 000 Mann, ließen sich nicht ohne weiteres ersetzen.

Frische russische Armeen

Zwar standen die deutschen Spitzen schließlich wenige Kilometer vor Moskau, doch inzwischen war aus dem Verbündeten Frost ein grimmiger Feind geworden. „General Winter" schlug mit enormen Minusgraden härter zu als der Gegner. Den traf die sibirische Kälte zwar ebenso, doch er war vorbereitet und kannte solche Witterung. Aus Sibirien nämlich warf Stalin neue Truppen („Sibiriaken") an die Front vor Moskau. Er konnte das ohne Gefahr tun, weil ihm ein Vertrag mit Japan den fernöstlichen Rücken freihielt. Japan fühlte sich durch den Dreimächtepakt nicht gebunden. Er sah ja nur Hilfe für die Partner bei fremdem, nicht bei eigenem Angriff vor, wie es der Russlandfeldzug unzweifelhaft war. Stalins frische Armeen gingen Anfang Dezember zur Gegenoffensive über, die deutsche Front musste weiträumig zurückgenommen werden. Hitlers fanatischer Halt-Befehl konnte nur verhindern, dass die Rückzüge nicht in regellose Flucht ausarteten. Der geplante „Blitzkrieg" aber war, ungeachtet mancher Erfolge im Süden, in der Kältesteppe vor Moskau gescheitert.

Leningrad

Die sowjetische Gebietshauptstadt Leningrad (heute Sankt Petersburg) am östlichen Ufer der Kronstädter Bucht, mit 3,2 Millionen Einwohnern nach Moskau die zweitgrößte Stadt Russlands und wichtigstes Kultur- und Wirtschaftszentrum, war im Russlandfeldzug Operationsziel der deutschen Heeresgruppe Nord (v. Leeb), die Anfang September 1941 den Stadtrand erreichte und im Verein mit finnischen Truppen die einstige Hauptstadt des Zarenreichs von allen Landverbindungen abschnitt. Eine Versorgung der Millionenstadt blieb nur noch über das Wasser oder Eis des südlichen Ladogasees möglich – auf einer ständig gefährdeten und nie hinreichend ergiebigen Route. Hitler setzte auf Aushungern. Insgesamt fiel ein Drittel der Einwohnerschaft Hunger, Erfrierungen, Krankheiten und Kriegseinwirkung (Beschuss, Luftangriff) zum Opfer.

Nur zu Anfang war der Frost nach der herbstlichen Schlammperiode Verbündeter der deutschen Truppen, die Moskau nehmen sollten (Panzer III mit Begleitinfanterie). Dann aber gefror sogar der Treibstoff, Waffen blockierten, und das bei rapide wachsendem Feinddruck.

Atlantikschlacht

Zufuhrkrieg zur See gegen England (bis 1942)

In der deutschen Kriegsmarine löste die britische Kriegserklärung (3.9.1939) Bestürzung aus. Kampf gegen die stärkste Seemacht der Erde? Völlig aussichtslos! Wenn später doch so etwas wie Siegeshoffnung keimte, dann wegen der unerwartet raschen Kriegsentwicklung zugunsten Deutschlands. Zunächst aber war das große Wort der deutschen Propaganda von der „Atlantikschlacht" allerdings reine Schönfärberei, denn einer direkten Konfrontation gingen U-Boote wie Überwassereinheiten aus dem Wege. Sie operierten dabei so geschickt, dass bei anfangs bloß 23 hochseefähigen U-Booten erhebliche Versenkungsziffern im Zufuhrkrieg erreicht wurden: bis März 1940 gingen insgesamt 1,3 Millionen Tonnen alliierten Schiffsraums im Atlantik verloren.

Nach einer Pause wegen des Norwegenfeldzugs gewann die deutsche Kriegsmarine mit den französischen Atlantikhäfen seit Mitte 1940 zudem eine erheblich günstigere Ausgangsbasis für ihren Krieg gegen die britischen Nachschublinien aus den Kolonien und den USA. Auch die nun einsetzende Unterstützung durch italienische U-Boote, die Konzentration der britischen Kräfte gegen die befürchtete Landung deutscher Truppen auf der Insel und der Wegfall des französischen Gegners machten sich im Atlantik bemerkbar. Bis März 1941 verlor die britische Flotte weitere 3,3 Millionen Tonnen Schiffsraum.

Im folgenden Halbjahr wirkte sich dagegen bereits die amerikanische Hilfe für die Royal Navy aus, die deutschen Erfolge sanken, die eigenen Bootsverluste stiegen bedenklich. Mit Kriegseintritt der USA änderte sich das noch einmal vorübergehend, weil die US-Navy sich zunächst auf den Pazifikkrieg konzentrieren musste. Deutsche Unternehmen wie „Paukenschlag" gegen Schiffe vor der Ostküste der USA trugen daher ihren Namen zu Recht. Allein im Juni 1942 sanken 600 000 Tonnen und im November 1942 sogar 650 000 Tonnen alliierten Schiffsraums durch Feindeinwirkung. Bei mehr Unterstützung durch Hitler, der aber die Entscheidung zu Lande im Russlandfeldzug suchte, wäre ein Sieg in der Atlantikschlacht für die Kriegsmarine durchaus in greifbare Nähe gerückt.

Rudeltaktik

Schon im 1. Weltkrieg vereinzelt angewandt, kam die von Admiral Dönitz entwickelte und perfektionierte Angriffstechnik der U-Boote („Graue Wölfe") nach Art eines Wolfsrudels, durch die modernen Nachrichtenmittel erst im Krieg 1939-45 zum Tragen. Sie war die Antwort auf das System der Geleitzüge, deren Bekämpfung auch die Zusammenfassung der U-Boot-Kräfte erforderte. Von Land aus wurden die Boote an die Konvois herangeführt, wo dann ein Führer den weiteren Kampf leitete, von Land kontinuierlich mit Lagedaten versorgt. Die Rudeltaktik entfaltete ihre volle Wirksamkeit 1941/42, als U-Boote in genügend großer Zahl zur Verfügung standen. Mit Verbesserung der alliierten Abwehrmittel und Einbruch in den deutschen Code wurden die Erfolgsaussichten von Massenangriffen wieder geringer, bis man schließlich die Rudeltaktik wegen zu hoher Verluste ganz aufgab.

Luftaufklärung und Radar

So aber mehrten sich die Krisenzeichen: Nach Verlust der „Bismarck" Ende Mai 1941 hatte der Kampf über Wasser auf deutscher Seite wegen der immer besseren Luftaufklärung der Alliierten stark eingeschränkt werden müssen, im Februar 1942 stellte ihn die Kriegsmarine ganz ein. Noch stiegen zwar die U-Boot-Erfolge, doch verloren auch sie bald für die Alliierten ihre Schrecken. Das Geleitzugsystem, die Schließung der „Luftlücke" über See und die Modernisierung des Radars führten zu dramatisch steigenden deutschen Bootsverlusten.

Deutsches U-Boot auf Überwasserfahrt im Atlantik, Blick vom Turm zum umschäumten Bug. Anfangs gefürchtet, wurden die „Grauen Wölfe" bald zu Gejagten. Von insgesamt 38 000 in den „stählernen Särgen" eingesetzten Männern kehrten achtzig Prozent nicht zurück.

Überfall auf die Höhle des Löwen

Japanischer Angriff auf Pearl Harbor (7.12.1941)

Am Morgen des 7.12.1941 überfiel die japanische Marineluftwaffe den Hauptstützpunkt der US-Pazifikflotte in Pearl Harbor auf der Hawaii-Insel Oahu und machte den bis dahin europäischen Krieg zum Zweiten Weltkrieg im eigentlichen Sinne. Noch vor Übergabe einer Kriegserklärung griffen 353 Trägerflugzeuge die im Hafen ankernde amerikanische Schlachtflotte und die umliegenden Flugfelder an, versenkten 5 Schlachtschiffe, beschädigten 3 weitere schwer, trafen 3 Kreuzer und 3 Zerstörer und zerstörten mehrere kleinere Schiffe, Hangars, Depots und sonstige Einrichtungen sowie 188 Flugzeuge. Die US-Flotte hatte 2403 Tote und 1178 Verwundete zu beklagen, während der von Fregattenkapitän Fuchida geführte Schlag aus der Luft die japanische Trägergruppe nur 29 Maschinen mit 55 Mann Besatzung kostete.

Hauptzweck verfehlt

Der Kampfverband mit mehreren Trägern unter Vizeadmiral Nagumo hatte sich am 26.11.1941 in der abgelegenen Hittokappu-Bucht (Kurilen) versammelt; er war zunächst über eine neblige Route Richtung Osten marschiert und schwenkte nach Süden ein. Der Verband stand unentdeckt etwa 230 Seemeilen nördlich Oahu, als die erste Angriffswelle mit 180 Maschinen abhob; eine zweite Welle mit 173 Flugzeugen vollendete das Vernichtungswerk. Die Idee zu einem Trägerangriff auf die Höhle des Löwen stammte von Japans Flottenchef Yamamoto. Er wollte damit vorrangig die drei modernen, kampfstarken US-Träger im Pazifik ausschalten, von denen sich jedoch am 7.12.1941 keiner in Pearl Harbor befand.

> ### *Kriegsgründe in Fernost*
>
> *1931 annektierte Japan Mandschukuo, 1937 griff es China an, 1940 nahm es den durch die Niederlage gegen die Wehrmacht geschwächten Franzosen Indochina ab. Dahinter stand ein „Lebensraum"-Programm, das durch Züge rassistischen Sendungsbewusstseins („Volk der Götter") dem Hitlers ähnelte. Auch die innere Situation Japans bot Parallelen zu Deutschland: Eine nach preußischem Vorbild aufgebaute Armee propagierte die „nationale Wiedergeburt" und beeinflusste zunehmend die Politik, die einen autoritären Kurs einschlug und die Massen mobilisierte und radikalisierte. Durch seine Expansion auf dem asiatischen Festland geriet Japan in Konfrontation mit den USA, die dort ihre Wirtschaftsinteressen verletzt sahen. Am 26.7.1941 froren sie sowie Großbritannien und die Niederlande alle japanischen Guthaben ein und verhängten ein Öl- und Schrottembargo, das Japans Industrie am Lebensnerv traf. Damit erhielt die Kriegspartei in Japan Auftrieb; sie ging aufs Ganze.*

Warnkabel verspätet

Die Überrumpelung gelang durch eine Kette von Zufällen und Schlampereien: Der vom Radar gemeldete anfliegende Verband wurde als Pulk eigener Maschinen angesehen. In der Nähe gesichtete und bekämpfte japanische U-Boote hielt man für Aufklärer. Warnungen aus Washington am 27.11. tat man als Panikmache ab. Daher waren die Liegeplätze der Schlachtschiffe weder mit Torpedonetzen noch durch Sperrballone gesichert. Die Besatzungen hatten größtenteils Landgang, die Flakstände waren nur teilweise bemannt, die Munitionskammern abgeschlossen. In Washington wusste man schon am Vorabend über eine unmittelbar bevorstehende Kriegserklärung Bescheid. Das offizielle Warnkabel von Generalstabschef Marshall erreichte den US-Flottenchef aber über neun Stunden zu spät. In den Bereich der Spekulation gehören allerdings Behauptungen, Präsident Roosevelt habe Menschen und Material geopfert, um einen japanischen Angriff zu provozieren und die amerikanische Bevölkerung endlich kriegswillig zu machen.

Es sah für die Japaner erfreulicher und für die Amerikaner schlimmer aus, als es war. Der Überfall der kaiserlichen Marineluftwaffe auf Pearl Harbor am 7.12.1941 schien der US-Pazifikflotte (Bild: brennende Wracks im Hafen) auf lange irreparable Schäden zugefügt zu haben. Doch sie erholte sich rascher, als von Freund und Feind erwartet.

Todesurteil für Millionen

„Endlösung der Judenfrage" (seit Herbst 1941)

Der Krieg hatte mit der Katastrophe vor Moskau, vor allem aber mit dem Kriegseintritt der USA eine für Hitlers „Rassenkampf" brisante Wendung genommen. Dass Hitler selbst den USA am 11.12.1941 den Krieg erklärt hatte, angeblich wegen der Bündnisverpflichtung gegenüber Japan, war auf eine nun immer deutlicher werdende radikale Strategie des Alles-oder-Nichts zurückzuführen. Es stand jedenfalls nicht mehr zu erwarten, dass er die Juden, inzwischen durch die polnischen und russischen zu einem Millionenheer angewachsen, durch Um- oder Aussiedlung „loswerden" könnte. Geahnt hatte er das wohl schon vorher, denn die den Fronten in Russland folgenden vier Einsatzgruppen dienten zwar offiziell der „Bandenbekämpfung", im Grunde aber der Ermordung der Juden, die in deutsche Hände fielen (siehe Kasten).

Wannseekonferenz

Die globale Ausweitung des militärischen Konflikts nutzte Hitler nun zur Erinnerung an seine am 30.1.1939 geäußerte „Prophezeiung": „Wenn es dem internationalen Finanzjudentum in und außerhalb Europas gelingen sollte, die Völker noch einmal in einen Weltkrieg zu stürzen, dann wird das Ergebnis nicht die Bolschewisierung der Erde und damit der Sieg des Judentums sein, sondern die Vernichtung der jüdischen Rasse in Europa." Der Rassenkrieger hatte keine Zeit mehr für territoriale Übergangslösungen. Der Weltkrieg war da, Hitler beschloss Ende 1941 die „Endlösung", also die Vollstreckung des Todesurteils. In welcher Weise es zu organisieren sein würde, beriet am 20.1.1942 ein hochrangiges Gremium auf der sogenannten Wannseekonferenz unter Vorsitz von Heydrich, Chef des Reichssicherheitshauptamtes (RSHA).

Heer von Mitwissern

Im besetzten Polen entstanden das Konzentrations- und Vernichtungslager Auschwitz sowie die „Tötungsfabriken" Kulmhof, Majdanek, Belzec, Sobibor und Treblinka. Aus den besetzten Ländern Europas wurden Juden zu Millionen in Reichsbahnwagons unter unvorstellbar grausamen Bedingungen dorthin deportiert und durch Sklavenarbeit oder in Gaskammern direkt vernichtet. Trotz strikter Geheimhaltung und sprachlicher Bemäntelung („Sonderbehandlung") konnte, wer wollte, erfahren, dass im Osten ein umfassender Völkermord in Gang gesetzt worden war, von dem auch bald die Alliierten wussten. Eisenbahner, Fronturlauber, Zulieferer und am Töten Beteiligte bildeten ein Heer von Mitwissern, deren Kenntnisse nicht verborgen bleiben konnten. Wenn es die Wahrheit dennoch schwer hatte durchzudringen, dann wegen der Unfassbarkeit des Geschehens und der Opferzahl: über fünf Millionen.

Babi Jar

Was unter dem „polizeilichen" Auftrag der Einsatzgruppen zu verstehen war, belegt eine „Aktion" des Sonderkommandos (SK) 4a der Einsatzgruppe C am 29./30.9.1941 bei Kiew. Die Juden der ukrainischen Hauptstadt waren aufgefordert worden, sich zur „Umsiedlung" zu melden. Es kamen 33 771 Männer, Frauen und Kinder, die von den SK-Männern in die Schlucht Babi Jar in der Nähe der Stadt geführt und dort sämtlich erschossen wurden. Nach dem zweitägigen Massaker sprengten Pioniere die Ränder der Schlucht, so dass das herabfallende Erdreich die Toten und die nur Verwundeten begrub. Im SK-Bericht vom 3.11.1941 hieß es: „Obwohl man zunächst nur mit einer Beteiligung von etwa 5000 bis 6000 Juden gerechnet hatte, fanden sich über 30 000 Juden ein, die infolge einer überaus geschickten Organisation bis unmittelbar vor der Exekution noch an ihre Umsiedlung glaubten."

Endstation der als „Umsiedlung" deklarierten Todestransporte in die Vernichtungslager: Ungarische Frauen und Kinder an der Selektionsrampe von Auschwitz-Birkenau, 1944.

Unsichtbare Front

Der Partisanenkampf im Osten (seit 1941)

Partisanen traten in allen von der Wehrmacht besetzten Ländern auf, doch während sie in vielen Gebieten wie in Frankreich, Griechenland, Polen oder in der Slowakei die Truppe erst in der Spätphase des Krieges vor ernsthafte Probleme stellten, entwickelte sich ihre Schlagkraft im Osten sehr rasch. Sie rekrutierten sich aus von der Front überholten Rotarmisten, entwichenen Kriegsgefangenen und zunehmend aus Zivilisten, darunter auch zahlreiche Frauen. Bereits einige Tage nach dem deutschen Überfall fasste der sowjetische Rat der Volkskommissare am 29.6.1941 Beschlüsse, die die ersten allgemeinen Anweisungen zur Bildung von Partisanen-Abteilungen betrafen. Neben Einzelkämpfern und losen Gruppierungen, bildeten KP-Funktionäre und sowjetische Offiziere besonders effektive Verbände, die straff organisiert waren.

Am 10.7.1941 nahm sich Stalin sogar höchstpersönlich der Frage des Partisaneneinsatzes an. Er verfügte die Aufstellung eines „Stabes der zentralen Partisanenbewegung" und wies ihm die Aufgabe zu, im „Großen Vaterländischen Krieg" in den von den Deutschen besetzten Gebieten dem Gegner jeden nur möglichen Schaden zuzufügen. In den ersten Monaten kam es zu Überfällen auf kleinere deutsche Einheiten und Polizeiposten, Sprengungen von Brücken, Anschlägen auf Transportzüge, Sabotage am Schienennetz, Vernichtung von Kraftfahrzeugen, Verminung von Nachschubstraßen, Morden an Angehörigen der Besatzungsverwaltung und ihren Kollaborateuren. Eben diese ausbeuterische und brutale Verwaltung war die beste Werbung für die Partisanenbewegung, die eine immer gefährlichere unsichtbare Front aufbaute. Hinzu kam, dass furchtbare Nachrichten aus den Gefangenenlagern durchsickerten, so dass Kampf im Untergrund trotz der ständigen Todesdrohung vorzuziehen war.

Ohne taktisches Konzept

Die deutsche Besatzungsmacht stand den Aktivitäten der Partisanen durchweg machtlos gegenüber und versuchte ihrer durch brutalen Abschreckungsterror ohne taktisches Konzept Herr zu werden: Partisanen und ihre Helfer wurden erschossen oder gehenkt, da sie keinen Kombattantenstatus hatten. Dörfer, in denen sie tatsächlich oder angeblich Unterschlupf gefunden hatten, wurden dem Erdboden gleichgemacht und die Bewohner getötet. Koordinierter ging man erst vor, nachdem am 23.10.1942 der General der Waffen-SS von dem Bach-Zelewski zum „Bevollmächtigten für die Bandenbekämpfung" ernannt worden war. Er stoppte die Verhängung kollektiver Sühnemaßnahmen und konnte so Teile der Bevölkerung zur Mitarbeit gewinnen und „weiße Partisanen" einsetzen (siehe Kasten), die für die „roten" gefährlicher waren als die deutschen Häscher. Unter Kontrolle aber brachte auch er die Partisanen nicht, die bei sinkendem deutschen Kriegsglück eine immer entscheidendere Rolle spielten.

Hilfswillige

Die kämpfende Truppe rekrutierte nach 1939 „Fremdvölkische" für die Freiwilligen-Verbände. Als zivile Helfer warben Wehrmacht, Polizei und SS sogenannte Hilfswillige an, meist (teils kriegsgefangene) Russen, Ukrainer, Polen und Balten. Sie dienten, vereinzelt zu eigenen Einheiten zusammengefasst, beim Tross oder im Nachschubdienst, verstärkten die Kommandos der Einsatzgruppen und nahmen oft mit besonderem Eifer an polizeilichen Maßnahmen wie „Umsiedlungen" oder als „weiße Partisanen" mit ihren vorzüglichen Sprach- und Geländekenntnissen an der „Bandenbekämpfung" teil. Da ihnen bei Gefangennahme durch die Rote Armee sofortige Erschießung drohte, schlossen sich die meisten auch bei Rückzügen den deutschen Truppen an.

Beim bloßen Verdacht der „Feindbegünstigung" oder bei geringstem Widerstand reagierten nicht nur deutsche Sicherheitskräfte mit brutaler Härte. Auch die reguläre Truppe ging bei „Sühnemaßnahmen" nicht eben zimperlich vor und griff in vielen Fällen zu wahllosen Exekutionen zwecks „Abschreckung".

Gegen Frauen und Kinder

Der strategische Luftkrieg (seit Sommer 1940)

Schon am Tag der britischen Kriegserklärung (3.9.1939) warfen einzelne Flugzeuge der Royal Air Force (RAF) Flugblätter über Bremen, Hamburg und dem Ruhrgebiet ab. Deutscherseits gab es im Westen nur Aufklärungsflüge, weil die Luftwaffe in Polen gebunden war. Noch fielen nur dort Bomben. Das änderte sich mit Beginn des deutschen Angriffs im Westen am 10.5.1940, als das britische Kabinett unter dem eben ernannten Premier Churchill dem Bomber Command (BC) Ziele im deutschen Hinterland freigab. Mit dem Einsatz von 99 Bombern gegen das Ruhrgebiet begann am 16./17.5. der strategische Luftkrieg gegen Deutschland. Die Luftwaffe reagierte nicht darauf, da alle Maschinen im Feldzug gegen Frankreich gebraucht wurden. Erst am 10.7. erfolgte ein stärkerer deutscher Gegenschlag gegen Südengland, dem sich seit 13.8. die Luftschlacht um England anschloss.

Als die Luftwaffe wegen hoher Verluste zu Nachtangriffen auf London übergegangen war, forderte Churchill die Bombardierung Berlins. Am 25.8. starteten daraufhin 81 Bomber, von denen in der Nacht aber nur wenige das Ziel fanden und nur geringe Schäden verursachten. Die Wucht der Angriffe steigerte sich am 10./11.2.1941 mit 189 Maschinen gegen Hannover und am 9.5.1941 sogar mit 359 Flugzeugen gegen Hamburg. Auch andere deutsche Städte nahm die RAF in dieser Zeit ins Visier, meist jedoch mit weniger Angreifern. Noch waren die Schäden weit geringer als die von der deutschen Fliegern in England angerichteten. Das änderte sich, nachdem am 23.2.1942 Luftmarschall Arthur Harris („Bomber"-Harris) die Führung des BC übernommen hatte mit dem Auftrag des Kriegskabinetts, „die Moral der Zivilbevölkerung und besonders der Industriearbeiter" zu treffen.

> ### *Hamburg*
> *Grausiger Höhepunkt der britischen Nachtangriffe wurde das Unternehmen „Gomorrha", das dem Namen entsprechend als – göttliches? – Strafgericht gedacht war: 2205 Maschinen warfen in fast pausenlosen Angriffen vom 24. bis zum 30.7.1943 insgesamt 6889 Tonnen Bomben auf Hamburg ab, töteten 30 482 Menschen und zerstörten 277 330 Wohnungen, 24 Krankenhäuser, 227 Schulen, 58 Kirchen und 3212 Betriebe. Ähnlichen, wenn auch meist schwächeren Angriffen sahen sich in der Folgezeit viele große und später auch kleinere deutsche Städte ausgesetzt. Das Ziel aber, die „Moral" der Bevölkerung, trafen sie nicht, im Gegenteil: die Erbitterung über den Krieg gegen Frauen und Kinder wuchs, und die Bindung an das verbrecherische Regime festigte sich. Nicht der Terror aus der Luft entschied den Krieg, sondern die Luftüberlegenheit der Alliierten an den Fronten.*

1000-Bomber-Schläge

Zwar baute die Luftwaffe in hohem Tempo ihre Flotte an Nachtjägern und ihr Flakstellungen aus, doch blieb das „Dach" der „Festung Europa", wie die Propaganda formulierte, höchst lückenhaft. Die britischen Verluste gingen kontinuierlich zurück bei gleichzeitig rasant steigenden Einsatzzahlen. Diese neue Phase des Luftkriegs läuteten Angriffe wie der gegen Lübeck ein: 234 Bombern zerstörten am 28./29.3.1942 in der Innenstadt 1325 Gebäude und töteten 320 Zivilisten. Nach einem ähnlichen Angriff gegen Rostock folgte eine weitere Steigerung durch den ersten „1000-Bomber-Schlag" gegen Köln am 30./31.5. 1942. Bei 48 Verlusten töteten die Bomber 428 Menschen, verletzten 5027 und machten 45 132 obdachlos. Die Großangriffe bei Nacht mit sogenannten Teppichwürfen rissen nicht mehr ab (siehe Kasten). Hinzu kamen bald die Tagesangriffe der von England und später von Italien aus operierenden amerikanischen Bomberpulks.

Die deutschen Großstädte im Westen sanken als erste in Schutt und Asche: Männer mit geretteter Habe im Handwagen vor einer zerstörten Straßenzeile in Wuppertal.

Wende im Pazifik

See-Luftschlacht bei Midway (3.-7.6.1942)

Die polynesische Inselgruppe Midway im mittleren Pazifik nordwestlich Hawaii, bestehend aus den winzigen Atollen Sand Island und Eastern Island, bildete nach dem Verlust von Wake (s. Kasten) zu Beginn des Pazifikkrieges den wichtigsten Außenposten der USA. Sie unterhielten dort Flugfelder, eine Seefliegerstation, Funkanlagen und umfangreiche Treibstoff- und Munitionsdepots. Wegen der relativen Nähe zum japanischen Mutterland plante Flottenchef Yamamoto daher für Anfang Juni 1942 die Wegnahme von Midway. Wie Japan von hier aus verwundbar war, wären die Insel ebenso eine ideale Basis für Vorstöße gegen die Westküste der USA und den Panamakanal.

Funkcode entschlüsselt

Yamamoto setzte dafür fast seine gesamten Überwasserstreitkräfte ein mit 407 Maschinen auf 8 Trägern. Ein Verband führte einen Ablenkungsangriff gegen die Aleuten, doch die Täuschung der US-Aufklärung misslang, da sie den japanischen Funkcode entschlüsselt hatte. Admiral Nimitz ließ gegen die japanische Landungsgruppe für Midway und den Trägerverband unter Vizeadmiral Nagumo seine beiden Trägergruppen rechtzeitig auslaufen und in Lauerstellung nordöstlich Midway gehen. Inzwischen hatte sich Yamamoto auf dem gewaltigen Schlachtschiff Yamato eingeschifft und führte seinen Hauptverband heran, die Landungsgruppe kam von den Marianen. Die 4 schnellen Träger Nagumos mit der 1. Marine-Luftflotte bildeten die Speerspitze.

Flaggschiff in Flammen

Etwa 400 Kilometer nordwestlich Midway hoben 108 ihrer Maschinen am 4.6.1942 noch vor Sonnenaufgang ab zum Angriff auf Midway, wo sie die militärischen Anlagen bombardierten. Da die Inseln aber weiter kampffähig blieben, ließ Nagumo nach heftigen Attacken von US-Bombern seine Träger zum eigenen Angriff in den Wind drehen, als die Schlacht eine dramatische Wende nahm: Hoch über der japanischen Gruppe kippten um 10.28 Uhr 34 Sturzbomber der „Yorktown" und „Enterprise" ab und erzielten Treffer auf dem Flugdeck der „Akagi". Nagumos Flaggschiff verwandelte sich in ein Flammenmeer, das gleiche Schicksal ereilte innerhalb von fünf Minuten die Träger „Soryu" und „Kaga". Auch der letzte Träger Nagumos, die „Hiryu" wurde am Nachmittag Opfer der Sturzbomber. Danach hielten sich die Amerikaner außer Reichweite, so dass die Japaner am Morgen des 5.6. endgültig abziehen mussten.

Die Verlustbilanz belegt das Ausmaß des japanischen Desasters: Japan 3500 Mann, 332 Flugzeuge, USA 307 Mann und 147 Flugzeuge. Die – seit 1598 erste – schwere Niederlage der kaiserlichen Flotte brachte schon nach einem halben Jahr das Ende ihrer Seeherrschaft und die Wende im pazifischen Krieg, in dem die USA die Initiative nicht mehr abgaben.

Wake

Der amerikanische Stützpunkt auf der westpazifischen Kleininsel Wake gehörte zu den ersten Zielen der japanischen Inseloffensive. Im Schutz von 3 Leichten Kreuzern und 6 Zerstörern tauchte am 11.12.1941 eine Landungsflotte vor dem Atoll auf, drehte aber ab, als 2 Zerstörer von der Küstenartillerie versenkt und 2 weitere beschädigt worden waren. Der amerikanische Sieg blieb Episode, denn die zum Entsatz in Marsch gesetzte US-Kampfgruppe unter Admiral Fletcher mit dem Träger „Saratoga" kehrte wieder um, als die Japaner erneut mit einer überlegenen Invasionsflotte – 3 Schwere Kreuzer, 2 Träger – vor Wake auftauchten. Nach massiver Luftvorbereitung gingen ihre Truppen in der Nacht vom 22. auf den 23.12. im toten Winkel der Küstenbatterien an Land und überwältigten die 452 amerikanischen Verteidiger in wenigen Stunden.

Kriegsschauplatz Pazifik:
Ein B-25 Mitchell US-Kampfbomber beim
Angriff auf einen japanischen Zerstörer.

Überschätzter Sieg

Eroberung von Tobruk (21.6.1942)

Die libysche Hafenstadt Tobruk in der östlichen Cyrenaika hatte 1936 etwa 1600 Einwohner. Von der italienischen Kolonialmacht zur Seefestung ausgebaut, war Tobruk wegen seiner Lage und wegen des leistungsfähigen Tiefwasserhafens im Afrikafeldzug heftig umkämpft. Am 22.1.1941 gelang dem britischen XIII. Korps (O'Connor) die Eroberung der Stadt und die Gefangennahme der 25 000 italienischen Verteidiger (Reste XXII. Korps unter General Pitassi-Manella). Weiter befestigt und mit tiefen Minengürteln abgeriegelt, blieb Tobruk bei der ersten Offensive Rommels mit dem Deutschen Afrika-Korps zur ägyptischen Grenze im Frühjahr 1941 als britisches Bollwerk im Rücken der deutsch-italienischen Front zurück. Es wurde von der australischen 9. Infanteriedivision gehalten, die am 14.4. und 30.4.1941 Versuche des Afrika-Korps abwies, die tiefgestaffelten Panzergräben, Bunkerstellungen und Nester mit Panzerabwehrkanonen vor Tobruk zu überwinden.

Beförderung für den „Wüstenfuchs"

Bis Jahresende blieb die Stadt eingeschlossen und war oft heftigen deutschen Luftangriffen ausgesetzt, die vor allem die britische Flotte trafen: 27 Schiffe gingen verloren, über 700 Mann kamen ums Leben. Erst am 10.12.1941 konnte die britische 8. Armee (Cunningham) Tobruk entsetzen, ehe die Festung im Mai 1942 erneut Ziel einer deutsch-italienischen Offensive wurde. Nachdem die Verteidiger von Bir Hacheim Rommel zwei volle Wochen aufgehalten hatten, konnte er beim folgenden Vorstoß auf die Festung am 20.6.1942 die Abwehr von Südosten her durchbrechen und am 21.6. die Kapitulation der Besatzung (2. südafrikanische Division und andere Kolonialtruppen) durch General Klopper entgegennehmen. 32 200 Mann gerieten in deutsche Gefangenschaft, den Siegern fielen 5000 Tonnen Versorgungsgüter und 10 000 Tonnen Treibstoff in die Hände. Der dadurch endgültig als „Wüstenfuchs" legendär gewordene Rommel wurde zum Generalfeldmarschall ernannt.

Unzureichender Nachschub

Die reiche Beute und die Gewinnung des günstig gelegenen Nachschubhafens verleiteten die deutsche Führung zu einer Überschätzung der eigenen Möglichkeiten und zum Verzicht auf die Wegnahme Maltas (siehe Kasten). Die Front in Nordafrika erstarrte monatelang, da der Nachschub über Tobruk nie die erforderlichen Mengen erreichte. Nachdem das britische Kommando-Unternehmen „Agreement" im September 1942 gegen die Stadt noch erfolgreich abgewehrt werden konnte, musste Rommel nach der Niederlage von El Alamein Tobruk am 13.11.1942 endgültig aufgeben.

Malta

Da Italien nach dem Kriegseintritt (10.6.1940) die Wegnahme der britischen Bastion Malta versäumte, wurde das militärische Potential der Insel, insbesondere die Luftstreitkräfte, erfolgreich ausgebaut. Das machte sich bei Beginn des Afrikafeldzugs durch empfindliche Nachschubverluste Italiens bemerkbar: deutsche Hilfe wurde nötig. Das deutsche X. Fliegerkorps wurde nach Süditalien und Sizilien verlegt und konnte zeitweise die Bedrohung durch Malta ausschalten. Im Sommer 1941 erzwang jedoch der Russlandfeldzug den Abzug starker Fliegerkräfte – Malta erholte sich. Prompt gingen wieder die Verlustziffern beim Nachschub für Nordafrika in die Höhe. Ende 1941 konnte die Luftflotte 2 (Kesselring) von Süditalien aus Besserung schaffen. Doch die erwogene Eroberung der Insel durch eine Luftlandung (Unternehmen „Herkules") unterblieb. Nach erneutem Abzug der Flieger in den Osten gingen von August bis Oktober 1942 wieder 40 Prozent aller Transporte für Rommel verloren.

Nach der Eroberung von Tobruk rückte Ägypten ins Visier der deutsch-italienischen Streitkräfte in Nordafrika: Generalfeldmarschall Erwin Rommel (links) mit Dolmetscher und Marschall Ettore Bastico (rechts), dem italienischen Oberbefehlshaber.

Ziele nicht erreicht

Die deutsche Sommeroffensive im Osten (1942)

Die Sommeroffensive der Wehmacht 1942 an der Ostfront (Codebezeichnung „Blau") zielte anders, als Stalin erwartet hatte, nicht auf Moskau, sondern nach Südosten auf die kaukasischen Ölfelder und auf Stalingrad. Angesichts des drohenden Zweifrontenkriegs nach Kriegseintritt der USA und der Gefährdung der deutschen Ölversorgung wurde für „Blau" die Eroberung des Fördergebiets im nördlichen Kaukasus und seine Abschirmung durch eine Verteidigungsstellung am Don zwischen Kursk und Stalingrad ins Auge gefasst. Hitler ließ daher die Heeresgruppe Süd teilen: Heeresgruppe A (List) mit Stoßrichtung Kaukasus, Heeresgruppe B (v. Bock, seit 15.7. v. Weichs) für den Aufbau der Donstellung und die Eroberung Stalingrads. Für Rückenfreiheit sorgte die Eroberung der Krim durch die 11. Armee (Manstein); die Seefestung Sewastopol kapitulierte am 2.7.1942.

Deutsche Pläne erbeutet

Durch diese Ausweitung des Auftrags über die ursprünglich bloße Flankensicherung hinaus trug die Heeresgruppe B schließlich sogar die Hauptlast des Kampfes bei zunehmender Zersplitterung der Kräfte. Weiter erschwerend kam hinzu, dass die Pläne für die erste Operationsphase bei der Notlandung von Major Reichel (1. Generalstabsoffizier der 23. Panzerdivision) am 19.6. der Roten Armee in die Hände gefallen waren. „Blau" (am 30.6. in „Braunschweig" umbenannt) begann am 28.6. um 2.15 Uhr aus dem Raum Kursk mit der 2. Armee (v. Weichs), der 4. Panzerarmee (Hoth) und der 2. ungarischen Armee (Jány) mit 3 Panzer-, 3 Panzergrenadier- und 11 Infanteriedivi sionen sowie 10 ungarischen Divisionen gegen die sowjetische Brjansker Front (seit 7.7. Woronesch-Front). Am 30.6. folgte der Angriff der deutschen 6. Armee (Paulus) aus dem Raum Belgorod.

Obwohl Hitler zunächst durch die Bestimmung von Stalingrad als Hauptangriffsziel (13.7.) und durch Entzug der 4. Panzerarmee zur Unterstützung der Heeresgruppe A im Kaukasus (17.7.) die Operationen behinderte, erreichte die Heeresgruppe B am 23.8. die Wolga nördlich von Stalingrad und die Heeresgruppe A zwei Tage vorher mit dem Elbrus den höchsten Gipfel des Kaukasus (5642 Meter). Offenkundig wurde jedoch, dass der Gegner nur wich und nicht mehr wie im Vorjahr überholt und eingekesselt werden konnte. Gefangenenzahlen wie seinerzeit gab es nicht mehr. So blieb „Blau" respektive „Braunschweig" letztlich ein Pyrrhus-Sieg und erreichte keines der beiden angestrebten Ziele, weder die Einnahme der Ölstadt Baku noch die von Stalingrad.

Generalplan Ost

Am 12.6.1942 zeichnete Himmler als Reichskommissar für die Festigung deutschen Volkstums eine Denkschrift ab, die seine Hauptabteilung Planung (SS-Oberführer Prof. Konrad Meyer-Hetling) über „rechtliche, wirtschaftliche und räumliche Grundlagen des Ostaufbaus" ausgearbeitet hatte. Dieser kurz „Generalplan Ost" genannte Entwurf enthielt das offizielle Programm der NS-Besatzungspolitik. Es sah die Vertreibung oder die Vernichtung von 31 Millionen Bewohnern Polens und der sowjetischen Westgebiete vor, bleiben sollten 14 Millionen vorwiegend „eindeutschungsfähige" Balten und Ukrainer als Arbeitssklaven der deutschen Siedler. 36 Siedlungsschwerpunkte mit je 20 000 Einwohner, umgeben von einem Kranz von Dörfern, waren als Netz zur Erschließung der Marken „Ingermanland" um Leningrad, „Gotengau" mit der Krim, Memel-Narew-Gebiet sowie Generalgouvernement geplant. Die „deutsche Volkstumsgrenze" sollte damit tausend Kilometer nach Osten vorgeschoben werden. Die sich rasch verschlechternde Kriegslage machte den Plan zur Makulatur.

Tausend Meilen fern der Heimat: Der Bildberichter einer Propagandakompanie porträtierte die beiden deutschen Kradmelder in einem Dorf in der Nogaischen Steppe (Südukraine).

Menschenjagden

Zwangsarbeiter für die deutsche Wirtschaft (seit 1942)

Zur Arbeit wurden im Dritten Reich viele Menschen gepresst (etwa die Häftlinge der KZ). Im engeren Sinne aber bezeichnet man als „Zwangsarbeiter" die während des Krieges in den deutsch besetzten Gebieten zunächst angeworbenen, seit 1942 zunehmend zwangsrekrutierten Zivilarbeiter, die offiziell „Fremdarbeiter" hießen. Zwangsarbeiter wurden in der Landwirtschaft und der Industrie im Reich oder auch in Zulieferbetrieben ihrer Heimat eingesetzt. Es handelte sich vornehmlich um Polen, Russen, Franzosen, Belgier und Niederländer. Mit wachsender Kriegsdauer wurden die Methoden der Rekrutierung immer brutaler. Es kam zu regelrechten Menschenjagden und Deportationen. Am 21.3.1942 ernannte Hitler Fritz Sauckel, einen typischen Frühnazi („Alter Kämpfer"), zum Generalbevollmächtigten für den Arbeitseinsatz. Am 15.3.1943 sprach Sauckel in einer ersten Jahresbilanz von 3 638 056 „neuen fremdvölkischen Arbeitskräften" und 1 622 829 Gefangenen, die der Kriegswirtschaft „zugeführt" worden seien.

Strenge „Lebensführungsregeln"

Sie wurden in Deutschland polizeilich überwacht. Während die Zwangsarbeiter aus westlichen Ländern den Kriegsumständen entsprechend behandelt wurden (insbesondere die begehrten Facharbeiter), wurden die Arbeiter aus der UdSSR und die „nicht eindeutschungsfähigen Elemente" aus Polen und Südosteuropa zahlreichen Beschränkungen unterworfen. Sie mussten Kennzeichen auf der Kleidung tragen – „OST" für russische, „P" für polnische Zwangsarbeiter –, durften nicht an kulturellen oder kirchlichen Veranstaltungen teilnehmen; Radio und Zeitungen waren ihnen verboten. Zudem waren die Zwangsarbeiter aus dem Osten spätestens seit Februar 1942 in bewachten Lagern untergebracht und erhielten deutlich niedrigere Löhne. Ihnen wurden strenge „Lebensführungsregeln" auferlegt gemäß Schreiben Himmlers vom 8.3.1940, wonach bei Verstößen gegen die Arbeitsmoral Einweisungen in Arbeitserziehungslager und KZ und in schweren Fällen „Sonderbehandlung" (siehe Kasten) anzuordnen war. Deutsche Frauen waren für Zwangsarbeiter bei Todesstrafe tabu. Die Industrieunternehmen, die von den Zwangsarbeitern profitierten, haben nach dem Krieg bis in die 1990er Jahre Entschädigungen abgelehnt oder allenfalls symbolische Zahlungen geleistet. Erst gegen Ende des Jahrhunderts einigte man sich auf einen Fond von zehn Milliarden Mark, der zur Hälfte von der deutschen Wirtschaft und zur anderen durch den Bund aufgebracht wurde. Die Zahlungen begannen im Jahr 2001.

Sonderbehandlung

Zu den Mitteln der Geheimhaltung gehörte im Dritten Reich auch die sprachliche Tarnung von Gewaltmaßnahmen. Der Begriff „Sonderbehandlung" findet sich häufig in einschlägigen Dokumenten. Er diente zur Umschreibung von Maßnahmen, die letztlich immer auf die physische Vernichtung von Menschen hinausliefen. Ein Fernschreiben Heydrichs an alle Staatspolizeistellen vom 20.9.1939 sagte das in aller Offenheit: In Sicherheitsfragen gebe es Fälle, „die einer Sonderbehandlung zugeführt werden müssen", und das seien solche, die „hinsichtlich ihrer Verwerflichkeit [...] geeignet sind, ohne Ansehen der Person durch rücksichtloses Vorgehen [nämlich durch Exekution] ausgemerzt zu werden". Das Wort tauchte vor allem in Erlassen zur Judenverfolgung immer wieder auf. Es verlor dadurch allmählich seine Tarnfunktion, so dass Himmler in einem Schreiben an den Inspekteur für Statistik vom 10.4.1943 die Ersetzung durch andere Vokabeln forderte. Doch der Gebrauch hatte sich schon verfestigt, so dass weiterhin im Fall von Liquidierungen von „Sonderbehandlung" gesprochen wurde.

Zu Millionen wurden Zwangsarbeiter rekrutiert und in Deutschland eingesetzt. Aus Russland stammende Arbeitskräfte mussten ein aufgenähtes Kennzeichen „OST" tragen; hier Männer und Frauen im Ostarbeiterlager Wernigerode am Harz.

Rommel im Rücken bedrohen

Alliierte Landung in Nordafrika (8.11.1942)

Im Sommer 1942 nahmen die alliierten Stäbe die Planungen für eine Landung in Nordafrika auf; die Codebezeichnung des Unternehmens lautete zunächst „Gymnast", dann „Torch" (Fackel). In den Augen der US-Militärs war das ein Umweg, aber nach den Erfahrungen mit der blutig gescheiterten Probelandung von Dieppe (19.8.1942) schien eine Invasion des europäischen Festlandes auf dem direkten Weg von England aus vorerst nicht ratsam. Zudem war nach dem Fall von Tobruk (21.6.1942) der Suezkanal akut gefährdet. Mit „Torch" wollte man nun Rommels Position im Rücken bedrohen, eine Basis für Angriffe gegen Italien gewinnen, die scheinbar dem Zusammenbruch nahe Rote Armee möglichst rasch entlasten, das faschistische Spanien vom Kriegseintritt auf seiten Deutschlands abschrecken und auch einem deutschen Zugriff auf die französischen Besitzungen in Nordafrika zuvorkommen.

Erhebliche Gegenwehr

Ein Risiko bestand darin, dass Pétain Weisung erlassen hatte, Französisch-Nordafrika gegen jeglichen Angriff mit Waffengewalt zu verteidigen. Die Alliierten versicherten sich daher über Geheimdienstkontakte der Kooperation zahlreicher französischer Offiziere. Dennoch kam es zu erheblicher Gegenwehr der französischen Streitkräfte, als die Landungen am 8.11.1942 begannen. Für „Torch" waren angesetzt: Western Task Force (Hewitt) aus den USA mit 35 000 Amerikanern (Patton), die an der marokkanischen Küste an Land gehen und Casablanca nehmen sollten; aus Großbritannien die Center Task Force (Troubridge) mit 39 000 Mann US-Landungstruppen (Fredendall), die im Raum Oran an der algerischen Küste abgesetzt werden sollten, und ebenfalls aus Großbritannien die Eastern Task Force (Burrough) sowie die britische „Force O" mit 23 000 Briten und 10 000 GIs (Ryder), die Algier nehmen sollten.

> ### *Unternehmen „Lila"*
>
> *Beim Einmarsch deutscher Truppen in die unbesetzte französische Südzone als Reaktion auf die alliierte Landung in Nordafrika war der Kriegshafen Toulon ausgespart worden; die dort seit 1940 liegende französische Mittelmeerflotte sollte zusammen mit der „Waffenstillstandsarmee" der Vichy-Regierung die Verteidigung von Stadt und Küste übernehmen. Angesichts der Entwicklungen in Nordafrika (die französischen Befehlshaber verständigten sich nach kurzer Gegenwehr mit den Alliierten) wuchs das deutsche Misstrauen gegen die französische Admiralität, so dass der Plan „Lila" in Gang gesetzt wurde: Truppen des deutschen II. Panzerkorps (Hausser) drangen am 27.11.1942 in Toulon ein. Sie kamen jedoch zu spät, der OB der französischen Hochseeflotte, Admiral de Laborde, hatte, rechtzeitig gewarnt, noch die Selbstversenkung anordnen können.*

Deutscher Sprung nach Tunesien

Zwar gelang überall die völlige Überraschung der Verteidiger, doch kam es danach an allen Landeköpfen zu Gefechten und Verlusten auf beiden Seiten. Erst am 10.11. um 11.20 Uhr fand sich der französische Oberbefehlshaber Darlan zum Waffenstillstand bereit. Als Reaktion auf „Torch" wurden seit 9.11. deutsche Truppen von Sizilien aus nach Tunesien verlegt. Der alliierte Plan, Rommels Armee nach der Niederlage von El Alamein in Libyen einzuschließen, wurde damit vereitelt, obwohl die Alliierten durch Luftlandungen bei Bône (12.11.) und Souk el Arba (16.11.) der deutschen Besetzung zuvorzukommen versuchten. Der Krieg in Tunesien zog sich noch bis Mai 1943 hin. Eine weitere deutsche Antwort auf „Torch" war der Einmarsch in die bisher unbesetzte Zone im Süden Frankreichs (10./11.11.).

Entladen von Lastkraftwagen der US-Streikräfte im Hafen von Algier während der Landung alliierter Truppen in Marokko und Algerien am 7./8.11.1942.

Ägyptische Front nicht zu halten

Entscheidungsschlacht bei El Alamein (Ende Oktober 1942)

Im Afrikafeldzug kam nach der Eroberung Tobruks Ende Juni 1942 der Vormarsch der deutsch-italienischen Panzerarmee Afrika (Rommel) bei El Alamein, einem Dorf in Nordägypten, knapp hundert Kilometer südwestlich von Alexandria, zum Stehen. Der britischen 8. Armee (Auchinleck) war es gelungen, hier in der Enge zwischen Küste und der unpassierbaren Kattara-Senke eine stabile Auffangstellung zu bilden. Durchbruchsversuche des Deutschen Afrika-Korps scheiterten ebenso wie ein Flankenangriff der italienischen Division „Ariete". Nach einem britischen Gegenangriff am 11.7.1942 musste Rommel zur Verteidigung übergehen. Am 13.8. übernahm Montgomery den britischen Oberbefehl und sorgte für zügige Verstärkung über den trotz deutscher Luftangriffe intakten Suezkanal.

Verschanzen hinter „Teufelsgärten"

Die Nachschubsituation für die Deutschen dagegen wurde wegen der Angriffe von Malta aus immer prekärer. Daher suchte Rommel Ende August/Anfang September eine schnelle Entscheidung mit der Schlacht von Alam Halfa südlich von El Alamein, erlitt aber auch hier eine Niederlage. Jetzt konnten sich alle Anstrengungen nur noch darauf beschränken, einen britischen Durchbruch zu verhindern. Auf einer Länge von 50 Kilometern wurden tiefgestaffelte Minenfelder („Teufelsgärten") angelegt, die Panzerverbände bezogen Reservestellungen im rückwärtigen Gebiet.

Ausgerechnet zu der Zeit, als die Entscheidungsschlacht am 23.10.1942 begann, befand sich Rommel nicht in Afrika. Die britische 8. Armee trat mit mehr als doppelter Überlegenheit gegen die unterversorgten deutsch-italienischen Verteidiger an. Der Hauptstoß erfolgte nicht wie erwartet im Süden, sondern im Norden, an der Nahtstelle zwischen der italienischen Division „Trento" und der deutschen 164. Division. Als Rommel am 25.10. zurückkehrte, fand er bereits eine bedrohliche Lage vor. An zwei Abschnitten waren den Briten Einbrüche gelungen. Sprit- und Munitionsmangel setzten zudem die Schlagkraft und Beweglichkeit seiner Truppen bedrohlich herab.

Am 2.11. brach die Front am Kidney-Rücken zusammen. Rommel befahl daraufhin den Rückzug, dessen Beginn sich durch Hitlers Einspruch bis zum 4.11. verzögerte. Dadurch erlitten vor allem das Deutsche Afrika-Korps und das italienische XX. Korps noch schwere Verluste. In der Folge zog sich die Panzerarmee Afrika, immer verfolgt von den Briten, durch Libyen bis in den neugebildeten Brückenkopf Tunesien zurück.

Bewährungseinheit

In der Wehrmacht kam im zweiten Kriegsjahr die Idee auf, Straftäter zur Bewährung im Kampf heranzuziehen. Es handelte sich dabei um Kriminelle, aber auch um „politisch Unzuverlässige", die mit Erlass vom 21.12.1940 zur „Bewährungstruppe 500" zusammengefasst wurden. Daraus entstand im Herbst 1941 das Infanterie-Ersatz-Bataillon 500, das später zum Regiment erweitert wurde. Daneben wurde im Sommer 1941 ebenfalls aus „Bewährungssoldaten" das Infanteriebataillon z.b.V. 500 gebildet, das in Südrussland kämpfte. Bekannter als sie wurde die am 6.10.1942 aufgestellte Afrika-Brigade 999, die ebenfalls aus Sträflingen bestand und bis zur Division erweitert wurde. Das Gros der „999er" ging im Frühjahr 1943 in Afrika in alliierte Gefangenschaft, aus Resten und Neuzugängen entstanden 23 Festungsbataillone, die in Russland, Griechenland und Jugoslawien zum Einsatz kamen. Einige wurden wie das I. Bataillon auf der Krim völlig vernichtet, andere gerieten dezimiert in russische, ein einziges in amerikanische Gefangenschaft.

Gefangennahme einer deutsche Panzerbesatzung bei El Alamein durch britische Infanterie. Auch Rommel, der sich bei Beginn der Schlacht noch in Deutschland aufhielt, konnte angesichts der erdrückenden Materialüberlegenheit der britischen 8. Armee nichts ausrichten.

Verlöschen der 6. Armee

Kriegswende in Stalingrad (Winter 1942/43)

Die deutsche 6. Armee (Paulus) hatte am 23.8. Stalingrad erreicht. Die sowjetischen Gegenstöße aus den Don-Brückenköpfen nahmen ihr aber die Kraft, im Verein mit der 4. Panzerarmee, die am 30.8. von Südwesten her herangekommen war, die sowjetische 62. Armee vor der Stadt zu fassen. Die Verteidiger mussten im frontalen Angriff geschlagen werden. Diese Aufgabe übernahm das LI. Armeekorps (v. Seydlitz), das wie auch die sowjetische 62. Armee (Tschuikow) laufend verstärkt und erneuert wurde. Von Ende August bis Mitte November kämpfte sich das Korps durch die Trümmer des zerbombten Stalingrad zur Wolga durch, an der Tschuikow zuletzt nur noch wenige Brückenköpfe hielt und doch die deutschen Hauptkräfte band und verschliss. Die Zahl der deutschen Angreifer sank von 254 421 auf 138 823 Mann ab.

Überlegene Schwerpunktbildung

Spätestens seit dem 12.9. bereitete Stalin die Einschließung der 6. Armee („Uranus") vor; er erhöhte die Kampfkraft der Südwestfront (Watutin) mit ihren über 3 Armeen und 2 Luftarmeen, der Donfront (Rokossowski) mit 3 Armeen und 1 Luftarmee, der Stalingradfront (Jeremenko) mit 4 Armeen und 1 Luftarmee. Hitler verstärkte daraufhin die Donlinie im Oktober mit der rumänischen 4., der italienischen 8. Armee und dem XXXXVIII. Panzerkorps als Rückhalt. Doch dank überlegter Schwerpunktbildung durchbrachen oder vertrieben die sowjetischen Truppen am 19./20.11. die rumänischen Verbände an beiden deutschen Flanken. Die wegen ungenügender Zufuhr nahezu gelähmte 6. Armee vermochte noch ihre Aufrollung aber nicht mehr ihre Einschließung zu verhindern. Hitler verbot einen Ausbruch. Er rechnete mit ausreichender Luftversorgung und baldigem Entsatz durch die neugebildete Heeresgruppe Don (Manstein). Infolge des Ungenügens der Luftbrücke zum Fliegerhorst Pitomnik konnte die 6. Armee sich nicht mehr der am 12.12. anlaufenden Entsatzoperation („Wintergewitter") der 4. Panzerarmee entgegenkämpfen. Das Verlöschen der 6. Armee durch Kälte, Hunger, Krankheit und Kampf (Gefechtsverluste bis 10.1.1943 durchschnittlich 650 Mann/Tag), nahm Hitler nicht zur Kenntnis. Seit 10.1.1943 drückte die sowjetische Donfront den Kessel von Westen her ein. Bis 2.2.1943 ergaben sich dessen Reste. 58 000 Mann waren gefallen; nur 6000 der in Stalingrad in Gefangenschaft geratenen 90 000 Soldaten kehrten später heim.

Die deutsche Niederlage in Stalingrad beendete den Vormarsch der Wehrmacht im Russlandfeldzug und wurde allgemein als Wendepunkt des Krieges empfunden. Goebbels nutzte die Katastrophe für seine Durchhalte-Propaganda und rief am 18.2.1943 im Berliner Sportpalast zum „Totalen Krieg" auf.

Stalinorgel

Der sowjetische Raketenwerfer Katjuscha erhielt im deutschen Landserjargon die Bezeichnung „Stalinorgel" – Reflex des Respekts, den das Salvengeschütz mit seinem jaulenden Abschussgeräusch den deutschen Soldaten abnötigte. Die erstmals vor Leningrad am 21.9.1941 eingesetzte Waffe bestand aus schwenkbaren 2,5 bis 5 Meter langen Leitschienen, die auf Lastwagen montiert wurden, und verschoss elektrisch gezündete Granaten verschiedenen Kalibers auf Entfernungen zwischen 2500 und 8400 Metern: die leichtere Version Salven von 36 Geschossen (Kaliber 7,5 und 8,2 Zentimeter), die schwerste Stalinorgel Salven von 54 Granaten (80 Kilogramm, Kaliber 40,6 Zentimeter). Die geringe Treffgenauigkeit glichen Masseneinsatz, schnelle Schussfolge sowie die Beweglichkeit des Lkw-Transporters und die verheerende moralische Wirkung des Salvenfeuers aus.

Im Rückblick fast eine Verhöhnung der Opfer: Deutsches Warnschild am westlichen Stadtrand von Stalingrad nach Beginn der deutschen Besetzung der Stadt, die zum Massengrab von Soldaten beider Seiten wurde.

Blindwütige Racheaktion

Anschlag auf Heydrich – Massaker von Lidice (10.6.1942)

Der Diplomat von Neurath, bis 1938 Hitlers Außenminister, bekam als Reichsprotektor für Böhmen und Mähren dieses 1939 annektierte deutsche „Nebenland" nicht in den Griff. Hitler setzte ihm daher am 27.9.1941 einen Stellvertreter vor die Nase: den Chef des Reichssicherheitshauptamtes (RSHA) Reinhard Heydrich. Der neue Mann verordnete dem industriell überaus wichtigen, auch weil vor Bombenangriffen ziemlich sicheren Gebiet eine Kur aus Zuckerbrot und Peitsche, die anschlug. Bald herrschte Ruhe, die Wirtschaft blühte, die Zufriedenheit der Menschen wuchs trotz der harten Besatzungsmaßnahmen. Der britische Geheimdienst sah es mit Missfallen und bereitete einen Anschlag auf den verhassten Mann vor. Tschechische Agenten wurden von RAF-Maschinen abgesetzt, spionierten den Alltag des Herrschers von Prag aus und lauerten ihm am 27.5.1942 auf.

Heydrich, wie immer ohne Eskorte unterwegs, passierte zwei Attentäter, deren MP allerdings versagte. Er war schon fast vorüber, als es einem Agenten noch gelang, eine Handgranate zu werfen, die am rechten Hinterreifen des Fahrzeugs detonierte. Vielleicht beging Heydrich hier den entscheidenden Fehler: Der sportliche Mann sprang aus dem Wagen ungeachtet starker Schmerzen im Rücken, verfolgte die flüchtenden Männer und feuerte mit der Dienstwaffe vergeblich hinterher. Ein Granatsplitter hatte sein Sitzpolster zerfetzt und sich in den Bauchraum gebohrt. Wäre er sitzen geblieben, hätte er vielleicht gerettet werden können. So versagten die Künste der Chirurgen; nach einer Woche war der erst 38-jährige Heydrich tot.

Alle Männer erschossen

Die Täter und einige Komplizen wurden in einer Prager Kirche gestellt und niedergemacht, so weit sie sich nicht selbst gerichtet hatten. Einer sollte vor der Tat im Dorf Lidice bei Kladno Unterschlupf gefunden haben. Auf Befehl Hitlers wurde der Ort am Abend des 9.6.1942 von Polizei, Wehrmacht und SD umstellt, die nach eigenen Meldungen „172 erwachsenen Männer durch ein Exekutionskommando von 1 Offizier, 2 Unterführern und 20 Mann" erschossen. Hinzu kamen nach Ende der Spätschicht weitere 11 Arbeiter sowie 15 bereits inhaftierte Angehörige von in England dienenden tschechischen Legionären. Von den ins KZ Ravensbrück (184) und in Gefängnisse (11) verbrachten Frauen, kehrten 143 nach dem Krieg zurück, von den verschleppten Kindern (98) wurde 8 zur „Eindeutschung" in SS-Familien gegeben, von den anderen ließen sich nach 1945 noch 16 identifizieren. Die Aktion endete mit der völligen Zerstörung von Lidice. Attentat und Massaker verschärften die Spannungen im Protektorat dramatisch.

„Aktion Reinhard"

Er hatte die Weichen zur Vernichtung der jüdischen Bevölkerung im deutschen Machtbereich, der „Endlösung", gestellt: Reinhard Heydrich, oberster Polizist Himmlers. Als er Ende Mai 1942 Opfer eines Attentats wurde, wählte Himmler ihm zu „Ehren" für die Ermordung der Juden im Generalgouvernement den Tarnnamen „Aktion Reinhard" und beauftragte mit ihrer Durchführung den SS- und Polizeiführer im Distrikt Lublin Globocnik. Dieser organisierte den Bau von Lagern und Gaskammern, die Deportation der Juden, ihre Tötung und die Erfassung ihrer Wertgegenstände. Der Massenmord sollte in neun Monaten abgeschlossen sein, zog sich aber bis zum 4.11.1943 hin. Mindestens 1,75 Millionen Menschen wurden Opfer der Aktion, wobei die meisten unter dem Decknamen „Aussiedlung" in verriegelten Güterwagen in die Todeslager deportiert wurden, während man Bewohner kleinerer Ghettos an Ort und Stelle erschoss. Minimal 180 Millionen RM (ohne Immobilien) betrug der Wert des konfiszierten jüdischen Eigentums.

Die Handgranate des tschechischen Attentäters demolierte das Fahrzeug des stellvertretenden Reichsprotektors Heydrich. Ein Splitter traf ihn selbst; wenige Tage danach erlag er der Verletzung.

Stoff für Durchhalteparolen

Casablanca-Konferenz der Alliierten (Januar 1943)

Nach der Landung der Alliierten in Marokko und Algerien (8.11.1942) sollten die Truppen der Achsenmächte in wenigen Wochen aus Nordafrika vertrieben werden. Das erwies sich als Illusion angesichts der in Tunesien landenden deutschen 5. Panzerarmee (v. Arnim). Diese Verzögerung ließ eine direkte Abstimmung zwischen den USA und Großbritannien geraten erscheinen. Vom 11.-24.1.1943 tagten US-Präsident Roosevelt und der britische Premier Churchill mit ihren führenden Militärs in Casablanca über das weitere Vorgehen. Sowjetführer Stalin war in der Endphase der Schlacht um Stalingrad unabkömmlich. Obwohl die Amerikaner die von diesem immer dringlicher geforderte zweite Front gegen die Wehrmacht in Frankreich favorisierten, setzte sich Churchill mit seinem Konzept einer Strategie der Peripherie gegen den „weichen Bauch Europas" durch: Landung auf Sizilien mit nachfolgendem Sprung aufs italienische Festland im Sommer 1943.

Rivalisierende Generäle

Langwieriger gestalteten sich die Verhandlungen mit den Vertretern Frankreichs: General de Gaulle, der von London aus die Aktivitäten des Widerstands (Résistance) in Frankreich steuerte, sah sich ebenso als alleiniger legitimer Sachwalter der französischen Sache wie der in Französisch-Nordafrika befehligende General Giraud. Roosevelt und Churchill schwankten, ob sie den von der deutschen Marionette Pétain ernannten Giraud oder den widerborstigen de Gaulle unterstützen sollten. Dieser weigerte sich zunächst, nach Casablanca zu kommen, und war erst durch ein Ultimatum von Churchill zur Anreise zu bewegen. Ein Ausgleich zwischen den französischen Rivalen wurde nur vordergründig gefunden, weil beide eine Unterstellung unter den jeweils anderen kategorisch ablehnten. Ein Gruppenfoto und ein Händedruck kam nur wegen der anwesenden Pressevertreter und Fotografen zustande.

Der letzte und schwerwiegendste Punkt betraf das schließliche Kriegsziel der Alliierten. Ohne Absprache mit Churchill verkündete Roosevelt, es komme nur eine bedingungslose Kapitulation der Achsenmächte in Frage. Zwar war Churchill darüber erbost, doch äußerte er öffentlich keine Einwände; auch Stalin schloss sich später der Forderung des US-Präsidenten an. Der Zorn Churchills erwies sich auf längere Sicht als durchaus berechtigt, denn die NS-Propaganda schlachtete die harte Forderung zu Durchhalteparolen aus. Den deutschen Widerstand brachte sie um den politischen Spielraum, und das Volk machte sie zur Geisel des Regimes angesichts der auf totalen Sieg, im Goebbels-Jargon: auf totale Vernichtung setzenden Gegners.

FFL

Nach Absprache mit Churchill vom 7.8.1940 rekrutierte der nach England geflohene französische General de Gaulle bewaffnete Verbände, die auf alliierter Seite gegen Deutschland kämpften. Zunächst traten zu diesen Forces Françaises Libres (FFL) aus Norwegen evakuierte Expeditionstruppen, zu denen vom Kontinent gerettete Soldaten, Überläufer und in den Kolonien ausgehobene Einheiten traten: Der Aufbau machte Mühe, weil der britische Überfall von Mers el-Kebir viele Franzosen von einer Zusammenarbeit mit den Gaullisten abhielt. Unter beliebten Truppenführern wie Leclerc oder Koenig zeichneten sich die FFL, im Juni 1942 etwa 70 000 Mann stark, in den Kämpfen in Nordafrika, Syrien und Ostafrika aus. Sie spielten eine wesentliche Rolle im Feldzug in Tunesien. Danach bildeten sie den Kern der (frei-)französischen 2. Panzer- und der 1. Infanteriedivision. Die Verbände der FFL aber operierten nie selbstständig, sondern unter britischem oder amerikanischen Oberbefehl.

Bockige Zöglinge: US-Präsident Roosevelt (2. v. l.) und der britische Premier Churchill (ganz r.) hatten es in Casablanca schwer mit den rivalisierenden Vertretern Frankreichs, den Generalen Giraud (ganz l.) und de Gaulle (2. v. r.).

Immer in Angst

Der Kriegsalltag daheim

Von einem Tag auf den anderen mussten 1939 Millionen von Menschen ihr Denken und ihr Verhalten ändern. Angst beherrschte das Lebensgefühl – Angst in den Bombennächten, Angst vor dem Verlust der Angehörigen, Angst vor der Niederlage. Und viele in Deutschland hatten sogar Angst vor dem Sieg der „eigenen" Seite, vor weiterer politischer und rassischer Verfolgung. Der Krieg erfasste alle Lebensbereiche, er richtete sich nicht nur gegen die militärischen, sondern genauso gegen die wirtschaftlichen Ressourcen. Er brachte Erschütterungen des moralischen und sozialen Gefüges.

Letzte Reserven

Die deutschen Behörden zeigten sich anfangs wegen des längst einkalkulierten Kriegsrisikos gut auf Versorgungsprobleme vorbereitet. Bei Beginn der Feindseligkeiten hatte das Reich 6 Millionen Tonnen Getreide und 600 000 Tonnen Fett eingelagert, aus der Sowjetunion kamen zudem in den ersten beiden Kriegsjahren umfangreiche Importe. Der totalitäre Staat setzte seine Organisationen zur Ausschöpfung der letzten Reserven ein. Die Pimpfe der HJ sammelten Altpapier, Buntmetall, Korken und „Spinnstoffe", die NS-Frauenschaft betreute durchreisende Landser, die Deutsche Arbeitsfront übernahm die Ausgabe von Lebensmittelkarten (siehe Kasten), das Nationalsozialistische Kraftfahrkorps wurde für Transportaufgaben herangezogen, der Luftschutz war seit 1935 systematisch geübt worden.

Luxusgüter verschwanden mit zunehmender Kriegsdauer ganz. Kosmetische Artikel, Musikinstrumente, Schmuckerzeugnisse waren kaum mehr zu haben, andere Produkte wie Bücher, Blumen, Lederwaren gab es allenfalls in begrenzter Menge. Haushaltsgeräte wurden rar, da Metall fast nur noch Rüstungsbetrieben zugeteilt wurde. Die Behörden riefen schon seit April 1940 zur „Metallspende" auf, man demontierte eiserne Gitter, sammelte in Sportvereinen Pokale, schmolz Kirchenglocken ein. Textilien erhielt man nur auf Reichskleiderkarte. Ein ausgeklügeltes Bezugssystem regelte die Belieferung mit Hausbrand. Zunehmend galten Einschränkungen für den privaten Personenverkehr. Autobenzin wurde nur in kleinsten Rationen und zu (kriegs)wichtigen Zwecken abgegeben.

Bei Laune halten

Der radikale Wertwandel wurde auch sichtbar in der massenhaften Einbeziehung der Frau in die Arbeitswelt. An der „Heimatfront" kämpften Millionen Frauen und Mädchen bei den Verkehrsbetrieben, bei der Post, in feinmechanischen Werkstätten, Munitionsfabriken oder als Wehrmachthelferinnen. Von Arbeit und Sorge um das Nötigste in Anspruch genommen, war für Zerstreuung und Erholung immer weniger Zeit, obwohl selbst im Bombenkrieg ein gewisses Freizeitangebot gepflegt wurde.

Lebensmittelkarten

Schon am 27.8.1939 wurden im Deutschen Reich Lebensmittelkarten für die Zuteilung bestimmter Nahrungsmittel ausgegeben. Später wurden immer mehr Waren rationiert und weitere Karten für verschiedene Waren- und Personengruppen ausgegeben: Reichsbrot-, Reichsfett- und andere Karten; Juden, Zwangsarbeiter und die Zivilbevölkerung in den besetzten Gebieten erhielten geringere Mengen, Sonderzulagen dagegen, kenntlich durch Färbung der Karten, gab es für werdende und stillende Mütter, Schwer- und Nachtarbeiter, Kleinkinder und Jugendliche, Fronturlauber und Reisende. Während als einzige Waren Kartoffeln und Gemüse nicht rationiert werden mussten, verringerten sich die Zuteilungen bei anderen immer weiter; zuletzt erhielt eine erwachsene Person wöchentlich 125 g Fett, 250 g Fleisch, 1700 g Brot.

„Altstoff ist Rohstoff" unter diesem Motto sammelte mit zunehmender Kriegsdauer nicht nur die HJ alles Wiederverwertbare. Neben der Rationierung unzähliger Güter wurde diese frühe Form des „Recycling" lebensnotwendig für die Rohstoffverschlingende Kriegsmaschinerie. Propaganda-Plakat des „Reichskommissars für Altmaterialverwendung" 1943.

Macht des Geistes

Widerstandsgruppe „Weiße Rose" (1942/43)

Nie ganz geklärt worden ist, was die Münchener Studenten um den 50-jährigen Professor und Volksliedforscher Kurt Huber dazu gebracht hat, sich den Namen „Weiße Rose" zuzulegen. Nach Hans Scholl (*1918), mit seiner Schwester Sophie (*1921) einer der führenden Köpfe, bezog er sich auf Romanzen des Dichters Clemens Brentano (1778-1842) und sollte im Grunde nur griffig und einprägsam sein. Im Nachhinein aber gewinnt er symbolischen Wert als Verkörperung der Reinheit und des Glaubens in Erinnerung an die ebenfalls weiße Lutherrose. Christliche Motive waren es denn auch nicht zuletzt, die Huber und seine jungen Leute in den Widerstand gegen den Nazi-Staat trieben. Die Männer der Gruppe, die das entmenschte deutsche Besatzungsregime im Osten als Soldaten erlebt hatten, berichteten Entsetzliches. Zunächst griff man mit Inschriften auf Hauswänden den nationalsozialistischen Unrechtsstaat an: „Der Geist lebt" oder „Nieder mit Hitler" lasen die Passanten.

Erneuerung des deutschen Geistes

Natürlich auch die Sicherheitsbehörden, die zunächst aber der seit 1942 aktiven Gruppe nicht auf die Spur kamen. Die „Weiße Rose" wollte den Teufelskreis durchbrechen, in dem „jeder wartet, bis der andere anfängt", und so alle schuldig werden. Es ging ihr nicht um einen Staatsstreich; ihre Anhänger schätzten ihre relative Ohnmacht durchaus realistisch ein. Die Gruppe wollte vielmehr zum passiven Widerstand animieren, um „den Nationalsozialismus zu Fall zu bringen" und „eine Erneuerung des schwerverwundeten deutschen Geistes von innen her zu erreichen". Besonderes Aufsehen erregte das letzte der in mehreren Städten verbreiteten Flugblätter. Das Blatt nahm Bezug auf die Tragödie von Stalingrad und mahnte: „Der Tag der Abrechnung ist gekommen, der Abrechnung unserer deutschen Jugend mit der verabscheuungswürdigsten Tyrannis, die unser Volk je erduldet hat", und die Verfasser forderten die „Brechung des nationalsozialistischen Terrors aus der Macht des Geistes".

Unrechtsprechung

Diese Flugschrift verstreuten die Geschwister Scholl am 18.2.1943 im Lichthof der Münchener Universität. Sie wurden dabei vom Hausmeister ertappt, der sie der Geheimen Staatspolizei (Gestapo) ans Messer lieferte. Sie wurden schon vier Tage später vom eigens angereisten Volksgerichtshof abgeurteilt, wobei Sophie Scholl dem rabiaten Gerichtspräsidenten Freisler ruhig entgegenhielt: „Was wir sagten und schrieben, denken ja so viele. Nur wagen sie es nicht auszusprechen." Das von vornherein feststehende Todesurteil wurde noch am selben Tag vollstreckt. Viele weitere Mitglieder der „Weißen Rose", darunter auch Huber, folgten den Geschwistern in den Tod.

„Rote Kapelle"

Der vor allem von der Schweiz aus operierende Sowjet-Spion Leo Trepper fand 1941 Kontakt zu einer Gruppe deutscher Gegner des NS-Regimes um den Offizier Harro Schulze-Boysen und den Oberregierungsrat im Wirtschaftsministerium Arvid von Harnack. Sie waren bereit, Nachrichten für die UdSSR zu beschaffen, da sie einen Sieg über Hitler nur mit Unterstützung von außen für möglich hielten. Ein Netz von Mitgliedern sorgte durch wechselnde Standorte für ständigen Funkkontakt mit den sowjetischen Stellen, die bis 1943 etwa 1500 Funksprüche über deutsche Agenten, Aufmarschpläne, neue Waffen auffingen. Die deutsche Polizei richtete im Juli 1942 wegen der von der Gestapo „Rote Kapelle" genannten Gruppe ein Sonderkommando ein, dem schon im August 1942 die führenden Mitglieder ins Netz gingen. Nach Folterungen wurden sie fast ausnahmslos zum Tod verurteilt und hingerichtet.

Die Geschwister Sophie und Hans Scholl (rechts) mit ihrem Freund Christoph Probst im Gespräch am 24.7.1942. Sie bezahlten ihren Widerstand gegen das Völkermordregime mit dem Leben.

Erbitterte Gegenwehr

Räumung des Warschauer Ghettos (April/Mai 1943)

Nach Deportationen von mehr als 300 000 Juden aus Warschau in die Vernichtungslager beschloss die SS im Frühjahr 1943 die endgültige Räumung des Ghettos der polnischen Hauptstadt. War es schon bei der Zusammenstellung früherer Transporte mehrfach zu erheblichem Widerstand gekommen, so wehrten sich die Juden nun massiv gegen die am 19.4. beginnende Aktion. Die Untergrundkämpfer der verbliebenen etwa 75 000 Juden waren gewarnt worden, und davon hatten offenbar die Deutschen Wind bekommen, weswegen sie mit einem erheblichen Truppenaufgebot anrückten: rund 850 Mann und 18 Offiziere unter dem Oberbefehl von SS-Oberführer von Sammern-Frankenegg, dem SS- und Polizeigeneral Stroop zur Seite stand. Sie drangen von zwei Stellen her ins Ghetto ein und wurden sofort unter Feuer genommen, so dass ihnen zunächst nur der Rückzug blieb. Auch weitere Versuche, die Juden zusammenzutreiben und in die bereitstehenden Güterwaggons zu sperren, scheiterten in den nächsten Tagen bei Straßenkämpfen.

Kampf in einer Flammenhölle

Daraufhin gingen die SS-Leute am 23.4. dazu über, Haus um Haus in Brand zu setzen. So zwangen sie die jüdischen Kämpfer, viele Stellungen zu räumen und vom Beschuss aus höheren Stockwerken zu direkten gruppenweisen Überfällen und Attacken auf SS-Einheiten überzugehen. Die Lage der Juden aber wurde wegen der Hitze selbst in der Kanalisation mit der Zeit unhaltbar, Nahrung verdarb rasch, Wasser wurde ungenießbar. Noch aber fanden manche Bewaffneten in bereits geräumten Häusern so lange Unterschlupf, bis die Brände auch diese erreichten. Auch einige Bunker boten Schutz, und die SS musste sich mühsam von einem zum nächsten vorkämpfen und die Widerständler durch Handgranaten und Begasung hinaustreiben. Und selbst dann war kaum einer zur Aufgabe bereit, sondern schoss, so lange die Munition reichte und er noch nicht zu schwer getroffen war.

Am 16.5., also nach fast vollen drei Wochen erbitterten Kampfes, meldete Stroop an seinen obersten Dienstherren Reichsführer-SS Himmler: „Es gibt keinen jüdischen Wohnbezirk in Warschau mehr!" Diese Zeile wählte er auch als Titel des von ihm zusammengestellten sogenannten Stroop-Berichts über den Ablauf der „Großaktion", der die Tagesmeldungen enthielt und das brutale Vorgehen der Einsatzkräfte mit Fotos dokumentierte. Darin zog Stroop auch Bilanz: 56 065 Juden waren gefangen genommen worden, die anderen gefallen, 7000 wurden nach der Kapitulation erschossen, 21 000 deportierte man in Vernichtungslager, die übrigen wurden in Arbeitslager eingewiesen; deutsche Verluste: 16 Tote, 90 Verwundete. Die deutschen Opferzahlen setzte Stroop, der für seinen Einsatz einen Orden (EK I) erhielt, offenbar in schönfärberischer Absicht um ein Mehrfaches zu niedrig an, wie polnische Recherchen ergaben.

Katyn

Am 13.4.1943 meldete der deutsche Rundfunk, Soldaten der Wehrmacht hätten bei Katyn nahe Smolensk Massengräber entdeckt. Eine von der Reichsregierung beauftragte Schweizer Ärztekommission fand darin 4363 Leichen, von denen 2730 als polnische Offiziere identifiziert wurden, die 1939 in sowjetische Gefangenschaft geraten und durch Genickschuss getötet worden waren. Stalin wies jegliche sowjetische Schuld an dem Massaker zurück und beschuldigte die Deutschen als Täter. Die Westmächte schlossen sich dem aus Sorge um die Kriegskoalition an. Heute steht die sowjetische Täterschaft fest; 1990 räumte Moskau auch ein, dass 1940 insgesamt 15 131 polnische Offiziere vom sowjetischen Geheimdienst NKWD liquidiert wurden, darunter die Opfer von Katyn.

Der Widerstand gegen die Räumung des Warschauer Ghettos hatte die Männer von SS-General Stroop zusätzlich in Wut gebracht. Gnadenlos trieben sie wehrlose Frauen und Kinder zusammen, die in Vernichtungs- oder Arbeitslager deportiert wurden.

Auf verlorenem Posten

Endkampf in Nordafrika (Frühjahr 1943)

Nach der Niederlage von El Alamein zog sich Rommel zeitweise fast fluchtartig durch Libyen zurück. In Tripolis wollte er zunächst die Front stabilisieren, doch erwies sich das als Illusion. Er musste weiter zurück ins französische Tunesien, wo die Wehrmacht in aller Eile mit der deutschen 5. Panzerarmee (v. Arnim) einen Brückenkopf gebildet hatte, damit Rommel nicht zwischen die Fronten geriet. Der „Wüstenfuchs" sah mit Erbitterung, dass für den Brückenkopf auf einmal alles an Truppen und Material da war, was er beim Kampf gegen die weit überlegene britische 8. Armee (Montgomery) bei Alamein so vergeblich erbeten hatte. Arnim gelang es, den alliierten Vormarsch im Westen zum Stehen zu bringen und die von Osten herankommenden Truppen Rommels im Januar 1943 in Tunesien aufzunehmen. Am 23.2.1943 wurde aus allen Verbänden die Heeresgruppe Afrika unter Rommel gebildet, der allerdings auch in Tunesien auf Dauer keine Chance sah. Hitler ignorierte seine Bitte um Rettung der dortigen Truppen.

Nur begrenzter Erfolg

Sie erzielten zunächst einige Erfolge wie beim Unternehmen „Frühlingswind" gegen den Kasserine-Pass: Unter diesem Decknamen plante Arnim eine Offensive gegen das II. US-Korps (Fredendall). Eine Kampfgruppe aus 10. und 21. Panzerdivision sollte in die Bereitstellungsräume der Amerikaner stoßen und nach Norden drehen. Das am 14.2.1943 anlaufende Unternehmen unterstützte der mit der Panzerarmee Afrika an der Mareth-Linie angekommene Rommel, indem er seinerseits am 15.2. mit Einheiten des Deutschen Afrika-Korps die US-Front im Süden angriff und das mit so gutem Erfolg, dass ihm die für „Frühlingswind" angesetzten Truppen am 17.2. zugeteilt wurden. Der schon begonnene Nordschwenk Zieglers wurde abgebrochen und der ursprüngliche Plan zugunsten eines konzentrischen Stoßes Richtung Tebéssa aufgegeben. Das Unternehmen gelang nur in Ansätzen: 233 US-Tanks fielen modernsten deutschen Tiger-Panzern zum Opfer, über 2000 GIs gerieten in Gefangenschaft.

Ein entscheidender Schlag gegen die anwachsende gegnerische Streitmacht aber glückte nicht mehr, zumal der Nachschub über das Mittelmeer von den britischen See- und Luftstreitkräften weitgehend unterbunden wurde. Damit nicht noch ein Generalfeldmarschall in Feindeshand fiel, berief Hitler Rommel aus Afrika ab. Die Heeresgruppe Afrika befehligte seit 9.3.1943 v. Arnim. Er kämpfte auf verlorenem Posten und musste sich am 13.5.1943 der Übermacht geschlagen geben; 130 000 Deutsche und 120 000 Italiener gingen in alliierte Gefangenschaft.

Zweite Front

Der bedrängte Stalin forderte schon 1941 von den Westmächten die Errichtung einer Zweiten Front in Europa und fand auch Verständnis. Uneins blieb man sich aber darüber, wo eine solche Front zu errichten sei. Für Stalin kam nur der direkte Stoß über den Ärmelkanal in Frage, Churchill favorisierte dagegen den Angriff von Süden her, weil hier, an der italienischen Flanke, mit weniger Widerstand zu rechnen war als an der Kanalküste, wie das blutige Scheitern einer Probelandung bei Dieppe im August 1942 bewies. Damit setzte sich Churchill zunächst durch, was Stalin mit tiefem Misstrauen erfüllte, auch als die unmittelbare Gefahr für die Rote Armee abgewandt war. Nun nämlich sah er in der westalliierten Haltung durchaus richtig einen Versuch, den russischen Vormarsch durch Südosteuropa abzuschneiden. Die Spannungen zwischen den Partnern wuchsen daher, bis Roosevelt schließlich eine Zweite Front für Nordfrankreich definitiv zusagte.

Wenngleich das Afrika-Korps den vorrückenden alliierten Verbänden noch erheblichen Schaden zufügen konnte, stoppen – geschweige denn zurückdrängen – ließen sie sich nicht mehr. Brennendes Wrack eines abgeschossenen US-Jagdbombers in Tunesien 1943.

Erst isolieren, dann stürmen

Vertreibung der Japaner aus Neuguinea (1943/44)

Bei ihrem Sturmlauf zu Beginn des Pazifik-Krieges hatten die Japaner fast ganz Südostasien überrannt. Nur einige wenige Bastionen ließen sich nicht so ohne weiteres nehmen. So scheiterte der Angriff von See her gegen den australischen Stützpunkt Port Moresby auf Neuguinea Anfang Mai 1942 wegen der erfolglosen Schlacht in der Korallensee. Zwei Monate später versuchten es die Japaner daher mit einer Landoperation der 18. Armee unter Generalmajor Horii bei Buna an der Nordostküste von Papua. Sie kämpften sich gegen die australisch-amerikanischen Verteidiger unter Generalmajor Hering durch Dschungel und Gebirge quer über die Insel vor. Am 26.9.1942 blieb der japanische Vormarsch 48 Kilometer vor Port Moresby liegen, Horii blies nach Anlaufen einer alliierten Gegenoffensive zum Rückzug auf die Ausgangsstellungen. Die vom ungewohnten Dschungelkampf mitgenommenen Australier und Amerikaner konnten Horii zwar einschließen, aber den japanischen Brückenkopf erst im Januar 1943 eindrücken.

Landung im Huon-Golf

Die Gefahr für Port Moresby, das die Japaner als Basis für Bombenangriffe gegen Australien hatten nutzen wollen, war zwar gebannt. Doch es drohten vom Norden der riesigen Insel (803 000 Quadratkilometer) neue Angriffe. Eine Brigade von Herings Truppe wurde nach Wau westlich von Salamaua verlegt, wo der US-Oberbefehlshaber Südwestpazifik General MacArthur die nächste Landung amerikanischer Verbände plante. Sie gelang am 29./30.6. 1943, so dass Salamaua nun von der 17. australischen Brigade in Wau und von den US-Landungstruppen bedroht war. Eine dritte Front bildete sich am 4.9.1943, als die australische 9. Division im Huon-Golf bei Lae landete und tags darauf weiter landeinwärts US-Fallschirmjäger niedergingen.

Nachschubprobleme

Von dort kämpften sich die Alliierten, laufend unterstützt durch überholende Landungen, die Küste entlang und durch das Gebirge im Landesinneren nach Nordwesten bis Madang vor, so dass die Japaner schließlich den gesamten Ostteil der Insel preisgeben mussten. Bei sich verschlechternder Kriegslage für die Japaner und wachsenden Nachschubschwierigkeiten wurden im Folgejahr auch ihre Stützpunkte und Flugfelder im schon bei Kriegsbeginn besetzten niederländischen Westteil Neuguineas zunächst isoliert und dann im Sturm genommen. Die Insel fiel damit als wichtigster unsinkbarer Flugzeugträger der Japaner im Südwestpazifik endgültig aus.

Inselspringen

Was nach methodischem Vorgehen aussah, nämlich die Art und Weise, wie die Amerikaner bei ihrer Offensive im Pazifik sich Angriffsziele herauspickten, die erobert werden konnten, und andere, bei denen der Erfolg zweifelhaft war, erst einmal ausließen, war auf materielle und zeitliche Zwänge zurückzuführen. Den Amerikanern standen die Mittel für eine direkte Konfrontation oder gar den Angriff auf das japanische Mutterland zunächst nicht zur Verfügung. Über diese Mängel half die Strategie des Inselspringens hinweg. Sie wurde bei Vorstößen gegen die Salomonen und die Gilbert-Inseln 1942/43 erprobt. Die Landungen erfolgten nach massiver Feuervorbereitung durch Luftangriffe und Schiffsartillerie, wobei sich besonders die alten Schlachtschiffe, die in Pearl Harbor inzwischen gehoben worden waren, bewährten. Das Inselspringen wurde fortgesetzt, auch als die amerikanische Rüstungsproduktion auf Hochtouren lief und längst genügend schwimmendes Material für direktes Vorgehen bereitstand. Jetzt wollte man damit Menschen und Material schonen.

Inselspringen: Landung von US-Truppen auf den Gilbert-Inseln Tarawa und Maklin (Bild), 20. November 1943.

Kaum Geländegewinn

Panzerschlacht am Kursker Bogen (Juli 1943)

Mit einer Offensivoperation gegen den weit nach Westen vorspringenden russischen Frontbogen vor Kursk wollte die deutsche Führung Mitte 1943 noch einmal die Initiative im Osten an sich reißen. Für das am 5.7.1943 ausgelöste Unternehmen „Zitadelle", so die Codebezeichnung, traten an: im Süden bei Belgorod die Armee-Abteilung Kempf und die 4. Panzerarmee (Hoth), im Norden bei Orel die 9. Armee (Model). Insgesamt setzte die Wehrmacht 2000 Panzer, darunter erstmals 90 schwere Panther und Tiger (Panzerkampfwagen V und VI), sowie 1800 Flugzeuge der Luftflotten 4 (Deßloch) und 6 (Ritter v. Greim) ein.

Partisanen als Zuträger

Die deutschen Angriffsabsichten waren den Stäben der Roten Armee durch den langwierigen Aufmarsch und die ständige Unterrichtung durch Partisanen in allen Details bekannt. Entsprechend konzentrierten sich die Kräfte an den Einbruchstellen. Den nördlichen deutschen Vorstoß sollte die Zentralfront (Rokossowski) auffangen, die dafür über 37 Schützendivisionen, 6 Panzerkorps und 3 motorisierte Brigaden verfügte; im Süden verteidigte die Woronesch-Front (Watutin) mit 30 Schützendivisionen, 8 Panzerkorps und 13 motorisierten Brigaden.

Gegen die geballte Streitmacht kam der deutsche Angriff nur schwer voran, im Norden blieb er am 10.7. nach einem Geländegewinn von 15 Kilometern liegen, im Süden gelang es den deutschen Truppen 35 Kilometer vorzudringen, bis auch hier das Halt für die Angreifer kam. Vollends gescheitert war das Unternehmen im Kursker Bogen spätestens am 12.7., als nördlich Orel eine sowjetische Gegenoffensive der West- (Sokolowski) und der Brjansker Front (Popow) gegen die deutsche 2. Panzerarmee (Schmidt) losbrach. Obendrein erforderte die krisenhafte Entwicklung auf Sizilien (siehe Kasten) die Abgabe von Kräften an den italienischen Bundesgenossen.

Verlustreicher Sieg

Am 13.7. gab Hitler daher Befehl zur Einstellung des Angriffs. Fortan diktierte die Rote Armee das Kriegsgeschehen im Osten, auch wenn ihre Verluste durch die Operation „Zitadelle" höher lagen als bei der Wehrmacht: Die Sowjets zählten 17 000 gefallene und 34 000 gefangene Rotarmisten, auf deutscher Seite waren 3300 Mann gefallen und 17 420 in Gefangenschaft geraten.

Sizilien

Nach dem Ende der Kämpfe in Nordafrika war die Insel an der Spitze des italienischen Stiefels Ziel der alliierten Landungsoperation „Husky": Am 10.7.1943 setzte eine Flotte (Cuninngham) von 2359 Schiffen die amerikanische 7. Armee (Patton) und die britische 8. Armee (Montgomery) an Land. Das Unternehmen wurde gedeckt von 280 Kriegsschiffen und einer Luftstreitmacht (Tedder) von 3680 Maschinen. Der Versuch, mit Luftlandetruppen im Vorgriff strategisch wichtige Punkte zu besetzen, schlug wegen des stürmischen Wetters weitgehend fehl. Die Amerikaner gingen im Golf von Gela an Land, die Briten zwischen der Halbinsel von Pachino an der Südostspitze der Insel und Syrakus, dessen Hafen bis zum Abend genommen war. Die auf der Insel stationierte italienische 6. Armee (Guzzoni) lief nach wenigen Tagen auseinander. Umso verbissener wehrten sich die deutschen Truppen, die Panzerdivision „Hermann Göring" und die 15. Panzergrenadierdivision, die Verstärkung durch das XIV. Panzerkorps (Hube) erhielten. Die Attacken insbesondere der Panzer führten zeitweilig zu Panik bei den Amerikanern. Dennoch befanden sich die Verteidiger bald in aussichtsloser Lage, da der Nachschub für die Invasoren ungehindert heranfloss. Bis 17.8. war die Insel ganz in alliierter Hand.

Die neuen deutschen Panzerkampfwagen VI Tiger (Titelbild der in mehreren Sprachen erscheinenden Illustrierten „Signal") waren allen gegnerischen Tanks überlegen, und auch das Vorgängermodell Panther hätte bei Kursk entscheidende Wirkung entfallen können. Beide Typen aber standen nicht in genügender Zahl zur Verfügung.

Entwaffnung des Waffenbruders

Sturz und Verhaftung Mussolinis (25.7.1943)

Hitler hatte das Paktieren Mussolinis mit den traditionellen Eliten und der Monarchie immer mit Argwohn betrachtet. Jetzt zeigte sich der Pferdefuß dieser Politik, denn mit der Landung der Alliierten auf Sizilien wurde Italien zum Kriegsschauplatz. In dieser Krise besann sich die faschistische Partei darauf, dass der Duce nicht von Gottes Gnaden Diktator war, sondern dass es durchaus noch andere einflussreiche Instanzen gab, wie den seit Jahren schlummernden, weil nie mehr einberufenen Faschistischen Großrat. Dieses aus 28 führenden Persönlichkeiten des Regimes bestehende Gremium tauchte nun am 24.7.1943 aus der Versenkung auf und beriet im Palazzo Venezia unter Mussolinis Vorsitz die Lage und bald auch über ihn selbst, an dessen politischer Weisheit Zweifel aufgekommen waren.

Überrumpelter „Duce"

Und diese langjährigen Weggefährten stellten fest, dass man ja auch noch einen König habe, der in der Not vielleicht doch der bessere Anführer war. 19 Mitglieder des Großrats, darunter auch Graf Ciano, Mussolinis Schwiegersohn und Außenminister, präsentierten am frühen Morgen des 25.7. ein Papier, das die Absetzung des „Duce" und die Übergabe des Oberbefehls über die Streitkräfte an König Viktor Emanuel III. vorsah. Das war trotz der Mehrheit nicht verbindlich, und Mussolini setzte auf ein Gespräch mit dem König, das für 17 Uhr anberaumt wurde. Aber auch der Monarch verlangte nun den Rücktritt, die Amtsgeschäfte des Regierungschefs habe er bereits Marschall Badoglio übertragen. Und das Unfassbare geschah, der brutale, cholerische Mussolini ließ sich überrumpeln und leistete auch keinen Widerstand, als er bei Verlassen der königlichen Residenz abgeführt wurde.

„Fall Achse"

Hitler rechnete nun mit dem baldigen Ausscheiden Italiens aus dem Krieg und ließ den „Fall Achse" planen: 1. Rücknahme der Front in Italien und Räumung insbesondere der Inseln Korsika und Sardinien; 2. „Neutralisierung" der italienischen Streitkräfte; 3. Besetzung der militärischen Befehlszentralen; 4. Beschlagnahme aller Flugzeuge; 5. Blockierung der Flotte. Als die Regierung Badoglio am 3.9. tatsächlich einen Sonderwaffenstillstand mit den Alliierten schloss, kamen die deutschen Gegenmaßnahmen in Gang: Während Rommel die italienischen Truppen im Norden gefangennehmen ließ, beschränkte sich OB Süd Kesselring auf Entwaffnung, die schon in wenigen Tagen abgeschlossen war (Übergabe Roms 10.9.).

Befreiung Mussolinis

Für Hitler war es eine Prestigefrage, den verhafteten Mussolini zu befreien. Damit betraute er das XI. Fliegerkorps unter General Student, der den gefangenen „Duce" Anfang September 1943 auf dem Gran Sasso in den Abruzzen aufspüren konnte. Am Nachmittag des 12.9. besetzte das I. Bataillon des Fallschirmjäger-Regiments 7 unter Major Harald Mors kurz nach 14 Uhr die Talstation der Drahtseilbahn zum Gran Sasso, während eine Kompanie zusammen mit einem kleinen SS-Kommando unter Hauptsturmführer Skorzeny mit Lastenseglern vor dem Sporthotel, in dem Mussolini festgehalten wurde, einschwebte. Die Carabinieri-Wachmannschaft ergab sich ohne Gegenwehr. Der „Duce" bestieg einen Fieseler Storch, begleitet von Skorzeny, der von der Propaganda als „Befreier" gefeiert wurde, obwohl er nur eine bescheidene Nebenrolle gespielt hatte. Mussolini wurde über München ins Führerhauptquartier „Wolfsschanze" bei Rastenburg geflogen, wo er am 14.9. eintraf und am Tag danach wieder „die oberste Leitung des Faschismus in Italien" übernahm.

Mussolini nach seiner Befreiung aus der Haft aus dem Hotel Campo Imperatore durch die 1. Kompanie des deutschen Fallschirmjäger-Lehrbataillons, kurz vor dem Abflug mit einem „Fieseler Storch", 12.9.1943.

Falsches Spiel

Sonderwaffenstillstand Italiens (3.9.1943)

Für die Regierung Badoglio war die Lage nach dem Sturz Mussolinis äußerst prekär. Den ganzen August 1943 über bemühte sie sich, den Deutschen gegenüber besonders eifrige Bündnistreue zu zeigen. Und zugleich mussten unauffällig Fäden zur alliierten Führung gesponnen werden, denn weitere Kriegführung würde das Land endgültig in den Ruin treiben. Natürlich konnten solche Sondierungen vor den deutschen Stellen nicht gänzlich verborgen bleiben, auch wenn man sie als humanitäre Gespräche etwa über Gefangenenaustausch zu tarnen suchte. Geprüft wurde vor allem, ob es nicht gelingen könne, im Zusammenwirken mit alliierten Luftlandetruppen Rom in die Hand zu bekommen, wo sich nur eine deutsche Division befand. Zum einen aber brauchte es dafür langwierige logistische Vorbereitungen, zum anderen sollten die Briten und US-Truppen auf dem italienischen Festland erst einmal Fuß fassen.

Strategie der vollendeten Tatsachen

Badoglio aber wollte nur in eine Kapitulation willigen, wenn der Handstreich auf die Hauptstadt angelaufen war, mussten er und der König doch sonst mit einem deutschen Zugriff rechnen. Und er würde nur einen Waffenstillstand akzeptieren und keine bedingungslose Kapitulation, wie sie die Alliierten forderten. Diese inszenierten daher ein falsches Spiel und bereiteten zwei Papiere vor, eines für den Waffenstillstand („short term") und ein weiteres, zunächst noch nicht vorzulegendes, über die völlige Entmündigung Italiens („long term"). Es sollte nach Schaffung vollendeter militärischer Tatsachen Badoglio und dem König aufgezwungen werden.

Inzwischen lief den Italienern die Zeit davon, denn auf deutscher Seite sorgte der OB Süd Kesselring für Verstärkung in und um Rom. Der zähe Widerstand der deutschen Divisionen auf Sizilien verzögerte zudem eine alliierte Landung auf dem Festland. Erst als bis 17.8. die letzten deutschen Verbände auf den italienischen Stiefel zurückgenommen worden waren, konnten die Alliierten den Sprung aufs Festland organisieren. Am 2.9. setzte das britische XIII. Korps über die Straße von Messina, eine Woche später liefen britische Kriegsschiffe in Tarent ein und zugleich gingen US-Truppen bei Salerno an Land. Der am 3.9. unterzeichnete Waffenstillstandsvertrag konnte nun bekannt gemacht werden. Doch inzwischen hatte die Wehrmacht Mittelitalien mit Rom längst im Griff. Badoglio und dem König gelang nur noch die Flucht nach Bari, wo sie in düsteren Marinequartieren als alliierte Marionetten ihre Amtsgeschäfte fortzusetzen suchten.

Salò

Am Gardasee, im kleinen Ort Salò, agierte eine andere Marionette, eine von deutschen Gnaden: Der befreite Mussolini erhielt hier im Herbst 1943 einen Amtssitz, von dem aus er seine schrumpfende Repubblica Sociale Italiana regieren durfte. Während die Alliierten den italienischen Stiefel von Süden aufrollten, versuchte Mussolini hier eine Neubelebung des Faschismus durch Anknüpfen an seine sozialistisch-republikanischen Anfänge. Die Hoffnung aber, damit noch einmal eine nennenswerte Gefolgschaft zu finden, erwies sich im kriegsmüden Land als Illusion. Die Republik von Salò stützte sich allein auf deutsche Truppen und Polizei sowie einige – unsichere – italienische Verbände, die zudem einen schweren Stand gegen die erstarkenden Partisanen hatten. Mussolini konnte nicht einmal abwenden, dass Südtirol einem deutschen Gauleiter unterstellt wurde, dass aus seinem „Staat" die Juden deportiert wurden und dass die Industrie von einem Reichsbevollmächtigten kontrolliert wurde. Dieser Staat sollte schließlich wie der „Duce" im Strudel des deutschen Zusammenbruchs untergehen.

Vorgesorgt für den Fall eines Rückzugs Italiens aus dem Krieg hatte OB Süd Kesselring: Posten der Fallschirmjäger beim Einweisen eines in Rom einrückenden Wehrmachtkonvois im September 1943.

Verwirren und verunsichern

Psychologische Kriegführung

Der seit 1939 tobende Krieg verlangte in einem bisher ungekannten Ausmaß den Einsatz aller Kräfte. Kein Bereich des gesellschaftlichen Lebens blieb verschont, die Front war überall, nicht nur draußen bei den kämpfenden Heeren, sondern auch daheim. Die psychologische Kriegführung mit ihrer Propaganda wurde daher zu einem wichtigen Element der Gesamtkriegführung. Nach innen gerichtet, versuchte sie Moral und Widerstandswillen zu stärken; auf den Gegner gerichtet war ihr Ziel, Verwirrung und Verunsicherung zu stiften.
Man unterschied dabei „weiße", „graue" oder „schwarze" Propaganda. Die weiße nannte klar und erkennbar Auftraggeber oder Produzenten. Dazu gehörten die „Passierscheine", die von militärischen Behörden ausgegeben wurden und Überläufern gute Behandlung versprachen. Graue Propaganda ließ sich ihrer Herkunft nach nicht sofort identifizieren. Beispiel dafür waren die „Nachrichten für die Truppe", eine angeblich von der deutschen Wehrmacht herausgegebene angloamerikanische Flugblattzeitung, die als Feindpropaganda jedoch leicht zu durchschauen war. Schwarze Propaganda schließlich arbeitete mit allen Mitteln der Täuschung. So enthielt ein britisches Flugblatt einen gefälschten Brief des Jagdfliegers Mölders, in dem der populäre Kriegsheld seinen christlichen Glauben und seine Ablehnung des Hitler-Regimes bekannte. Das Falsifikat war so gelungen, dass weite Kreise der deutschen Bevölkerung es für echt hielten.

Dutzende von Geheimsendern

Ein weiteres Betätigungsfeld fand die Propaganda im neuen Medium des Rundfunks. Der „Krieg der Ätherwellen" entwickelte sich zu einer Spitzendomäne der psychologischen Kriegführung, deutsche und englische Rundfunkpropagandisten brachten es zu bemerkenswerter Perfektion, so auf englischer Seite Sefton Delmer oder auf deutscher der als Lord „Haw-haw" berüchtigte William Joyce. Nach einer Zusammenstellung des Auswärtigen Amtes gab es im Februar 1944 insgesamt 55 Geheimsender der Feindmächte, die ihre Programme in 16 Sprachen ausstrahlten, als einer der gefährlichsten galt der Soldatensender Calais (siehe Kasten).
Die deutschen Geheimsender erreichten ihre Höhepunkte vor dem Hintergrund der „Blitzsiege" der deutschen Wehrmacht. „Radio Humanité" und „Voix de la Paix" erzeugten mit Gräuelpropaganda Panik unter der französischen Bevölkerung und lösten ein Flüchtlingschaos aus, das für die Operationsfreiheit der alliierten Verbände im Frankreichfeldzug zum bedeutenden Hindernis werden sollte. Auf den Kriegsausgang im Großen hatte die Propaganda wohl keinen Einfluss. Der von den Alliierten erhoffte psychische Kollaps der deutschen Zivilbevölkerung trat trotz aller Rundfunksendungen und trotz des Abwurfes von Milliarden von Flugblättern nicht ein.

Soldatensender Calais

An der engsten Stelle des Ärmelkanals zwischen England und Frankreich liegt auf französischer Seite die Stadt Calais. Nach ihr benannten die Engländer einen im Oktober 1943 gegründeten Propagandasender, obwohl die Stadt noch in deutscher Hand war. Der Soldatensender Calais war der stärkste Europas und verbreitet unter Leitung von Denis Sefton Delmer bis zum Kriegsende in deutscher Sprache geschickt gewählte und dosierte Nachrichten und erfolgreiche Unterhaltungssendungen, die deutsche Emigranten und britische Journalisten gestalteten. Da er anders als die offiziellen deutschen Sender meist wahrheitsgemäß berichtete, erreichte er hohe Glaubwürdigkeit. Trotz schwerer Strafen für das Hören von „Feindsendern", war seine Wirkung auf die deutschen Soldaten wie auch auf die Zivilbevölkerung nie ganz auszuschalten.

Feindliche Agenten könnten überall lauern; das sollte die allenthalben zu lesende Parole „Feind hört mit!" suggerieren. Eine unnötige Warnung, denn der eigentliche Feind konnte weit eher der scheinbar biedere Mitbürger oder Kollege sein, nämlich ein Gestapo-Spitzel, der bei unbedachten Äußerungen Meldung machte, was Inhaftierung oder Schlimmeres zur Folge haben konnte.

Gegen Hitler einig, untereinander nicht

Konferenz von Teheran (28.11.-2.12.1943)

Die vorwiegend schriftliche Abstimmung unter den Alliierten auf die große Distanz Washington–London–Moskau brachte manchen Reibungsverlust mit sich. Der Krieg machte zudem das Reisen beschwerlich und gefährlich, so dass es nur zu sporadischen direkten Gipfeltreffen kam, die dann um so wichtiger waren. Nachdem Churchill und Roosevelt Anfang 1943 in Casablanca und im folgenden August in Quebec wenigstens das westliche Vorgehen hatten erörtern können, wurde eine Verständigung mit Stalin immer dringlicher, zumal seine Streitkräfte die Hauptlast beim Kampf gegen Hitler und die Wehrmacht trugen. Für den 27.11. verabredeten sich die Großen Drei, wie sie sich gern titulieren ließen, im britisch kontrollierten Teheran, wo es allerdings vor Agenten wimmelte. Das nahm Stalin zum Anlass, dem US-Präsidenten aus Sorge für seine Sicherheit Quartier in der sowjetischen Botschaft anzubieten, wohlwissend, dass er damit den widerborstigen Churchill verärgerte, über dessen Wohl er sich offenbar keine Gedanken machte.

Makabrer Spaß

Außerdem säte der gewiefte Sowjetführer planmäßig Argwohn, denn in den nächsten fünf Tagen der Konferenz frühstückte er immer gemeinsam mit Roosevelt, während Churchill beim amerikanischen Verbündeten um einen Dialog beinahe betteln musste. Roosevelt nämlich wollte um keinen Preis bei Stalin den Verdacht wecken, er könne zu dessen Lasten mit dem Briten unter der Hand kungeln. So kam es immer wieder zu Konflikten und fast zum Eklat, als Stalin vorschlug, nach dem Sieg summarisch 50 000 deutsche Offiziere zur Strafe zu erschießen. Der Abbruch der Konferenz konnte nur abgewendet werden, indem Stalin seine Anregung als bloßen „Spaß" hinstellte. Die Beschlüsse zeigten dann auch deutlich russisch-amerikanische Handschrift:

Die deutsche Frage wurde an die Europäische Beratende Kommission (European Advisory Commission, EAC; siehe Kasten) überwiesen, eine Westverschiebung Polens aber schon definitiv beschlossen. Zur Entlastung der UdSSR sagten die Westmächte eine Invasion in Nordfrankreich für Mai 1944 zu (Unternehmen „Overlord"), während die UdSSR nach Kriegsende in Europa in den Kampf gegen Japan einzutreten versprach. Churchills „Strategie der Peripherie" (Vordringen durch Italien und Griechenland) hatte Stalin damit durchkreuzt und der Roten Armee ungehinderten Vormarsch nach Südost- und Mitteleuropa gesichert. Roosevelt war das russische Beistandsversprechen gegen Japan im Moment wichtiger als die „kommunistische Gefahr", vor der Churchill immer wieder gewarnt hatte.

EAC

Am 5.12.1943 trat in London die auf Beschluss der Moskauer Außenminister-Konferenz vom Oktober 1943 eingesetzte European Advisory Commission (EAC) zur Ausarbeitung von Vorschlägen für die Behandlung Deutschlands und Österreichs nach Kriegsende zusammen. Bei den 120 Treffen im Lancaster House waren in der Folgezeit die USA und die UdSSR anfangs durch ihre Botschafter John G. Winant und Fjodor Gusew vertreten, das Foreign Office durch Sir William Strang, die provisorische Regierung Frankreichs wurde nach einem Jahr zu den Beratungen hinzugezogen. Wichtigste Ergebnisse waren der Entwurf der Kapitulationsurkunde sowie ein Protokoll über die Aufteilung Deutschlands in Besatzungszonen und die Verwaltung Groß-Berlins durch eine alliierte Militärkommandantur. Die Reichshauptstadt sollte Sitz eines Alliierten Kontrollrats werden. Das deutsche Modell wurde mit geringen Abweichungen auf Österreich übertragen, das wieder von Deutschland getrennt werden würde.

Die verglichen mit dem Vorjahr deutlich gebesserte Kriegslage hob die Stimmung: die Großen Drei in Teheran. Churchill (rechts) und Roosevelt (Mitte) lauschten aufmerksam ihrem gut gelaunten Verbündeten Stalin.

Salvenfeuer in der Polarnacht

Versenkung der „Scharnhorst" (26.12.1943)

Im Januar 1943 war Großadmiral Erich Raeder, Oberbefehlshaber der Kriegsmarine, wegen glücklosen Kampfes gegen die Royal Navy und die alliierten Geleitzüge abgelöst worden. Nachfolger wurde der bisherige Befehlshaber der U-Boote Karl Dönitz unter Ernennung zum Großadmiral. Doch auch er konnte das Blatt nicht wenden, im Gegenteil: Er musste im Mai 1943 die Atlantikschlacht der U-Boote wegen zu hoher Verluste einstellen und zu Einzelaktionen übergehen. An Überwasserstreitkräften hatte er dazu nur noch wenige Einheiten. Eine davon war das Schlachtschiff „Scharnhorst", benannt nach dem Strategen der Befreiungskriege gegen Napoleon. Die „Scharnhorst" hatte erfolgreich im Zufuhrkrieg gekämpft, war dann wegen der drückenden Überlegenheit der britischen Gegner nach Brest verlegt und schließlich beim wider Erwarten geglückten Kanaldurchbruch zusammen mit dem Schwesterschiff „Gneisenau" und dem Schweren Kreuzer „Prinz Eugen" in den Heimathafen Wilhelmshaven gerettet worden.

Konfrontation am Nordkap

Nach Reparatur in Kiel sollte die „Scharnhorst" von Nordnorwegen aus seit März 1943 die Eismeer-Geleitzüge der Alliierten bekämpfen, und das auch noch als die Polarnacht hereingebrochen war, so dass nur mittels Funkmess (Radar) operiert werden konnte. So lief sie am 25.12.43 zur Bekämpfung des Konvois JW 55B aus, konnte aber, abgewehrt von begleitenden Kreuzern, keine Fühlung mit dem Geleitzug gewinnen, sondern stieß tags darauf beim Rückmarsch in Höhe des Nordkaps auf dessen Fernsicherung. Die war dem Befehlshaber Konteradmiral Bey zwar durch Luftaufklärer gemeldet worden, wobei allerdings ein wichtiges Detail nicht übermittelt wurde. Der Pilot hatte es für möglich gehalten, dass sich ein Schlachtschiff im britischen Verband befinde. Erst nach Salven-Treffern vom Kaliber 35,6 Zentimeter war Bey klar, dass er die überlegen bewaffnete „Duke of York" vor sich hatte.

Zu spät. Weitere Treffer durch Artillerie sowie durch 15 Torpedos machten die „Scharnhorst" manövrierunfähig und verwandelten das auf sich allein gestellte Schlachtschiff in ein brennendes Wrack, das nach wenigen Minuten in der eisigen See sank. Über 1900 Mann fanden den Tod, nur 36 konnten gerettet werden. Damit endete der Kampf der Kriegsmarine mit schweren Überwasser-Einheiten, denn das noch übrige Schlachtschiff „Tirpitz" war wegen schwerer Beschädigung außer Gefecht gesetzt, und wurde im Jahr darauf endgültig ausgeschaltet. Die Nordmeer-Geleitzüge der Alliierten mit westlichen Lieferungen von Kriegsmaterial für die Rote Armee konnten weitgehend unbehelligt intensiviert werden. Die deutsche Ostfront bekam das bald massiv und nachhaltig zu spüren.

Propagandakompanien (PK)

Die deutsche Wehrmacht stellte schon 1938 Sondereinheiten auf, die über das künftige militärische Geschehen berichten sollten. Bis 1941 lag die Hauptaufgabe dieser Propagandakompanien (PK) in der Kriegsberichterstattung. Erst die große Umorganisation der deutschen Propagandatruppen 1943 brachte die psychologische Kriegführung stärker zur Geltung, die im Ostfeldzugs und an der Italienfront vor allem durch ihre Flugblatt- und Rundfunkpropaganda Teilerfolge erzielte. Die Personalstärke betrug 15 000 Mann, von denen bis Kriegsende etwa 1000 fielen. Auch viele nach dem Krieg prominente Journalisten und Schriftsteller dienten als PK-Männer: Lothar-Günther Buchheim, Kurt W. Marek (C.W. Ceram), Joachim Fernau, Werner Höfer, Ernst Jünger, Werner Keller, Henri Nannen, Rudolf Pörtner, Peter von Zahn. Ihre Kriegsberichte wirkten dann am stärksten, wenn sie nicht ideologisch gefärbt waren, sondern als freie und unabhängige Meinung erschienen.

An Feuerkraft deutlich unterlegen war die „Scharnhorst" (links) in ihrem letzten Gefecht den britischen Gegnern. Beim spektakulären Kanaldurchbruch im Februar 1942 hatte ihre Schiffsartillerie die Küstenbatterien dagegen noch erfolgreich bekämpfen können (Foto).

Anrennen gegen Klostermauern

Die Schlachten am Montecassino (Januar bis Mai 1944)

Im mittelitalienischen Latium liegt, weithin die Landschaft beherrschend, der 519 Meter hohe Montecassino mit der Gründungsabtei des Benediktinerordens. Der Berg und der gleichnamige Ort bildeten 1943/44 das Herzstück der deutschen „Gustav"-Linie, an der nach der Kapitulation Italiens (8.9.1943) der Vormarsch der Alliierten nach Rom zum Stehen gebracht werden sollte. Am 18.1.1944 griffen das X. britische Korps (McCreery) im Mündungsgebiet des Garigliano und das II. US-Korps (Keyes) am Rapido an, um Verteidigungskräfte zu binden und damit die Landung des VI. US-Korps bei Anzio (siehe Kasten) zu entlasten. Während die Briten einen Brückenkopf gewannen, mussten sich die Amerikaner bei 2000 Mann Verlust nach Gegenangriffen des deutschen XIV. Panzerkorps (von Senger und Etterlin) bis 22.1. wieder in die Ausgangsstellung zurückziehen. Flankenangriffe des französischen Expeditionskorps (Juin) gegen Atina im Norden und der britischen 46. Division bei Sant' Ambrogio im Süden des amerikanischen Abschnitts scheiterten.

Nach kurzer Pause gingen die Alliierten am 25.1.1944 zur Daueroffensive über. Vergeblich jedoch versuchte die 34. US-Infanteriedivision, den Montecassino im Norden zu umgehen, und ebenso erfolglos blieben Vorstöße der Franzosen. Gegenangriffe der deutschen 44. Infanteriedivision stellten die alte Lage wieder her. Es folgte eine Bombardierung des Klosters, dessen Kunstschätze von den deutschen Verteidigern nach Rom ausgelagert worden waren. 142 viermotorige Bomber (B-17) und 87 weitere Maschinen verwandelten am 15.2. die Abtei in einen Trümmerhaufen, den Einheiten der deutschen Fallschirmjägerdivision (Heidrich) besetzten. Sturmangriffe britischer Kolonialtruppen wurden am 18.2. abgewiesen.

Anzio

Das westitalienische Hafenstädtchen Anzio (1940 ca. 7000 Einwohner) rückte am 22.1.1944 ins Rampenlicht der Geschichte, als hier und beim Nachbarort Nettuno, etwa 50 Kilometer südlich von Rom, das VI. US-Korps (Lucas) mit 4 amerikanischen und 2 britischen Divisionen hinter den deutschen Linien landete. Es sollte Bewegung in den alliierten Vormarsch bringen, der vor Montecassino stockte. Innerhalb einer Woche waren 69 000 Mann mit 237 Panzern und 50 Geschützen an Land, versäumten es aber, den Überraschungseffekt auszunutzen. So konnten sie zwar einen stabilen Brückenkopf bilden, den Gegenangriffe der deutschen 14. Armee (Mackensen) nicht mehr einzudrücken vermochten, doch der gewünschte Effekt: Abschneiden der rückwärtigen deutschen Verbindungen, blieb aus. Erst im Zuge einer allgemeinen deutschen Rückzugsbewegung gelang am 23.5.1944 der Ausbruch aus dem Brückenkopf.

Durchbruch beim vierten Versuch

In einer weiteren Schlacht sollte ein Angriff durch den Ort Cassino den Durchbruch schaffen: Am 15.3. gingen die Neuseeländer vor, nach Bombardierung der deutschen Stellung mit 800 Maschinen, die 1200 Tonnen Bomben abwarfen. Dennoch lief sich der Angriff fest. Am 23.3. mussten die Alliierten den Kampf erneut abbrechen. Die Zeit aber drängte wegen der anstehenden Invasion. Jetzt wurde alles, was man hatte, ins Gefecht geworfen: In der Nacht vom 11./12.5. feuerten über 2000 alliierte Geschütze und leiteten die vierte Offensive ein. Das XIV. Panzerkorps auf dem rechten deutschen Flügel musste weichen, wodurch die gesamte Front in Bewegung geriet und der OB Süd Kesselring Montecassino am 17.5. räumen ließ. Der Weg nach Rom war offen. Insgesamt verloren die Alliierten bei Montecassino 12 000 Mann und wertvolle Zeit, die Wehrmacht büßte über 20 000 Mann an Gefallenen, Vermissten und Gefangenen ein.

Geschlagene vier Monate rannten die Alliierten im Frühjahr 1944 gegen die deutsche „Gustav"-Linie am Montecassino an. Als am 18.5. der Durchbruch gelang, durchschritt ihre Infanterie (Foto: Männer des East Surrey Regiments) eine Trümmerwüste, die einmal das berühmte Kloster des heiligen Benedikt gewesen war.

Wie Vieh deportiert

Das Martyrium der ungarischen Juden (1944)

Deutschland forderte von seinen Verbündeten im Krieg die Auslieferung der Juden. Bulgarien weigerte sich erfolgreich bis zum Schluss, und auch Ungarn widersetzte sich. Das von Horthy als „Reichsverweser" diktatorisch regierte Land verwies auf eigene antijüdische Gesetze und Maßnahmen wie der Zwangsverpflichtung zu einem harten Arbeitsdienst, in dem seit Beginn des Krieges gegen die UdSSR, an dem Ungarn an deutscher Seite teilnahm, bereits viele tausend Juden umgekommen waren. Das alles aber genügte Hitler nicht, und als die Rote Armee sich den Karpaten näherte, befahl er die Besetzung Ungarns, wo am 19.3.1944 deutsche Truppen einrückten. Ihnen folgte ein Sonderkommando unter Führung von SS-Obersturmbannführer (Oberstleutnant) Adolf Eichmann, der die neue von den Deutschen Horthy aufgezwungene Regierung in der „Judenfrage beraten" sollte.

Budapester Juden zunächst verschont

Eichmanns „Rat" bestand in der Forderung nach möglichst rascher Erfassung, Kennzeichnung, Ghettoisierung und schließlich Deportation der Juden nach Auschwitz. Am 16.4.1944 begann das Zusammentreiben in Ghettos, wobei man wegen der vorrückenden Roten Armee zuerst den Ostteil des Landes „säuberte". Die ungarische Regierung zeigte sich äußerst kooperativ. Auch als im Mai die Transporte ins Vernichtungslager begannen, wohin von den rund 725 000 Juden des Landes bis zum 9.7.1944 über 430 000 in 147 verschlossenen Güterzügen verschleppt und dort zumeist sogleich ins Gas geschickt wurden. Als Horthy mit Rücksicht auf die kommenden Siegermächte am 7.7. weitere Abtransporte hatte stoppen lassen, lebten Juden fast nur noch in der Hauptstadt Budapest.

Bis 15.10.1944 blieb die Lage unklar, weil die SS mit dem Budapester Judenrat in möglicherweise für sie lohnenden Verhandlungen stand. Dann ging die deutsche Geduld zu Ende. Horthy wurde entmachtet; an seine Stelle trat ein Regime unter Szálasi, einem Pfeilkreuzler, wie die ungarischen Faschisten sich nannten. Die Verbindung nach Auschwitz war inzwischen unterbrochen, und so schickte die SS Budapester Juden zu Tausenden zu Schanzarbeiten an die Reichsgrenze vor Wien; dort wurde eine große Zahl Opfer der Wachmannschaften und marodierender Pfeilkreuzler-Banden. Die in Budapest verbliebenen Juden machten ein ähnliches Martyrium im Ghetto durch: Bei der bis Mitte Januar 1945 dauernden sowjetischen Belagerung der Stadt kamen Zigtausende um. Insgesamt fielen über 560 000 ungarische Juden der Verfolgung zum Opfer.

Vrba-Wetzler-Bericht

Obwohl die Slowakei formal ein selbständiger Staat blieb, passte sie sich nach 1939 der deutschen Rassegesetzgebung an: Der jüdische Schüler Walter Rosenberg (1924) musste das Gymnasium verlassen und wurde 1942 nach Auschwitz deportiert. Am 7.4.1944 gelang ihm mit seinem Freund Alfred Wetzler die Flucht aus dem Vernichtungslager. Sie hatten erfahren, was den Juden im soeben von der Wehrmacht besetzten Ungarn drohte und wollten sie warnen. Sie verfassten eine Darstellung über das Morden in Auschwitz, den seitdem sogenannten Vrba-Wetzler-Bericht, der zwar nach Ungarn gelangte, aber den erhofften massenhaften Widerstand gegen die nun auch dort einsetzenden Deportationen nicht auslöste. Vrba, so nannte sich Rosenberg seit der Flucht, studierte später Chemie und emigrierte über Israel, England und die USA nach Vancouver (Kanada), wo er eine Professur für Biochemie übernahm und am 27.3.2006 starb. Über sein Entkommen aus Auschwitz hatte er 1964 das Buch „Ich kann nicht vergeben" geschrieben (Neuausgabe 1998 unter dem Titel „Als Kanada in Auschwitz lag").*

Hätten sie gewusst, was sie erwartete, hätten sich viele nicht so widerstandslos abführen lassen. Doch die Nachrichten über Auschwitz waren so ungeheuerlich, dass sie niemand fassen konnte: Ungarische Juden vor der Deportation 1944.

Politischen Bedenken geopfert

Untergang der 17. Armee auf der Krim (April/Mai 1944)

Im Oktober 1943 war noch die gesamte Halbinsel Krim in deutscher Hand. Es bestand allerdings die Gefahr, dass die Rote Armee die Landenge von Perekop im Norden abriegeln könnte, so dass die deutsche 17. Armee auf der Halbinsel abgeschnitten würde. Ihr Kommandeur General der Pioniere Jaenecke löste daher das Unternehmen „Michael" aus, wie die Planungen für eine Räumung der Krim genannt wurden. Hitler aber, der um die Bündnistreue der Rumänen und deren Öllieferungen (siehe Kasten) fürchtete, untersagte am 28.10.1943 die Rücknahme der Armee. Am 1.11. trat das Befürchtete ein: Die sowjetische 4. Ukrainische Front (Tolbuchin) stieß bis zum Dnjepr vor und schloss damit den Landweg von der Krim nach Norden. Im Folgenden Frühjahr erhielt Hitler vom OB der Heeresgruppe Südukraine Generaloberst Schörner beruhigenden Bescheid: Dort sei „alles in Ordnung".

„Kein Fußbreit Boden"

Dieses Telegramm trug das Datum vom 7.4.1944, und in Ordnung war nichts: Jeden Moment konnten die dünnen deutschen Linien, die im Norden Tolbuchins Kräften standhielten (XXXXIX. Gebirgsjägerkorps) und im Osten an der Landenge von Parpatsch (V. Armeekorps) brechen. Und so kam es auch schon tags darauf, als eine Offensive Tolbuchins mit der 2. sowjetischen Gardearmee den Zugang zur Krim öffnete und die deutschen Truppen zu überhastetem Rückzug nach Süden zwang. Wieder kamen Räumungsbitten von der 17. Armee, aber noch immer blieb Hitler bei seiner starren Haltung und genehmigte nur den Rückzug auf die schon vor zwei Jahren erbittert umkämpfte und entsprechend verwüstete Seefestung Sewastopol: „Kein Fußbreit Boden darf hergeschenkt werden. Kein kampffähiger Mann darf sich einschiffen."

Jaenecke erreichte mit dem Gros seiner Kräfte binnen einer Woche die Stadt im äußersten Südwesten der Krim, allerdings unter Verlust von einem Drittel an Waffen und Gerät. Hitler ließ Jaenecke einbestellen, bekam aber wieder nur Forderungen nach Rettung der verbliebenen 64 000 Mann zu hören und ersetzte ihn daraufhin durch Allmendinger. Doch an der Lage änderte der Wechsel natürlich nichts, und als am 5.5.1944 Tolbuchin angreifen ließ, sah sich Heeresgruppen-OB Schörner, Hitlers Lieblingsgeneral, am 8.5. gezwungen die Einschiffung der letzten Kräfte anzuordnen, ohne Weisung des Führerhauptquartiers abzuwarten. Hitler stimmte schließlich zu. Es gelang Luftwaffe und Kriegsmarine aber nur noch, 37 000 Mann, darunter 10 000 Verwundete, nach Rumänien zu überführen, die Verluste waren damit seit dem 8.4. auf 31 700 Deutsche und 25 000 Rumänen angestiegen, das Schicksal von 20 000 Mann blieb ungeklärt.

> *Ploeşti*
>
> *Das Erdölgebiet von Ploeşti in Rumänien war die wichtigste Quelle für Deutschlands Treibstoffversorgung. 1940 wurde Ploeşti auf Wunsch von Staatschef Antonescu von der deutschen 16. Panzerdivision besetzt. Nach der deutsch-italienischen Niederlage in Nordafrika 1943 geriet es in den Operationsbereich der viermotorigen Bomber der 9. US-Luftflotte. Am 1.8.1943 flogen B-24 Liberator von Derna (Libyen) aus den ersten Großangriff (Operation „Tidalwave"), der allerdings vergleichsweise wenig ausrichtete und mit großen Verlusten der Angreifer endete: Die Flak schoss 54 Bomber ab, weitere stürzten beim Rückflug ab oder mussten in der Türkei notlanden, von 178 gestarteten Maschinen kamen lediglich 11 zurück. Am 5.4.1944 wurden die Erdölfelder erneut angegriffen, diesmal durch die 15. US-Luftflotte. Am 30.8.1944 besetzte die Rote Armee die Stadt.*

Nach zwei Jahren wieder in sowjetischer Hand: Sewastopol. Viel allerdings stand von der einst stolzen Seefestung nicht mehr, als der Sturm der Roten Armee auf die letzte deutsche Bastion auf der Krim begann.

Feuerschlag aus tausend Rohren

Landung der Westalliierten in der Normandie (6.6.1944)

Seit 1942 von Stalin gefordert, gelang die Errichtung einer Zweiten Front in Frankreich erst mit großer Verspätung im Juni 1944. Zu tief saß der Schock des blutigen Scheiterns beim Probe-Unternehmen gegen Dieppe (Unternehmen „Jubilee" im August 1942). Jetzt aber gingen die Westalliierten aufs Ganze: Mit 4126 Landungsfahrzeugen und 2316 Transportflugzeugen, unter dem Schutz einer Armada von Kriegsschiffen setzten die Alliierten am „D-Day" (D für Decision = Entscheidung), dem 6.6.1944, über den Kanal und landeten in der Normandie. Deutscherseits waren sie lange erwartet worden, doch eher am Pas de Calais. Die Verteidiger wurden daher überrascht, als im ersten Morgenlicht Fallschirmjäger im Hinterland niedergingen und wenig später ein Bombenhagel die Küstenbefestigungen umpflügte. Ihm folgte um 5.50 Uhr ein Feuerschlag aus den über tausend Rohren der Deckungsflotte, ehe um 6.30 Uhr die erste Welle der Landungstruppen das Ufer erreichte.

Landeköpfe rasch stabilisiert

Schon am ersten Tag flogen die alliierten Luftwaffen 14 674 Einsätze, denen nur 319 deutsche gegenüberstanden, und errangen sofort die Luftherrschaft. In fünf Tagen erreichten mit Hilfe der künstlichen „Mulberry"-Häfen 326 000 alliierte Soldaten mit 104 000 Tonnen Nachschub und 54 000 Fahrzeugen das Festland. Die Alliierten hatten fünf Landeköpfe an der Küste vorgesehen: „Utah" nördlich Carentan auf der Halbinsel Cotentin für das VIII. US-Korps (Collins), „Omaha" 15 Kilometer östlich davon für das V. US-Korps (Gerow), „Gold" nordöstlich Bayeux für das britische XXX. Korps (Bucknall), „Juno" direkt östlich anschließend für die kanadischen Verbände des britischen 1. Korps (Crocker) und „Sword" nördlich Caen für dessen britische Einheiten. Zwar stabilisierten sich die Landeköpfe in wenigen Stunden, doch wurden die Tagesziele nirgendwo erreicht, da Gegenmaßnahmen der deutschen 7. (Dollmann) und 15. Armee (Salmuth) einsetzten.

Atlantikwall

Schon bald nach Gewinnung der französischen, belgischen, niederländischen und dänischen Küsten begann die Organisation Todt mit der Errichtung von Befestigungen gegen etwaige Landungsunternehmen. Sie beschäftigte 125 000 Zwangsarbeiter und verbaute bis zur Invasion 17,3 Millionen Tonnen Beton und 1,2 Millionen Tonnen Stahl in 12 000 Bunkeranlagen und Geschützständen vorwiegend am Ärmelkanal und vor allem bei Calais. Dort ließ sich beim Ernstfall allerdings kein alliierter Soldat blicken. Doch auch in der Normandie hatten die Alliierten allerhand Hindernisse zu überwinden, die vor allem kurz zuvor auf Initiative von Rommel, seit Ende 1943 Inspekteur der Küstenverteidigung, errichtet worden waren. Gegen Luftlandungen ließ er baumlange Stangen („Rommelspargel") in den Boden rammen, am Strand Eisenigel und Auflaufblöcke verlegen, im Küstenwasser verminte Vorstrandhindernisse verankern. Seine Sorge, eine Invasion sei allenfalls in den ersten 48 Stunden zurückzuschlagen oder gar nicht mehr, erwies sich als nur zu berechtigt.

Erhebliche Verzögerungen

Als unfreiwilliger Verbündeter der Alliierten erwies sich Hitler, der lange die Zuführung von Verstärkungen verweigerte, weil er weiter an eine „Hauptlandung" bei Calais glaubte. Nach Plan sollte Cherbourg mit dem wichtigen Hafen noch am ersten Tag der Invasion genommen werden; das gelang jedoch erst drei Wochen später. Der Durchbruch ins französische Hinterland war für den 27.6. vorgesehen, glückte aber erst am 1.8. Bis dahin hatte die Schlacht auf deutscher Seite 114 000 Gefallene und 41 000 Gefangene gekostet, die Alliierten hatten 122 000 Mann verloren.

Dass Hitlers Zeit ablief, demonstrierten die Westalliierten schon am ersten Tag ihrer Landung in der Normandie (6.6.1944): Der schier unerschöpflichen Materialflut, die sich in die Landeköpfe ergoss, hatte die Wehrmacht auf Dauer nichts entgegenzusetzen.

In der Kirche verbrannt

Massaker in Oradour-sur-Glane (10.6.1944)

Die Ruinen stehen noch heute: Gut zwanzig Kilometer nordwestlich von Limoges liegt die Ortschaft Oradour-sur-Glane. Das bis dahin vom Krieg kaum berührte Oradour wurde am 10.6.1944 gegen 14 Uhr von der 3. Kompanie des I. Bataillons des Regiments „Der Führer" der 2. SS-Panzerdivision „Das Reich" besetzt, die schon in Tulle (siehe Kasten) Furcht und Schrecken verbreitet hatte. Die Einwohner des Ortes wurden angeblich zur Feststellung der Personalien zusammengetrieben, die Männer von den Frauen und Kindern getrennt. Während einige SS-Leute die Männer in Scheunen und Häusern erschossen, schlossen andere die etwa 500 Frauen und Kinder in der Kirche ein, zündeten das Gebäude an und feuerten auf jeden, der zu fliehen versuchte. Anschließend zogen die Soldaten plündernd durch Oradour, legten an allen Häusern Feuer und verließen den Ort gegen Abend. 642 Menschen, von denen sich nur noch 52 identifizieren ließen, waren ihnen zum Opfer gefallen, nur 36 hatten entkommen können.

Auslieferung verweigert

Offiziell wurde das Massaker von deutscher Seite als Maßnahme gegen angebliche Widerstandsnester der Résistance und als Repressalie für „heimtückische" Partisanenangriffe auf die an die Invasionsfront marschierende Division ausgegeben. Hitler verhinderte eine gerichtliche Verfolgung, die auch durch den schnellen alliierten Vormarsch und den Untergang der 3. Kompanie in der Normandie zunächst kaum möglich war. Auch nach dem Krieg fand man nur einige der Verantwortlichen: Der Chef des Verbindungsstabs in Limoges, General von Brodowsky, wurde von der französischen 1. Armee festgenommen und bei einem Fluchtversuch erschossen; die Briten verweigerten die Auslieferung des Divisions-Kommandeurs, SS-General Lammerding.

21 ehemalige Angehörige der SS-Einheit mussten sich 1953 vor einem Militärtribunal in Bordeaux nach einer eigens erlassenen Lex Oradour, die bereits die Zugehörigkeit zu einer an Kriegsverbrechen beteiligten Einheit unter Strafe stellte, verantworten. Es handelte sich um 7 deutsche Soldaten und 14 Elsässer, die das Gericht vor erhebliche Probleme stellten, da nur 2 der elsässischen Angeklagten freiwillig zur Waffen-SS gegangen waren. 2 Todesurteile, 18 Haftstrafen und 1 Freispruch waren schließlich ein Kompromiss, mit dem niemand zufrieden war. Der Bürgermeister von Oradour schickte empört über die Milde das Kreuz der Ehrenlegion zurück, die Nationalversammlung verkündete eine Amnestie für die französischen Verurteilten. Ein letztes Nachspiel gab es 1983 in Ost-Berlin, wo ein Zugführer der 3. Kompanie zu lebenslanger Haft verurteilt wurde.

Tulle

Am 9.5.1944 wurden in der Ortschaft Tulle im Tal der Corrèze 99 französische Zivilisten (Männer und Frauen) ermordet. Die Opfer wurden zur Vergeltung für einen Partisanenüberfall auf die im Ort stationierte deutsche Einheit von Angehörigen der 2. SS-Panzerdivision „Das Reich" im Rahmen des Unternehmens „Blut und Asche" an Balkonen und Laternen erhängt. Die Leichen warf man anschließend in ein Massengrab an der Straße nach Brive. Nach dem Krieg mussten sie deutsche Kriegsgefangene auf den Friedhof von Tulle umbetten. Der ehemalige SS-Standartenführer und Generalmajor der Polizei Heinz Lammerding, zur Tatzeit Kommandeur der Division, wurde am 4.7.1951 vom Militärgericht Bordeaux in Abwesenheit zum Tod verurteilt. Ein in der Bundesrepublik eingeleitetes Verfahren gegen Lammerding musste wegen der Sperrwirkung des französischen Urteils gemäß Überleitungsvertrag vom 5.5.1955 eingestellt werden. Lammerding verstarb am 13.1.1981.

Malerisch fände man die Ruinen, wären es mittelalterliche. Doch es sind die Reste eines noch vor wenigen Jahrzehnten lebendigen Städtchens, das am 10.6.1944 der brutalen Kriegführung der SS zum Opfer fiel: Oradou-sur-Glane.

Riss durch die Gesellschaft

Aufbau und Kampf der Résistance in Frankreich (seit 1940)

Im besetzten Frankreich bildeten sich Widerstandsorganisationen, zusammenfassend „Résistance" genannt. Erster Impuls war der Aufruf de Gaulles über die BBC vom 18.6.1940 zur Weiterführung des Kampfes aus dem Untergrund. Erst 1941/42 aber kam es in der besetzten Nordzone Frankreichs wegen Zwangsrekrutierungen für die deutsche Industrie, wirtschaftlicher Ausplünderung und Geiselerschießungen zu koordinierten Aktionen. Wegen des Hitler-Stalin-Pakt stießen die Kommunisten erst nach dem deutschen Überfall auf die Sowjetunion am 22.6.1941 zur Résistance und verliehen ihr mit ihren bewaffneten Einheiten („Franc-Tireurs Partisans Français", FTPF) mehr Schlagkraft. Offener Kampf war zwar auch dann nicht möglich, doch nahmen die Sabotageakte, Informationen für die Alliierten, bewaffnete Überfälle und Fluchtaktionen ständig zu, was deutsche Kräfte band.

Obwohl die Résistance ursprünglich von Intellektuellen, einstigen Politikern und Offizieren ausging, strömten mit der Zeit Menschen aller Bevölkerungsschichten in ihre Gruppen. Am 27.5.1943 gelang Jean Moulin, dem Gesandten de Gaulles, der Zusammenschluss der diversen Widerstandsgruppierungen im „Conseil National de la Résistance" (CNR). Die bewaffneten Einheiten verschmolzen am 1.2.1944 zu den „Forces Françaises de l'Intérieur" (FFI). Als mit den Alliierten am 6.6.1944 freifranzösische Truppen landeten, stellten die FFI-Einheiten eine wertvolle Verstärkung dar und unterstrichen den französischen Anspruch auf internationale Mitsprache bei der Nachkriegsordnung. De Gaulle nahm als Chef der provisorischen Regierung am 9.9.1944 mehrere Mitglieder der Résistance in sein Kabinett auf.

Abrechnung mit den Kollaborateuren

Genaue Opferzahlen der Résistance sind kaum zu ermitteln. Schätzungen sprechen von bis zu 30 000 Hingerichteten und weiteren etwa 75 000 Deportierten, die die Haft in deutschen Konzentrationslagern nicht überlebten. Sie fielen nicht nur deutschen Schergen zum Opfer, sondern in großer Zahl auch den Milizen der mit der Besatzungsmacht zusammenarbeitenden Vichy-Regierung. Darin wurde der Riss deutlich, der durch die französische Gesellschaft ging und der nach dem Abzug der Deutschen zu blutiger Abrechnung mit tatsächlichen oder vermeintlichen Kollaborateuren führte. Sie kostete weitere 10 000 Franzosen und besonders auch Französinnen das Leben, die den Besatzern tatsächlich oder angeblich zu Diensten und zu Willen gewesen waren.

Vercors

Einer der wichtigsten Schlupfwinkel der Résistance lag im Gebirgskessel Vercors in den Voralpen südwestlich von Grenoble. Er war seit Anfang 1943 als Ausfalltor für einen Guerillakampf gegen die deutschen Verbindungslinien im Rhônetal und in den Alpen gedacht. Nach einer alliierten Landung in Südfrankreich sollten hier alliierte Fallschirmjäger abgesetzt werden. Es wurden britische und gaullistische Verbindungsoffiziere entsandt und im Dezember 1943 erste Waffenbehälter über dem Vercors abgeworfen. Trotz Warnung vor voreiligen Guerilla-Aktionen im frontfernen Bereich versammelte die Résistance nach der alliierten Landung in der Normandie bis Mitte Juli 1944 rund 4000 Mann im entlegenen Vercors und rief die Republik aus, in Erwartung alliierter Luftlandetruppen, die aber blieben aus. Die Wehrmacht massierte inzwischen in den Tälern Gebirgstruppen, die am 19.7. mit Artillerieunterstützung zum Sturm auf die Felspässe antraten, während 400 Mann der Waffen-SS mit Lastenseglern im Kessel landeten. Insgesamt starben 639 Widerstandskämpfer und 231 Zivilisten, die deutschen Angreifer verloren etwa 150 Mann.

Vom Exil aus organisierte Panzergeneral Charles de Gaulle (2. v. l.) den französischen Widerstand. Hier 1943 bei einer Konferenz des Befreiungskomitees in Algier.

Strategie der Tröstungen

Entwicklung und Einsatz der V-Waffen (1944/1945)

Spätestens 1944 geriet die Goebbels-Propaganda in Erklärungsnöte. Sprachregelungen wie „Frontbegradigung" statt „Rückzug" leisteten nur Kosmetisches. Wirksamer war die „Strategie der Tröstungen". So nannten Historiker später die Methode, auf das „Genie des Führers", den unausweichlich kommenden Konflikt unter den „widernatürlichen" Alliierten und den überlegenen deutschen Erfindergeist zu verweisen, die so oder so die Wende und damit den „Endsieg" bringen würden. Vor allem die groß angekündigten „Wunderwaffen" (siehe Kasten) würden über kurz oder lang die Armeen der Gegner vom Schlachtfeld fegen, ihre Bomber vom Himmel holen und ihre Flotten vernichten. Ganz vorn unter diesen „Wundern" rangierten die sogenannten V-Waffen, wobei das V für „Vergeltung" stand.

Langsames Gerät

Der Nimbus der V 1 war schnell dahin. Es handelte sich dabei um den unbemannten Flugkörper Fieseler Fi 103 „Kirschkern", der bei einem Gesamtgewicht von 2180 Kilo einen 850-Kilo-Gefechtskopf bis zu 370 Kilometer weit transportieren konnte; das Stummelflügel-Geschoss war 480 bis 640 Stundenkilometer schnell. Der Kurs wurde von einem automatischen Kreiselkompass vorgegeben, ein Zählwerk löste den Absturz über dem Ziel durch Abschalten der Brennstoffzufuhr aus. Von über 30 000 produzierten V 1 wurden seit Juni 1944 auf England gut 22 000 abgeschossen, wo allerdings letztlich nur 5823 einschlugen, da viele Flugbomben schon vorher abstürzten oder weil die Luftabwehr das relativ langsame Gerät abschießen konnte. Eine bemannte V 1-Version „Reichenberg" für Selbstaufopferungsflieger kam nicht mehr zum Einsatz.

Größere Hoffnungen weckte die V 2, eine unter dem Namen A(ggregat) 4 seit den 1930er Jahren von Wernher von Braun entwickelte ballistische Fernrakete. Am 3.10.42 glückte nach mehreren Fehlstarts der erste 120-Kilometer-Probeflug. Anders als bei der V 1 war eine direkte Abwehr der überschallschnellen Fernrakete nicht möglich. Das 14 Meter lange Projektil wog unbetankt etwa 4 Tonnen, der Motor für flüssigen Sauerstoff und ein Äthyalkohol-Wasser-Gemisch entwickelte 25 Tonnen Startschub. Die V 2 hob senkrecht ab und raste in 29 Kilometern Höhe durch die Stratosphäre über einen Leitstrahl auf ihr bis zu 340 Kilometer entferntes Ziel zu, wo der 975-Kilo-Gefechtskopf einschlug. Von den knapp 6000 gebauten Exemplaren wurden seit September 1944 auf London 1269 abgefeuert, wobei allerdings ein Drittel während des Fluges verloren ging; die übrigen kosteten 2274 Londoner das Leben. Die meisten V 2 (1539) flogen gegen Antwerpen, wo am 16.12.1944 ein Volltreffer 567 Besucher eines Kinos, darunter 490 britische Soldaten, tötete.

Wunderwaffen

Die Angst machende Materialüberlegenheit der Alliierten konterte Goebbels mit dem Schlagwort von den „Wunderwaffen". Was der Gegner an Masse bringe, gleiche deutsche Ingenieurskunst durch Qualität aus. Stieß das bei den V-Waffen noch bis zu einem gewissen Grad auf Glauben, so überwog angesichts der anderen als „Wunder" ausgegebenen Waffen eher Skepsis; der Flüsterwitz fasste sie im Stil der NS-Abkürzungssucht zu „Wuwa" zusammen. Am ehesten beeindruckte noch der erste Düsenjäger der Welt, die Messerschmitt Me 262 „Schwalbe", doch schon der „Volksjäger Heinkel He 163, die Kleinkampfmittel der Kriegmarine wie Sprengboote, Einmanntorpedos oder Kleinst-U-Boote sowie Ferngeschütze und Bordraketen für die Jagdmaschinen überzeugten nicht. Die nach japanischem Kamikaze-Vorbild entwickelten Rammjäger des „Sonderkommandos Elbe" zeugten nur noch von der Hoffnungslosigkeit der Lage.

Im Raumfahrt-Zeitalter eher mickrig wirkend: V 2 auf mobiler Startrampe. Damals aber war die Rakete eine technische Sensation und für die deutschen Gegner ein Schock. Sie brachte den Tod lautlos, weil überschallschnell.

„Feste Plätze" gegen die „rote Flut"

Untergang der Heeresgruppe Mitte (Juni/Juli 1944)

Die deutsche Ostfront musste im Verlauf der ersten Monate 1944 immer weiter zurückgenommen werden. Nur im Abschnitt der Heeresgruppe Mitte (Busch) beulte sich ein großer Bogen („Frontbalkon") nach Osten vor, dessen Verkürzung Kraftgewinn bedeutet hätte. Doch Hitler verweigerte die Genehmigung und erklärte stattdessen die größeren rückwärtigen Städte Bobruisk, Mogilew, Orscha und Witebsk zu „Festen Plätzen", die bei einem sowjetischen Angriff die „rote Flut" brechen sollten. Generalfeldmarschall Busch verfügte über 40 Divisionen, darunter als Eingreifreserve eine einzige Panzerdivision. Den dritten Jahrestag des deutschen Angriffs (22.6. 1944) bestimmte Stalin nun zum Beginn der Großoffensive im Mittelabschnitt mit 126 Schützen- und 6 Kavalleriedivisionen, 45 Panzer- und 16 motorisierten Brigaden, unterstützt von rund 4500 Schlacht-, Bomben- und Jagdflugzeugen (auf deutscher Seite 829 Maschinen).

Doppelkatastrophe

Am heißen 22. Juni brach über der dünnen deutschen Front ein Inferno los. Tausende von Flugzeugen zerbombten die deutschen Artillerie-Stellungen. Tausende von Geschützen und Stalinorgeln eröffneten das Feuer. Die deutschen Linien bröckelten rasch. Busch und sein Chef des Stabes Generalleutnant Krebs forderten die Freigabe der „Festen Plätze", damit sie flexibler umgruppieren könnten. Das Führerhauptquartier verbot das kategorisch und erreichte damit eine Doppelkatastrophe: Die deutsche Infanterie konnte nicht verstärkt werden und daher nirgends standhalten. Und die „Festen Plätze" gingen ebenso verloren. Hitler wusste wiederum nur einen Rat: Personalwechsel an der Spitze. Generalfeldmarschall Model, der schon die Heeresgruppe Nordukraine kommandierte, ersetzte Busch. Immerhin erhielt Model die Freiheit, von seiner bisherigen Heeresgruppe Verstärkungen heranzuführen. Über 28 deutsche Divisionen der 4. Armee aber waren nicht mehr zu retten, sie waren entweder bereits aufgerieben oder ergaben sich am 8.7. im Kessel südöstlich von Minsk; die Heeresgruppe Mitte hatte aufgehört zu existieren. Und auch die Heeresgruppe Nordukraine geriet jetzt in akute Gefahr, da sie von den Abgaben an den Mittelabschnitt geschwächt war, als sie am 13.7. eine zweite sowjetische Großoffensive traf, die den Gegner bis tief nach Galizien hinein führte; ganz Ostpolen war in sowjetischer Hand.

Warschauer Aufstand

Als die Rote Armee tief nach Polen vordrang, sah die Führung der polnischen Heimatarmee (Armia Krajówa) unter General Bór-Komorowski die Chance, die deutsche Herrschaft abzuschütteln und so einen eigenen Beitrag zur Befreiung zu leisten. Der in der Hauptstadt losbrechende Aufstand konnte sich jedoch zunächst nur auf 14 000, später 36 000 völlig unzureichend bewaffnete Kämpfer stützen, die seit dem 1.8.1944 die deutsche 9. Armee und die Polizei- und SS-Kräfte unter General Bach-Zelewski zu vertreiben suchten. Sie erlitten in langen erbitterten Kämpfen schwere Niederlagen und mussten am 2.10. kapitulieren, obwohl seit 14.9. die sowjetischen Truppen die Weichsel und die Vorstadt Praga erreicht hatten. Warschau wurde auf Befehl Hitlers weitgehend zerstört. Die Aufständischen verloren 16 000 Gefallene, 6000 wurden verwundet; auf deutscher Seite kamen 2000 Mann ums Leben, 9000 wurden verwundet, 166 000 Zivilisten sollen Opfer der Kämpfe geworden sein, 70 000 Polen wurden zur Zwangsarbeit in KZ verschleppt. Damit hatte die Wehrmacht Stalins Geschäft besorgt, der nach der Ausschaltung der bürgerlichen Kräfte Warschau erobern ließ und anschließend eine kommunistische provisorische Regierung etablierte.

Sowjetische Infanterie beim Angriff unter dem Feuerschutz von Panzern und Artillerie. Die Rote Armee hatte sich von den Verlusten und vom Schock des ersten Kriegjahrs erholt und trieb die deutschen Armeen fast nach Belieben vor sich her.

Verhängnisvolle Doppelrolle

Stauffenbergs Attentat auf Hitler (20. Juli 1944)

Am 20.7.1944 um 12.42 Uhr explodierte im Führerhauptquartier „Wolfsschanze" in Rastenburg (Ostpreußen) eine für Hitler bestimmte Bombe. Seit der Sudetenkrise 1938 trugen sich deutsche Offiziere mit dem Gedanken, ihren Obersten Kriegsherrn auszuschalten. Aber erst seit Herbst 1943 kamen unter Claus Graf Schenk von Stauffenberg (seit 1.7.1944 Oberst und Stabschef beim Befehlshaber des Ersatzheeres) Vorbereitungen höherer Militärs, Politiker, Gewerkschaftler und Diplomaten zum Staatsstreich (Unternehmen „Walküre") in Gang. Unmittelbares Ziel der Verschwörer: Beseitigung Hitlers, Übernahme der Gewalt im Reich durch die Wehrmacht, Ausschaltung der Staats-, Partei-, SS-, SD- und Gestapoführung, Einsetzung einer vorläufigen Staatsgewalt und sofortige Friedensfühler nach Westen.

Die schnelle Einengung des Handlungsspielraums nach der alliierten Landung in der Normandie (6.6.1944) und dem Zusammenbruch der Heeresgruppe Mitte an der Ostfront (Juni/Juli 1944) zwangen die Verschwörer am 20.7. zum Losschlagen. Dabei übernahm Stauffenberg die überaus schwierige Doppelrolle als Attentäter und Leiter des Staatsstreichs in Berlin. Widrige Umstände im Führerhauptquartier (Lagebesprechung in einer Holzbaracke statt, wie üblich, in einem Bunker, ungünstige Platzierung der Aktentasche mit der Zeitzünderbombe) führten dazu, dass Hitler das Attentat überlebte.

Zu spätes Handeln

Dies hatte verhängnisvolle Folgen für die Berliner Zentrale des Staatsstreichs im Gebäude des Oberkommando des Heeres in der Bendlerstraße. Hier blieb man weitgehend untätig bis zur Rückkehr Stauffenbergs. Daher konnten sich seit 16 Uhr auf die Nachricht vom Überleben Hitlers hin regimetreue Gegenkräfte um das Berliner Wachbataillon unter Major Remer formieren. Gegen 23 Uhr war der Putsch in Berlin gescheitert; der vorübergehend festgesetzte Befehlshaber des Ersatzheeres, Generaloberst Fromm, nahm das Heft wieder in die Hand. Stauffenberg und drei Mittäter wurden noch in der gleichen Nacht erschossen. Zeitweilig erfolgreich war der Staatsstreich dagegen in Paris, wo der Militärbefehlshaber Frankreich, General Stülpnagel, 1200 Angehörige von SS, SD und Gestapo verhaften ließ, sich dann aber ebenfalls beugen musste. Der Blutjustiz des Volksgerichtshofes fielen in den folgenden Monaten etwa 200 Verschwörer zum Opfer, etwa 7000 wurden verhaftet.

Kreisauer Kreis

Der 20.7.1944 hat den Eindruck vermittelt, die deutsche Opposition gegen das NS-System sei erst mit der drohenden militärischen Niederlage erwacht. Das gilt nicht für den Kreisauer Kreis, benannt nach dem schlesischen Gut des Grafen Moltke, wo sich seit 1940 Vertreter aller gesellschaftlichen und politischen Richtungen trafen, die nach Modellen für ein demokratisches Deutschland suchten. Zum Kreisauer Kreis gehörten Adlige, Sozialisten, Geistliche, Diplomaten, Politiker, Wissenschaftler, Juristen. Die Frage eines Staatsstreichs spielte bei den drei großen Treffen (Pfingsten 1942, Oktober 1942, Mai 1943) nur am Rande eine Rolle, da Moltke den Tyrannenmord aus Gewissensgründen ablehnte. Im Sommer 1943 waren „vorläufige Grundsätze für die Neuordnung" formuliert: Demokratie der „kleinen Gemeinschaften" (Kommunen, Betriebe, Nachbarschaften), indirekte Wahlen von der Kreisebene an aufwärts, bundesstaatlicher Aufbau, Verstaatlichung des Grundstoff- und Energiesektors, Aussöhnung mit den Nachbarn, Anstreben eines europäischen Bundes. Der Kreisauer Kreis zerfiel nach der Verhaftung Moltkes im Januar 1944.

Als Chef des Stabes beim Befehlshaber des Ersatzheeres Generaloberst Fromm hatte Claus Graf Schenk von Stauffenberg (ganz links) Zugang zum Führerhauptquartier: Hitler bei der Begrüßung von Fromm; ganz rechts OKW-Chef Keitel.

Sabotage durch die Résistance

Landung der Westalliierten in Südfrankreich (15.8.1944)

Zur Flankierung der Invasion in der Normandie sollte eine Landung alliierter Truppen in Südfrankreich erfolgen, kam aber erst am 15.8.1944 zustande. Unter der Codebezeichnung „Dragoon" wurde die 7. US-Armee (Patch) mit dem VI. US-Korps und dem II. französischen Korps unter de Lattre de Tassigny bereit gestellt. Die Landungsflotte bestand aus 2000 Fahrzeugen, davon 500 Kriegsschiffe, unter einem Luftschirm von 1900 Maschinen. Die deutsche Abwehr, geschwächt durch die Abgabe von Truppen an die Invasionsfront, bestand aus der 19. Armee (Wiese) mit 7 Infanteriedivisionen und der 11. Panzerdivision, die allerdings noch herangeführt werden musste. Die Luftwaffe konnte 200 Maschinen stellen.

Unklarer Landungsraum

Während die Moral der gut ausgerüsteten Angreifer, insbesondere natürlich der französischen Truppenteile, tadellos war, litt die deutsche Verteidigung unter Nachschubmangel, Hiobsbotschaften von allen Fronten und Sabotage durch Kommandos der Résistance. Der Ausbau des sogenannten Mittelmeerwalls steckte zudem noch in den Anfängen. Zwar hatte die deutsche Aufklärung Erkenntnisse über „Dragoon", unsicher aber war bis zuletzt der genaue Angriffsraum. Mit einigen Ablenkungsattacken gelang den Alliierten daher die geplante Überraschung, als sie im Morgengrauen des 15.8. das Feuer aus zahllosen Schiffsgeschützen auf die Küste zwischen Hyères im Westen und Cannes im Osten eröffneten, den Strand mit deckenden Bombardements belegten und hinter den Verteidigungslinien bei Le Muy das Argens-Tal durch Absetzen der 1. US-Luftlandedivision sperrten. Am Abend waren bei Saint-Tropez und bei Saint-Raphael zwei Brückenköpfe mit 6000 Mann gebildet, 5000 Tonnen Material an Land gebracht und 2000 Gefangene gemacht worden; etwa 320 GIs waren gefallen. Die alliierte Luftherrschaft behinderte das Heranführen von deutschen Reserven. Bis zum Abend des 17.8. waren die Landeköpfe weit ins Hinterland ausgedehnt und bereits 87 000 Mann mit 12 250 Fahrzeugen auf dem Vormarsch, der durch den deutschen Beschluss zur schrittweisen Räumung von Südfrankreich beflügelt wurde. Nur die Hafenstädte Toulon und Marseille, gegen die das französische II. Korps angesetzt wurde, sollten von je einer Division gehalten werden. Mit ihrem Fall jedoch nur wenige Tage später war „Dragoon" erfolgreich abgeschlossen; am 12.9.1944 trafen sich bei Landres (Bourgogne) die 3. US-Armee (Patton) der Invasionsfront mit dem von Süden vorstoßenden französischen II. Korps.

Avranches

Am südlichen Ende der Cotentin Halbinsel, oberhalb der Séemündung im Departement Manche, liegt die französische Kleinstadt Avranches. Als Tor zur Bretagne gehörte sie nach der Invasion zu den vorrangigen Zielen der 1. US-Armee (Bradley). Nach der Devise Montgomerys „links halten, rechts ausbrechen" wurde am 18.7.1944 Saint-Lô am südlichen Fuß der Halbinsel Cotentin erobert. Von dort begann am 25.7. unerwartet die amerikanische Hauptoffensive Operation „Cobra" gegen die deutsche Verteidigungspositionen vor Avranches. Die Stadt wurde nach massiven Teppichbombardements am 30.7. genommen und damit der Weg in die Bretagne geöffnet. Die Tanks der neuformierten 3. US-Armee (Patton) brachen am 1.8. durch das Loch bei Avranches weiträumig nach Südwesten durch. Die deutsche 5. Panzerarmee (Eberbach) sollte die Amerikaner am 6./7.8. durch eine Gegenoffensive abschneiden. Von Hitler in allen Details ausgearbeitet, scheiterte sie jedoch im Feuer raketenbestückter Jagdbomber. Der Durchbruch von Avranches erhielt so kriegsentscheidende Bedeutung.

Erstaunt nahmen die alliierten Truppen immer wieder halbe Kinder gefangen, die mit einem so fanatischen Einsatz gekämpft hatten, dass man dahinter Eliteeinheiten vermutet hatte. Am Landungstag ergaben sich in Südfrankreich 2000 Landser den Amerikanern.

Ablenkung vom harten Alltag

Der deutsche Film in den Kriegsjahren

Seit dem Ende der 1920er Jahre war der Film in den Industriestaaten ein zentrales Medium der Massenunterhaltung. In Europa hatte er sich parallel als Kunst und als Geschäft entwickelt; die großen Produktionsfirmen in den USA begriffen ihre Studios vorwiegend als Fabriken, rationalisierten und machten Hollywood zu ihrer Hauptstadt. Zu Kriegsbeginn unterschieden sich somit Entwicklungsstand und Selbstverständnis des Filmwesens bei den Achsenmächten („Mittel zur Beeinflussung der Masse") noch von dem in den USA, dennoch übernahm der Film in allen am Krieg beteiligten Staaten die gleichen Grundfunktionen: Er diente mit dokumentarischen oder erzählerischen Mitteln der Propaganda und sollte vom harten Alltag ablenken.

Sattsam bekannte Feindbilder

In Deutschland brachte der Kriegsbeginn wenig Änderungen. Propagandistische Spielfilme bekräftigten oder überzeichneten die schon bekannten Feindbilder in antisemitischen Filmen wie „Jud Süß" oder „Die Rothschilds" (beide 1940), antipolnischen wie „Heimkehr" (1941) oder antibritischen wie „Carl Peters" und „Ohm Krüger" (beide 1941). Spezifische Kriegsfilme („Kampfgeschwader Lützow", 1941) oder Dokumentationen („Feldzug in Polen", 1939; „Sieg im Westen", 1940) sollten dann die frühen Feldzüge verherrlichen und rechtfertigen, beschrieben den Krieg als heldisches Stahlbad, den Feind zwar als gut bewaffnet, aber unfähig und barbarisch (Polen) oder dekadent (Frankreich). Die deutschen Soldaten hingegen präsentierten sie frohgemut und gesellig beim Hören des „Führers" im Radio. Handwerklich arbeiteten die deutschen Regisseure des Kriegsdokumentarfilms so vorbildlich, dass englische Kritiker ihre Dokumentaristen aufforderten, bei den Deutschen „die Kunst des Fotografierens und des Schnitts zu lernen".

Im Kriegsverlauf forderte der Film immer mehr Opferbereitschaft, etwa in Veit Harlans Streifen „Die goldene Stadt" (1942), „Opfergang" (1944) oder „Kolberg" (1945), die dennoch den Mythos von der Unbesiegbarkeit des deutschen Soldaten weiterschrieben. Beim deutschen Publikum populärer als der Propagandafilm war die Unterhaltung, trotz scheinbarer Harmlosigkeit direkt Kriegszielen dienstbar wie „Quax, der Bruchpilot" (1941) mit Heinz Rühmann. Die Mehrheit der Unterhaltungsfilme sollte vom Krieg ablenken wie der erste verschwenderisch ausgestattete Farbfilm über den Lügenbaron „Münchhausen" mit Hans Albers (1943); hier wie auch bei späteren Revuefilmen und „musikalischen Lustspielen" mit Stars wie Marika Rökk oder Zarah Leander, verlor sich der Bezug zur Alltagsrealität ganz.

Kriegsbücherei der deutschen Jugend

Seit 1939 wurde von der Reichsjugendführung in Verbindung mit dem OKW wöchentlich zum Preis von 0,20 RM die Leseheftreihe „Kriegsbücherei der deutschen Jugend" herausgegeben. Die Titel stellten die Überlegenheit der Deutschen heraus. In Heft 33 (1940) „Hände hoch, Gentlemen" fängt ein heimlich an die Front gefahrener 15-Jähriger britische Spione; der Titelheld von Heft 134 (1941) „Oberstabsarzt Winnetou", edelgesichtig wie der gleichnamige Indianerheld, ist mit Skalpell und „Kriegsbeil" immer für einen Spaß gut. Verfasst wurden die Hefte von Männern der Propagandakompanien: Heft 52 „Panzer stoßen zum Meer" von Josef Müller-Marein (später „Zeit"-Chefredakteur), Heft 122 „Panzerspähtrupp überfällig" von Jürgen Eick (Mitherausgeber „Frankfurter Allgemeinen Zeitung"), Heft 144 „Störfeuer von M 17" von Henri Nannen (Herausgeber „Stern"). Dem erzählerischen Appell folgte am Ende jeden Heftes direkte Agitation: „Hilf mit, deutscher Junge, den Endsieg zu erfechten!"

Eine der spektakulärsten Geschichten des Barons von Münchhausen lieferte das Motiv für das Filmplakat: Hauptdarsteller Hans Albers beim Ritt auf der Kanonenkugel; an weiteren Stars spielten mit: Brigitte Horney, Käthe Haack, Hubert von Meyerinck, Regie: Josef von Baky.

Massenmord im „Pferdestall"

Das Leiden im Konzentrationslager Buchenwald

Wo einst Goethe ausgedehnte Waldspaziergänge machte, errichtete die SS im Sommer 1937 eines der großen Konzentrationslager (KZ): Auf dem Ettersberg bei Weimar entstand ein Lager mit zunächst wenigen 1000 Häftlingen. Reichsführer SS Himmler selbst gab ihm den Namen „Buchenwald". Schon bald wurde es erweitert: Bei Kriegsbeginn wurden hier bereits 12 600 Menschen gefangengehalten, Ende 1944 waren es über 60 000 und im Februar 1945 sogar 86 000. Insgesamt durchliefen das Lager etwa 240 000 Menschen, von denen über 43 000 umkamen. Viele Häftlinge starben wie in allen anderen KZ auch an Unterernährung, Seuchen, Misshandlungen, qualvollen medizinischen Versuchen oder unter der ungeheuren Arbeitsbelastung in den Steinbrüchen oder in einem der 130 Außenkommandos und Nebenlager. Andere wurden in der Genickschussanlage „Pferdestall" (siehe Kasten) oder im Krematorium planmäßig ermordet.

Kranke Häftlinge des KZ Buchenwald wurden in Tötungsanstalten der Euthanasie-Aktion zur Ermordung von geistige Behinderten sowie tatsächlich oder angeblich unheilbar Erkrankten verbracht. Andere Insassen, darunter Kriegsgefangene, tötete der Lagerarzt Erwin Oskar Ding-Schuler (* 1912, † 1945) durch Evipan- oder Phenolspritzen. Die Zustände wurden selbst in den Augen der SS-Führung unhaltbar: Buchenwalds erster Kommandant (bis 1941) Karl Koch wurde deswegen noch im April 1945 zum Tod verurteilt und erschossen.

Kommando 99

Im KZ Buchenwald gab es eine Exekutionseinheit mit der Tarnbezeichnung Kommando 99 nach der Telefonnummer des ehemaligen Pferdestalls, der als Genickschussanlage umgebaut worden war. Das Kommando hatte die Aufgabe, in den Lagern des Reichsgebiets ausgesonderte politisch unerwünschte sowjetische Gefangene zu erschießen. Nach Eintreffen dieser Rotarmisten im KZ wurde das Kommando über Lautsprecher aufgefordert, sich zur Exekutionsstätte zu begeben. Die Opfer wurden einzeln in einen Raum geführt, der als Ärztezimmer hergerichtet war, und an eine Meßlatte gestellt. Aus einem kleinen abgedunkelten Raum hinter der Latte schoss ein SS-Mann dem Gefangenen ins Genick, während Lautsprechermusik im „Wartezimmer" das Schussgeräusch übertönte. Zwei Häftlinge zogen den Toten in eine benachbarte Leichenkammer. In Buchenwald wurden mindestens 7000 sowjetische Gefangene auf diese Weise umgebracht. Solche Tötungen von Russen kamen in fast allen KZ vor, wobei auch Gas, tödliche Injektionen und andere Methoden eingesetzt wurden. Die meisten Opfer gab es in Sachsenhausen, wo etwa 18 000 russische Gefangene ermordet wurden.

Keine Hilfe von Stalin

Eigens zur Tötung nach Buchenwald verbracht wurde der frühere KPD-Chef Ernst Thälmann. Er war gleich nach der Machtübernahme Hitlers inhaftiert worden und saß zuletzt im Gefängnis Bautzen. Der Hitler-Stalin-Pakt vom 23.8.1939 weckte Hoffnungen auf Freilassung, doch Stalin setzte sich offenbar bewusst nicht für den Genossen ein, weil er das neue Bündnis nicht belasten wollte. Angebote von Göring in der Zeit der deutsch-sowjetischen Verständigung, sich die Freilassung durch Versprechen politischer Abstinenz zu erkaufen, hatte Thälmann abgelehnt. So wurde er nach einem Befehl Himmlers vom 14.8.1944 von Bautzen nach Buchenwald transportiert, wo er gleich nach der Ankunft am 18.8. offenbar vom Transportkommando in einem Keller nahe dem Krematorium erschossen wurde. Die NS-Propaganda nutzte einen alliierten Bombenangriff sechs Tage später zur Behauptung, der prominente Häftling sei Opfer der Sprengbomben geworden.

Kurz vor der Befreiung Buchenwalds durch die 3. US-Armee am 11.5. versuchte die SS noch das Lager zu räumen und schickte 28 000 Insassen auf die sogenannten Todesmärsche. Bei Eintreffen der US-Truppen befanden sich dann noch 21 000 meist ausgemergelte, kranke und geschundene Häftlinge auf dem Ettersberg.

In drei Tagen überrannt

Zusammenbruch der rumänischen Front (Ende August 1944)

Über 720 Kilometer nach Westen hatten die Sowjets seit Frühjahr 1944 die deutsche Ostfront zurückgeworfen. Jetzt im August standen sie im Süden an der rumänischen Grenze, wo sich die Front bei Kischinjow (heute Chisinau) im Moldaugebiet nach Osten vorwölbte – Einladung zu einer Umfassungsschlacht. Hier verteidigte die Heeresgruppe Süd (Schörner, dann Frießner) mit zwei Armeegruppen, bestehend aus 23 rumänischen und 21 deutschen Divisionen, darunter die 13. und die 20. Panzerdivision. Doch die Streitmacht schien nur so beachtlich; verglichen mit den beiden angreifenden sowjetischen Fronten war das im Landserjargon eher „Kleckerkram" und zudem höchst brüchiger, denn der Kampfwert der rumänischen Verbände war gering. Längst sehnten sich die Menschen in Rumänien ebenso wie ihre Soldaten nach einem Ende der Kämpfe, und sei es um den Preis einer Kapitulation.

16 Divisionen eingekesselt

Selbst Hitler-Bewunderer Marschall Antonescu, der seit 1940 als Diktator in Bukarest herrschte, hatte schon vorsichtig beim deutschen Verbündeten vorgefühlt, wie man in Berlin auf einen Rückzug aus dem Krieg reagieren würde. Die ebenso indirekte Antwort ließ nichts Gutes ahnen, und so hielt Antonescu weiter am Bündnis fest, zum Unglück Rumäniens und zu seinem Verderben. Am 20.8. nämlich griffen die 2. Ukrainische Front (Malinowski) von Norden her und die 3. Ukrainische Front (Tolbuchin) in westlicher Richtung an. Beide Stoßkeile zielten auf Galatz und damit auf die Einschließung der nach Stalingrad neu erstandenen deutschen 6. Armee (Fretter-Pico), die im Frontbogen von Kischinjow stand. Insgesamt 11 Schützen- und Panzerarmeen schlugen los und überrannten die deutschen Linien in drei Tagen,16 deutschen Divisionen war der Rückzug abgeschnitten. Die Rumänen hatten praktisch kampflos das Feld geräumt.

Am selben 23.8., an dem sich die sowjetische Zange schloss, befahl der junge rumänische König Michael I. seinen Regierungschef zum Gespräch. Und wie im Fall Mussolini ging der Monarch auf Distanz zum inzwischen glücklosen Diktator und ließ ihn noch im königlichen Palast verhaften. Eine neue Regierung bat umgehend bei den Sowjets um Waffenstillstand. Die rumänische Staatlichkeit sollte unbedingt über den Zusammenbruch gerettet werden, und Stalin erklärte, wie schon einige Wochen zuvor, erneut, dass er Rumänien in den Vorkriegsgrenzen ebenso wie seine Gesellschaftsordnung erhalten wolle. Am 25.8. erklärte Rumänien dem Deutschen Reich den Krieg, am 30.8. ging für die Wehrmacht das wertvolle Ölgebiet bei Ploești verloren und am 31.8. rückte die sowjetische 53. Armee in Bukarest ein.

Bulgarien

*„Mein Volk fühlt russisch und denkt deutsch", mit diesem Argument verweigerte Bulgariens Zar Boris III. (*1894, †1943) 1941 die Kriegserklärung an Russland, die Berlin wünschte. Bis 1944 blieb das vom Monarchen mit Hilfe der Militärs diktatorisch regierte Bulgarien daher vom Krieg verschont. Erkauft hatte es das auch durch Beitritt zum Dreimächtepakt und Entgegenkommen gegenüber Deutschland, das 1941 seine Truppen für den Balkanfeldzug an der bulgarischen Südgrenze aufmarschieren lassen durfte. Bulgarien gewann durch den deutschen Sieg das ganze jugoslawische Makedonien sowie den griechischen Teil Thrakiens und damit einen direkten Zugang zum Mittelmeer. Für weitere deutsche Zwecke aber ließ es sich nicht einspannen, am 17.3.1943 lehnte das Parlament einstimmig die Auslieferung der etwa 50 000 bulgarischen Juden an die SS ab. Trotz seiner nur begrenzten Zusammenarbeit mit Deutschland wurde Bulgarien seit dem 5.9.1944 von der Roten Armee besetzt, die Gebietsgewinne musste es wieder herausgeben.*

Die Einwohner von Botoflani (im Nordosten Rumäniens) begrüßen im August 1944 eine einfahrende Panzertruppe der vorrückenden Roten Armee.

Paris brennt nicht

Befreiung der französischen Hauptstadt (25.8.1944)

Nach dem Zusammenbruch der Front an der Aisne 1940 hatte das französische Oberkommando Paris zur offenen Stadt erklärt, die am 14.6.1940 von der deutschen 87. Infanteriedivision besetzt wurde. In den folgenden 1537 Tagen der Besetzung war Paris mit seinem trotz aller Einschränkungen pulsierenden kulturellen und gesellschaftlichen Leben der beliebteste Standort deutscher Besatzungssoldaten. Das änderte sich trotz einiger alliierter Luftangriffe erst im August 1944, als Paris beim Herannahen alliierter Truppen zur Frontstadt wurde. Zum Militärbefehlshaber Groß-Paris hatte Hitler am 7.8.1944 General von Choltitz ernannt und ihm die Verteidigung bis zum letzten Mann unter Sprengung sämtlicher Seine-Brücken befohlen.

Entgegen der deutscher Annahme zielte der alliierte Stoß jedoch zunächst an Paris vorüber, da der alliierte OB Eisenhower eine Einschließung der Stadt dem Risiko von Straßenkämpfen vorzog. Trotz seiner Warnungen kam es jedoch in Paris zu Unruhen, und am 19.8. proklamierten Résistance-Führer den bewaffneten Aufstand. Deutsche Fahrzeuge wurden beschossen, Ministerien und Rathäuser besetzt. Choltitz hatte Befehl, die Rebellion erbarmungslos zu ersticken. Dafür standen ihm ungefähr 20 000 Mann mit 60 Panzern und ebenso vielen Geschützen zur Verfügung. Aufrührerische Viertel sollten von der Luftwaffe bombardiert werden.

Zerstörung hinausgezögert

In dieser Lage appellierte de Gaulle, der vor wachsendem kommunistischen Einfluss in der Hauptstadt warnte, an Eisenhower, Hilfe nicht länger zurückzuhalten. Das V. US-Korps gab daraufhin die französische 2. Panzerdivision unter Leclerc zum Eilmarsch auf Paris frei. Die Vorhut traf am 24.8. vor der Polizeipräfektur ein, das Gros folgte am nächsten Tag unter unbeschreiblichem Jubel der Bevölkerung. Choltitz, der mit den Aufständischen unter schwedischer Vermittlung Waffenruhe verabredet und die Zerstörungsbefehle Hitlers geschickt hinausgezögert hatte, kapitulierte am 25.8. vor Leclerc.

12 800 seiner Soldaten gingen in Gefangenschaft, 3200 waren gefallen. Die Verluste der französischen 2. Panzerdivision beliefen sich auf 310 Gefallene und 319 Verwundete, während die Freischärler der Forces Françaises de l'Intérieur (FFI) 1000 Tote und 1500 Verletzte verloren hatten, hinzu kamen 582 tote und 2000 verwundete Zivilisten. Zwar wurde Hitlers Befehl zur Beschießung von Paris durch Fernwaffen nicht mehr ausgeführt, doch kostete ein Bombenangriff der Luftflotte 3 (Deßloch) am 26./27.8. noch einmal 213 Einwohner der Stadt das Leben, 914 wurden verletzt.

Brest

Einer der wichtigsten Atlantikhäfen, den die deutsche Kriegsmarine durch den Sieg im Frankreichfeldzug gewonnen hatte, war Brest an der Westspitze der Bretagne. Hier brachten sich gefährdete Großkampfschiffe vor der britischen Flotte in Sicherheit, hier richtete man eine U-Boot-Basis für die Atlantikschlacht ein. Kurz nach dem alliierten Ausbruch aus dem Invasionsraum in der Normandie starteten die Amerikaner eine Offensive gegen die zur „Festung" erklärte Stadt. Am 6.9.44 tauchten die Panzerspitzen der 3. US-Armee (Patton) vor Brest auf, wo sich Teile der deutschen 2. Fallschirmdivision (Ramcke) sowie Marine- und Luftwaffeneinheiten, insgesamt 29 000 Mann, zur Verteidigung einrichteten. Brest erlitt bis zur Einstellung des letzten Widerstands am 18.9.1944 verheerende Luftangriffe: am 9.9. kamen 394 Zivilisten, darunter der Bürgermeister, sowie zahlreiche deutsche Soldaten durch explodierende Munition in einem öffentlichen Luftschutzbunker ums Leben.

Über vier Jahre lang hatten hier Wehrmacht-fahrzeuge dominiert. Am 25.8.1944 zogen alliierte Kolonnen über den Prachtboulevard der Champs Élysées in Paris ein. De Gaulle war der Held des Tages, auch wenn er die Heimkehr Amerikanern und Briten verdankte.

Zum Terrorinstrument verkommen

Die deutsche Militärgerichtsbarkeit

Schon im ersten Jahr seiner Herrschaft war an scheinbar kleinen Maßnahmen abzulesen, dass Hitlers Politik auf Krieg zielte. So wurde bereits am 4.11.1933 durch Militärstrafgerichtsordnung eine eigene Einrichtung zur Aburteilung von Angehörigen der Wehrmacht und anderen Militärpersonen geschaffen. Die seit Kriegsbeginn zuständigen Feld(kriegs)gerichte der Militärgerichtsbarkeit bestanden aus einem Kriegsrichter, der auch die Anklage führte, und zwei militärischen Beisitzern; eine eigene Anklagebehörde gab es nur beim Reichskriegsgericht, Rechtsmittel wurden durch Nachprüfverfahren beim militärischen Befehlshaber ersetzt. Insgesamt fällten die Organe der Militärgerichtsbarkeit bis Kriegsende 40 000 Todesurteile, von denen 70 Prozent vollstreckt wurden (im 1. Weltkrieg 32 Hinrichtungen bei 148 Todesurteilen).

Das Gros entfiel auf im Kriegssonderstrafrecht (siehe Kasten) definierte Delikte, die in westlichen Armeen gar nicht oder doch nie mit der Höchststrafe geahndet wurden (insgesamt 300 Exekutionen meist wegen Mordes). Selbst Zeitstrafen bedeuteten in der Konsequenz für den Verurteilten nicht selten den Tod, da sie in Konzentrationslager eingeliefert oder in Bewährungseinheiten gesteckt wurden. Über 1000 Gerichte bei den Divisionen, den Feldkommandanturen, auf Kriegsschiffen mit etwa 3000 Juristen übten die Militärgerichtsbarkeit in der Wehrmacht aus. Hinter ihrer drakonischen Härte (Hitler: „An der Front kann man sterben, als Deserteur muss man sterben") steckte das Vorurteil, im vergangenen Krieg sei die juristische „Milde" mitverantwortlich für den Zusammenbruch gewesen. Hinzu kam ein fataler Wettbewerb der Richter, sich der nationalsozialistischen Führung durch Unnachsichtigkeit zu empfehlen.

Kriegssonderstrafrecht

Nicht nur die Wirtschaft, auch die Justiz musste seit 1939 auf Krieg umgestellt werden: Durch Verschärfung von Strafandrohungen, zahllose Erlasse und neue Gesetze wurde ein Kriegssonderstrafrecht geschaffen, das für eine nie da gewesene Zahl von Delikten die Todesstrafe vorsah. Das sollte Straftäter von der Ausnutzung der Notlage im Krieg abschrecken und die „Erledigung" politischer Gegner erleichtern. So wurde 1938/39 der Straftatbestand der Wehrkraftzersetzung eingeführt, den das OKW nach eigenem Gutdünken ändern und ergänzen durfte, das Abhören ausländischer Sender wurde am 1.9.1939 unter Strafe gestellt, vier Tage später erging eine Verordnung gegen sogenannte Volksschädlinge, am 25.11.1939 folgte ein Erlass über Sabotage und Wehrmittelbeschädigung, am 5.12.1939 wurde „Gewaltverbrechern" bei Straftaten mit einer Waffe die Todesstrafe angedroht. Die Flut der Bestimmungen setzte sich auch in den folgenden Jahren fort und gipfelte am 5.5.1944 in einer allgemeinen Empfehlung der Todesstrafe für alle Fälle, in denen der „regelmäßige Strafrahmen nach gesundem Volksempfinden" nicht mehr ausreichte.

Mobile Standgerichte

Vollends zum Terrorinstrument verkam die Militärgerichtsbarkeit im letzten Kriegsjahr nach dem gescheiterten Attentat des 20. Juli 1944 und bei sich rapide verschlechternder Krieglage. Mobile („fliegende") Standgerichte wurden zur „Sicherung der Disziplin" eingerichtet; sie bedrohten sogar Angehörige von „Feiglingen" (etwa unverwundet in Gefangenschaft geratene Soldaten) und nahmen sie in sogenannte Sippenhaftung. Nach dem Krieg wurde kein Angehöriger der Militärgerichtsbarkeit wegen der in ihrem Namen begangenen Gräuel zur Rechenschaft gezogen, Entschädigung für die Angehörigen der Opfer dieser Unrechtsjustiz blieben die Ausnahme.

Die auf „Führerbefehl" eingesetzten mobilen Feldgerichte machten im wahrsten Sinne des Wortes kurzen Prozess mit den „Angeklagten" und hatten mit Rechtsprechung nichts mehr gemein. Soldaten während der „Verhandlung" eines Feldgerichts, im Hintergrund warten Angeklagte auf die Vollstreckung des Urteils.

Rückschlag im hohen Norden

Ausscheiden Finnlands aus dem Ostkrieg (September 1944)

Auch im äußersten Norden der Ostfront war die Lage im Sommer 1944 für das mit Deutschland verbündete Finnland längst höchst kritisch geworden. Die Rote Armee hatte schon zu Jahresbeginn den Ring um Leningrad (heute St. Petersburg) endgültig gesprengt, die Finnen in Karelien auf die Ausgangsstellungen zurückgeworfen und Anfang Juni sogar die Befestigungslinie auf der Karelischen Landenge zwischen Ladoga- und Ostsee durchbrochen. Die Finnen hatten den „Fortsetzungskrieg", wie sie den Eintritt in den Kampf der Wehrmacht wegen des 1940 verlorenen Winterkriegs nannten, von Anfang an zurückhaltend geführt. So hatten sie etwa den Nordmeerhafen Murmansk auf der Halbinsel Kola bewusst nicht genommen, obwohl dies möglich gewesen wäre. Im weiteren Verlauf des Feldzugs war es außerdem wegen der deutschen Gräuel in den traditionell als verwandt empfundenen Baltischen Staaten zur einer Entfremdung zwischen Helsinki und Berlin gekommen.

Verständigungsbereitschaft

Spätestens seit Ende 1942 war daher nach einem Weg zum Kriegsaustritt gesucht worden. Nachdem noch im Frühjahr 1944 finnisch-sowjetische Sondierungen gescheitert waren, ließen die militärischen Erfolge der Roten Armee im Sommer 1944 den Verständigungswillen wachsen. Der Rücktritt von Staatspräsident Ryti zugunsten von Mannerheim am 1.8. machte den Weg zum Waffenstillstand frei. Am 27.8. ließ Mannerheim in Stockholm Verhandlungen mit den Sowjets aufnehmen. Finnland akzeptierte am 2.9. die russischen Bedingungen, die den Zustand nach dem Winterkrieg wiederherstellen sollten: 300 Millionen Dollar Kriegsentschädigung, Verpachtung des Stützpunkts Porkkala, Abtretung des Gebiets von Petsamo mit den wertvollen Nickelgruben. Am 4.9. trat Waffenruhe an der finnischen Front ein.

Zu den Bedingungen gehörte außerdem, dass die deutschen Verbände, vor allem die 200 000 Mann der 20. Gebirgs-Armee, Finnland bis zum 15.9. zu verlassen hatten (Unternehmen „Birke"). Dabei kam es nicht nur zu Kämpfen mit der nachdrängenden Roten Armee, sondern auch mit finnischen Truppen. Hitler nämlich hatte die Verteidigung von Petsamo angeordnet. Mit einer Landung auf der Insel Suursaari im Finnischen Meerbusen wollte er zudem weiterhin eine Seesperre sichern. Beides scheiterte am finnischen Widerstand, den die sowjetische Luftwaffe unterstützte. Alle Stellungen in Finnland waren bis 7.10. verloren.

Truppenbetreuung

Soldaten müssen bei Laune gehalten werden. Die Wehrmacht zog daher Sänger-, Tänzer-, Musiker- und Schauspielergruppen zusammen, die an die zahllosen Frontabschnitte und Besatzungszentren in ganz Europa transportiert wurden. Selbst die prominentesten Stars konnten sich dem nicht entziehen und nur Dispens erhalten, wenn sie im Reich für kriegswichtige Filme und Aufgaben an der „Heimatfront" gebraucht wurden. Besonders hochkarätige Auftritte im Rahmen der Truppenbetreuung übertrugen die Soldatensender, oft in Konferenzschaltung, in alle Kampfgebiete. Die Soldaten schätzten die Programme sehr, und die Akteure nahmen die Aufgabe auch gern wahr, vor allem wenn es in Länder ging, wo man Mangelwaren günstig erwerben konnte; besonders beliebt waren daher Aufenthalte im Westen oder an der „Butterfront" in Skandinavien. Den „selbstlosen" Einsatz der Truppenbetreuer verherrlichte der Film „Fronttheater" mit René Deltgen und Heli Finkenzeller (Oktober 1942). Am 24.8.1944 ließ Goebbels als Generalbevollmächtigter für den totalen Kriegseinsatz angesichts der Krise an allen Fronten die Programme einstellen.

Ein Bild aus besseren Tagen: Aus Anlass seines 75. Geburtstages wurde von Mannerheim 1942 zum Marschall von Finnland ernannt. Knapp zwei Jahre später wechselte er als neuer Präsident Finnlands die Fronten und schloss einen Waffenstillstand mit der Sowjetunion. Besuch von Mannerheim (rechts, mit Marschallstab) im Führerhauptquartier am 27. Juni 1942; im Hintergrund Keitel.

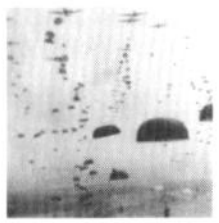

Zu weit gesprungen

Luftlandeunternehmen gegen Arnheim (September 1944)

Den idyllischen Codenamen „Handelsgärtnerei" („Market Garden") gab das britische Oberkommando einem Luftlandeunternehmen, mit dem der britischen 2. Armee (Dempsey) im September 1944 der Sprung über den Rhein ermöglicht und der Weg ins Ruhrgebiet geöffnet werden sollte. Den Briten nämlich, vor allem Montgomery, dem Helden von El Alamein, dauerte der Vormarsch des US-Oberbefehlshabers Eisenhower auf breiter Front zu lange. Der entscheidende Durchbruch sollte in und um Arnheim, der 90 000-Einwohner-Hauptstadt der niederländischen Provinz Gelderland, erzwungen werden, während die Amerikaner die frontnäheren Brückenköpfe südlich Nimwegen bilden sollten. Allen voran wurde bei Arnheim am 17./18.9. auf dem rechten Rheinufer die britische 1. Luftlandedivision (Urquart) abgesetzt. Wichtigstes Angriffsziel war die Brücke von Arnheim, die wegen starker Flaksicherung nicht im Handstreich aus der Luft zu nehmen war, so dass der Absprung westlich der Stadt erfolgte.

Kein Entsatz

Schon am Rande ihrer Landezone gerieten die Briten in heftiges Abwehrfeuer, und erst gegen Abend erreichte das 2. Bataillon die strategisch wichtige Straßenbrücke im Stadtinneren. Es stieß hier auf unerwarteten Widerstand und wurde in mehrtägigen Kämpfen aufgerieben. Das Gros der Division sah sich inzwischen im Landekopf bei Oosterbeek von überlegenen deutschen Kräften bedrängt. Der alliierten Aufklärung war entgangen, dass sich das II. SS-Panzerkorps (Bittrich) mit 2 Divisionen zur Auffrischung im Raum Arnheim versammelt hatte. Schlechtes Wetter verzögerte den Einflug von Verstärkungen und Nachschub für die eingeschlossenen Engländer, die verzweifelt, aber vergeblich auf die Ankunft der Panzerspitzen des XXX. Korps (Horrocks) der 2. Armee am südlichen Flussufer hofften. Die 1. polnische Luftlandebrigade (Sosabowski) sprang am 21.9. bei Driel auf der linken Rheinseite ab, vermochte aber den Fehlschlag nicht mehr abzuwenden.
In der Nacht vom 25./26.9. befahl Urquart daher den Überresten seiner dezimierten Division den Ausbruch. Unter Zurücklassung der Verwundeten entkamen nur 2398 von 10 095 Luftlandesoldaten zurück über den Rhein (deutsche Verluste 3300 Mann). Der Name Arnheim steht für das größte Luftlandeunternehmen der Westalliierten während des Krieges mit insgesamt 35 000 Mann sowie 1500 Transportmaschinen und Lastenseglern zur Eroberung von fünf strategisch bedeutenden Brücken über Maas, Waal und Rhein.

Morgenthau-Plan

Der amerikanische Finanzminister Henry Morgenthau jr. (1891, † 1967) entwickelte 1944 ein Programm der USA für die Behandlung des besiegten Deutschlands („Program to prevent Germany from starting a World War III"). In 14 Punkten sah es neben einer völligen Entwaffnung eine stufenweise Reagrarisierung des Landes durch Demontage der Industriekapazitäten und Stilllegung der Bergwerke vor. Darüber hinaus sollte die deutsche Wirtschaft für mindestens zwanzig Jahre internationaler Kontrolle unterliegen; umfangreiche Gebietsabtretungen sollten das Reichsgebiet schrumpfen lassen, auf dem zwei deutsche Staaten zu bilden seien. Im September 1944 US-Präsident Roosevelt vorgelegt, fand der Morgenthau-Plan zunächst seine und auch die Zustimmung Churchills, doch verwarfen beide wenig später das Konzept als zu hart. Die NS-Propaganda gab den „Mordplan" dennoch als oberstes alliiertes Kriegsziel aus und nutzte ihn für Parolen zu erbittertem Widerstand. Neonazis dient er bis heute als Grundlage für antisemitische Hetze.*

Über 10 000 Fallschirmjäger britisch-kanadischer Luftlandetruppen sprangen am 17. September 1944 bei Arnheim, Nimwegen und Eindhoven hinter den feindlichen Linien ab.

„Großeinsatz unserer Volkskraft“

Der Volkssturm als Hitlers letztes Aufgebot (seit 25.9.1944)

Durch „Führer“-Erlass vom 25.9.1944 wurde aus bisher nicht eingezogenen Männern zwischen 16 und 60 Jahren eine „Volkssturm“ genannte Truppe aufgestellt. Begründung: „Infolge des Versagens aller unserer europäischen Verbündeten“ stehe der Gegner nun an den Reichsgrenzen und im Begriff, „die Ausrottung des deutschen Menschen“ zu vollenden. Diesen „jüdisch-internationalen“ Feinden und ihrem „Vernichtungswillen“ müsse mit einem „Großeinsatz unserer deutschen Volkskraft“ begegnet werden. Zuständig für die Bildung dieses letzten Aufgebots des geschlagenen Hitler-Reiches waren politisch Bormann als „Sekretär des Führers“ und militärisch Reichsführer SS Himmler, betroffen davon waren rund sechs Millionen Männer, die aus beruflichen, Alters- oder Gesundheitsgründen bisher freigestellt gewesen waren. Die Aufstellung und Führung des Volkssturms oblag den jeweiligen Gauleitern, die sich auf die diversen Organisationen der NSDAP von SA bis HJ stützen konnten.

Regulärer Fronteinsatz

Vorgesehen waren die Volkssturm-Aufgebote für folgende Aufgaben: Besatzung in Grenz- und Festungsbereichen; Ortsverteidigung gegen durchgebrochene Feindtruppen; Objektschutz; Bau und Sicherung von Panzersperren; Nachschubdienst; Bau- und Schanzarbeiten im rückwärtigen Frontgebiet; Räumungs- und Begleitkommandos bei der „Rückführung“ von Menschen und kriegswichtigem Material; Spreng- und Spezialkommandos. Doch auch regulärer Fronteinsatz etwa als Panzerjäger kam in Frage. Zuerst eingezogen wurden die älteren Jahrgänge (1884 bis 1900), weil sich darunter viele erfahrene Weltkriegssoldaten befanden, die jüngere anleiten konnten. Dann holte man die über 20-Jährigen, und erst zum Schluss sollten die Jahrgänge 1927/28 folgen.

Unzureichende Ausbildung

Die Volkssturmeinheiten erreichten bei bereits empfindlichem Material- und Munitionsmangel keinen befriedigenden Kampfwert mehr, erlitten aber vor allem bei der erbitterten Verteidigung im Osten gegen die Rote Armee erhebliche Verluste und wurden nicht selten in ihren feldgrau umgefärbten Parteiuniformen trotz der Armbinde mit der Aufschrift „Deutscher Volkssturm – Wehrmacht“ vom Gegner nicht als Kombattanten anerkannt. Zwar wurde nur noch ein kleiner Teil der für den Volkssturm vorgesehenen Männer eingezogen, doch waren wegen der schlechten, weil viel zu kurzen, Ausbildung und der hoffnungslosen militärischen Situation die Opferzahlen hoch.

Flakhelfer

Männer wurden knapp im Verlauf des Krieges. Mit einer Verordnung zur „Heranziehung von Schülern zum Kriegshilfseinsatz der deutschen Jugend in der Luftwaffe“ wurde daher am 26.1.1943 die Möglichkeit geschaffen, Soldaten an den Flugabwehrkanonen (Flak) durch jugendliche Luftwaffen- und Marinehelfer zu ersetzen. Die 15- bis 17-jährigen Jungen rückten schulklassenweise in Kasernen ein, erhielten zunächst weiter Unterricht, der später immer häufiger ausfiel, und trugen Uniformen der Flieger- oder Marine-HJ. Bei Gefangennahme wurden die Flakhelfer daher oft wie Partisanen behandelt. Rechnete man anfangs 100 Jungen als Ersatz für 70 Flaksoldaten, erwies es sich oft, dass die fanatischen jungen Kanoniere, die schließlich ganze Flakbatterien eigenverantwortlich führten, die resignierenden Männer an Einsatzbereitschaft bei weitem übertrafen. Im Juni 1944 waren 56 000 Flakhelfer an Scheinwerfern und Geschützen bei 50 Pfennig Tagessold im ganzen verbliebenen Reichsgebiet eingesetzt. Wie viele von ihnen umkamen, ist statistisch nicht erfasst.

Dem Sturm, der über diese überwiegend schlecht ausgebildeten und nur unzureichend bewaffneten Männer des Volkssturms schon bald hereinbrechen sollte, hatten sie kaum etwas entgegenzusetzen.

Durchgangsstation in den Tod

Das Ghetto-Konzentrationslager Theresienstadt

Etwa 60 Kilometer nördlich von Prag lag das einstige Garnisonstädtchen Theresienstadt (heute Terezín). Seine rund 7000 Einwohner mussten es im November 1941 urplötzlich verlassen, weil die deutschen Besatzer hier ein „Altersghetto" für die Juden im Protektorat und später auch für andere einrichteten. Die Häuser und Wohnungen quollen bald über, denn statt der bisherigen Zahl an Bewohnern vegetierten hier binnen Kürze Zigtausende. Insgesamt wurden 152 000 Juden eingewiesen, im September 1942 ergab sich eine Höchstbelegung von 58 000 Menschen, die trotz hohen Alters und angeschlagener Gesundheit schwer arbeiten mussten. Und das bei katastrophalen Lebensbedingungen in Kellern oder auf zugigen Dachböden. Völlig unzureichende Ernährung, Wassermangel und primitive sanitäre Verhältnisse ließen die Sterbeziffer in die Höhe schnellen. In den wenigen Jahren des Bestehens starben im Lager 34 000 Menschen.

Maskierte Stadt

Unterstellt war es der „Zentralstelle für jüdische Auswanderung" (1943 umbenannt in „Zentralamt für die Regelung der Judenfrage in Böhmen und Mähren") in Prag. Viele Insassen waren durch Vorspiegelungen, es handele sich um eine Art Kurort, in dem sie lebenslange Pflege und Versorgung genießen könnten, zu „Heimeinkaufsverträgen" überredet worden, die sie um ihr gesamtes Vermögen brachten. Gerüchte über die entsetzlichen Zustände in Theresienstadt gelangten auch ans Rote Kreuz, das am 23.7.1944 eine dänische Inspektionskommission entsandte. Dafür ließ die Lagerleitung den Ort aufwändig renovieren und schmücken, die Bewohner vorübergehend gut einkleiden und Kulturveranstaltungen ansetzen. Es entstanden sogar Scheinläden, Kindergärten und eine Schule. Über das derart maskierte Lager drehte man zudem den Film „Der Führer schenkt den Juden eine Stadt" (1944). In Wirklichkeit war das Ghetto, das für viele zum Todeslager wurde, für die meisten übrigen eine Durchgangsstation in den Tod. Von hier wurden 85 934 Juden in die Vernichtungslager deportiert; nicht einmal 2000 von ihnen überlebten das Kriegsende. Andere angeblich oder tatsächlich straffällig gewordene oder sonst unerwünschte Insassen wurden im nahen Polizei-Gefängnis „Kleine Festung Theresienstadt" getötet, darunter mehr als 30 Kinder aus Bialystok, die im August 1943 ins Lager gekommen und dort erkrankt waren. Bei der Befreiung von Theresienstadt am 8.5.1945 durch die Rote Armee fanden die Soldaten noch 30 000 lebende Insassen vor.

Brundibár

Im August 1942 wurde der tschechisch-jüdische Komponist Hans Krása als Häftling Nr. 21855 ins „Ghetto" Theresienstadt deportiert. In Prag hatte er 1938 das Kindersingspiel „Brundibár" komponiert. Die märchenhafte Handlung: Solidarität und Freundschaft, eine Gemeinschaft aus Kindern und Tieren, besiegen das Böse, hier den Leierkastenmann Brundibár. Im Winter 1938/39 wurde die Kinderoper im Prager jüdischen Waisenhaus illegal uraufgeführt. Nun erteilte die SS Krása den Befehl, für die Kultur-Vorzeigekulisse in Theresienstadt seine Oper als kinderkulturellen Beitrag zu liefern. Am 23.9. 1943 kam es zur ersten Aufführung im Konzentrationslager. 54 weitere sollten folgen – mit ständig wechselndem Ensemble: Immer wieder gab es Weitertransporte nach Auschwitz, von denen weder die kleinen Schauspieler noch der Komponist verschont wurden, der dort 1944 ermordet wurde. Sowohl den Aufführenden als auch den zahlreichen Kinderhäftlingen als Zuschauer ermöglichten die Aufführungen Ablenkung von den grausamen Umständen ihrer Gefangenschaft, die Vision von der Überwindung des Bösen und die Hoffnung auf ein besseres Leben.

Ein eigenes Lagergeld sollte im Ghetto-KZ Theresienstadt Normalität vorspiegeln. Autorität verlieh den Banknoten das Moses-Bild mit den Gesetzestafeln und die Unterschrift des 40-jährigen Ältesten der Juden Jakob Edelstein, der Ende 1943 mit seiner Familie nach Auschwitz in den Tod deportiert wurde.

Respekt bei Freund und Feind

Rommel zum Selbstmord gezwungen (14.10.1944)

Erwin Rommel war 1944 der wohl populärste deutsche Heerführer auf beiden Seiten, hieß es doch selbst bei den Briten, wenn es gefährlich wurde: „Es rommelt!" Ansehen und die höchste militärische Auszeichnung, den Pour le mérite, hatte Rommel sich schon im vorigen Weltkrieg erworben. In der Reichswehr machte er nur zögerlich Karriere und avancierte erst zügig im Rahmen des Hitlerschen Aufrüstungsprogramms. Eine gewisse Nähe zum System kam 1938 in der Ernennung zum Kommandanten des Führerhauptquartiers zum Ausdruck, seit 1.8.1939 war er Generalmajor.

Gefährliche Verbindung

Neue Lorbeeren erwarb er sich als Befehlshaber der 7. Panzerdivision im Frankreichfeldzug, die sich unter seiner Führung durch unerwartetes Auftauchen an Brennpunkten und rasante Raids den Beinamen „Gespensterdivision" erwarb. Im Februar 1941 kam die Ernennung zum Generalleutnant und seine eigentliche Stunde: Rommel erhielt das Kommando über das Deutsche Afrika-Korps, mit dem er es zum eingangs erwähnten legendären Ruhm als „Wüstenfuchs" und zum Rang eines Generalfeldmarschalls brachte. Dass er auf Dauer der alliierten Übermacht nicht standhalten konnte, änderte nichts am Respekt bei Freund und Feind. Den Nimbus wollte der militärische Widerstand gegen Hitler nutzen. Doch der eher unpolitische Nur-Soldat zögerte, verriet aber nichts und ließ es zu, dass ihn die Akteure des Anschlags vom 20.7.1944 für den Fall eines Erfolges als künftigen OB des Heeres vorsahen.

Aufgestauter Hass

Diese Verbindung sollte Rommel zum Verhängnis werden. Er hatte sich allerdings bei Hitler ohnedies bereits höchst missliebig gemacht. Am 15.7., also wenige Tage vor dem Attentat, hatte er den „Führer" brieflich beschworen, dem sinnlos gewordenen Krieg ein Ende zu machen: „Die Truppe kämpft allerorten heldenmütig, jedoch der ungleiche Kampf neigt sich dem Ende entgegen. Ich muss Sie bitten, die politischen Folgerungen aus dieser Lage unverzüglich zu ziehen." Zwei Tage danach wurde Rommel bei einem Tieffliegerangriff schwer verwundet. Bis zur Genesung stellte er für Hitler kein Problem dar. Als aber absehbar wurde, dass der beliebte Feldherr sich wieder zum Dienst melden könnte, ließ er ihn den angestauten Hass spüren: Zwei Generäle erschienen am 14.10.1944 bei Rommel in Herrlingen bei Ulm und stellten ihn vor die Wahl: Selbstmord oder Anklage vor dem Volksgerichtshof mit unabsehbaren Folgen für seine Familie. Rommel entschied sich für Gift. Hitler ließ zur Bemäntelung ein aufwändiges Staatsbegräbnis inszenieren.

Aachen

Als erste deutsche Großstadt fiel mit Aachen die westlichste und eine kulturell besonders bedeutende in alliierte Hand. Nach Hitlers Willen sollte sie als „Wiege des ersten deutschen Reiches" um jeden Preis gehalten werden, doch durchbrachen Anfang Oktober 1944 US-Truppen die deutschen Riegelstellungen am Westwall und setzten mit massiver Luftunterstützung zur Umfassung der Stadt an, deren Bevölkerung weitgehend evakuiert worden war und die von etwa 5000 Mann unter Oberst Wilck verteidigt wurde. Nach zwei Wochen schwerer Straßenkämpfe musste er am 21.10.1944 die Ruinen der zu 65 Prozent zerstörten Stadt übergeben. Im März 1945 griff der Krieg noch einmal nach Aachen, als ein Kommando der von Himmler gegründeten „Werwolf"-Partisanen den fünf Monate zuvor von den Amerikanern eingesetzten Oberbürgermeister Franz Oppenhoff als vermeintlichen „Kollaborateur" erschoss.

Die von Hitler entsandten Generäle gaben Rommel eine kurze Frist, sich von der Familie zu verabschieden. Dann nahmen sie ihn im Wagen mit, hielten kurz hinter dem Ortsrand und zwangen ihn, Gift zu nehmen. Heute erinnert ein Gedenkstein in Herrlingen an den Tatort.

Gewaltige Seeschlacht

Beginn der Rückeroberung der Philippinen (Oktober 1944)

Die Philippinen waren seit 1898 amerikanisches Protektorat und lagen wie ein Riegel vor den großen Sunda-Inseln, die ein Ziel der japanischen Rohstoffoffensive zu Beginn des Pazifikkrieges waren. Die Verteidiger unter General MacArthur waren hoffnungslos unterlegen, hielten aber fast sechs Monate stand, ehe sie weichen mussten. Gut zwei Jahre später kamen sie wieder und begannen am 20.10.1944 die Rückeroberung der Inselgruppe mit der Landung der 6. US-Armee (Krueger) auf der Insel Leyte nördlich von Mindanao. Die Landung versuchten die Japaner mit Angriffen von See her zu verhindern, woraus sich eine gewaltige Seeschlacht entwickelte, an der insgesamt 64 japanische und 218 alliierte Kriegsschiffe beteiligt waren.

Verluste beim Anmarsch

Gegen die Invasionsarmada der 7. US-Flotte (Kinkaid) warf der japanische Flottenchef Toyoda alle verfügbaren See- und Luftstreitkräfte in den Kampf. Sein Plan sah vor, Teile der US-Sicherungsgruppen nach Norden abzulenken, so dass Schlachtschiffe und Kreuzer in zwei Gruppen um die Inseln Samar und Leyte herum in den Leyte-Golf vorstoßen und die Landungsflotte zerschlagen könnten. Der nördliche Kampfverband (Kurita) verlor schon auf dem Anmarsch von Borneo durch U-Boot- und Luftangriffe zwei Kreuzer und das Schlachtschiff „Musashi" und machte zunächst kehrt, so dass sich US-Admiral Halsey mit der Task Force 38 (Mitscher) gegen eine von Nordosten herankommende japanische Trägergruppe unter Admiral Ozawa wandte, sie bei Kap Engano (Nordspitze der Philippinen) stellte und alle 4 Träger sowie 5 weitere Schiffe versenkte.

Inzwischen war Kurita erneut umgekehrt, hatte in der Nacht zum 25.10. die San-Bernardino-Straße zwischen Samar und Luzon mit 4 Schlachtschiffen, 8 Kreuzern und 11 Zerstörern passiert und bedrohte die US-Landung. Angegriffen von US-Trägermaschinen, glaubte Kurita der Task Force 38 gegenüberzustehen und brach das Gefecht nach Verlust von 3 Kreuzern ab. Der südliche japanische Angriffsverband (Nishimura) war derweil am Eingang des Leyte-Golfs in einem Nachtgefecht von der Task Force 77 (Oldendorf) vernichtet worden. Admiral Nishimura ging mit seinem Flaggschiff „Yamashiro" unter. Toyodas Plan war damit in einer Katastrophe für die kaiserliche Marine geendet: 4 Träger, 3 Schlachtschiffe, 10 Kreuzer, 9 Zerstörer verloren, 10 000 Mann gefallen, 1500 Flugzeuge eingebüßt. Die Amerikaner hatten dagegen nur 4 kleine Träger und 3 Zerstörer verloren. Fortan spielte die japanische Flotte im Pazifik keine Rolle mehr. Wie verzweifelt die Lage war, zeigte die Bildung des Kamikaze-Korps (siehe Kasten), das hier erstmals in Aktion getreten war.

Kamikaze

Im Herbst 1944 wurde ein Sonderangriffskorps der japanischen Marineluftwaffe gegründet, dessen Piloten sich mit voller Bombenlast auf feindliche Schiffe stürzten. Die Formation erhielt den Namen Kamikaze (Götterwind). Für den Kamikaze-Kampf wurden spezielle Waffen entwickelt wie die bemannte Ohka-Bombe oder die von vornherein als Einwegbomber gebaute Nakajima K-115 Tsurugi (Säbel). Bei den Piloten handelte es sich um Freiwillige, in der Mehrzahl fanatisierte Schüler und Studenten, die innerhalb einer Woche in ihre Aufgabe eingewiesen wurden. Vor dem Start verabschiedete man die Todgeweihten mit einem Helden-Ritual. Hauptziel aller Kamikaze-Flieger waren die alliierten Träger, die sich in zentralen Aufzügen und Flugdecks besonders verheerend treffen ließen. Gesamtbilanz aller Kamikaze-Einsätze: 1228 Totalverluste einschließlich Begleitjäger, 34 Kriegsschiffe versenkt, 288 beschädigt.

Zwei riesige flachgängige Truppentransporter beim Anlanden der 6. US-Armee auf Leyte am 20.10.1944; ein Ponton aus Sandsäcken beschleunigte das Ausborden von Männern und Material.

Traumatisierende Sommerfrische

Kinderlandverschickung während des Bombenkriegs

Organisationen, die für die Erholung von Stadtkindern in ländlichen Gebieten sorgten, gab es schon früher und auch in anderen Ländern. Eine Folge des Krieges aber war die am 27.9.1940 ins Leben gerufene „Erweiterte Kinderlandverschickung" (KLV), die auf Weisung Hitlers vom ehemaligen Reichsjugendführer von Schirach als „Reichsleiter für die Jugenderziehung der NSDAP" organisiert wurde. Er sorgte mit Hilfe von Wohlfahrtsverbänden, HJ und NS-Lehrerbund für die Evakuierung von Kindern aus „Luftnotgebieten", zunächst also aus den Städten im Westen und Norden des Reiches. Die NSDAP finanzierte diese KLV, die zunächst auf sechs Monate befristet und freiwillig war. Getrennt nach Geschlechtern wurden die Kinder zwischen zehn und 14 Jahren mit Lehrern ihrer Schule in Lagern, oft außerhalb des Reichsgebiets, untergebracht. Dafür wurden Pensionen, Hotels, Jugendherbergen, Schullandheime oder kirchliche Einrichtungen beschlagnahmt oder Zeltlager errichtet.

Mütter als Arbeitskraftreserve

Mit Verschärfung des Luftkriegs seit 1943, als viele Schulen den Unterricht einstellten, wurde die KLV drastisch ausgeweitet und zur Dauereinrichtung. Es gab schließlich rund 9000 Lager, die meist ältere Lehrer leiteten, während jugendliche „Lagermannschaftsführer" den Dienst gestalteten; Anweisungen dafür gab die Zeitschrift „Unser Lager" mit „Richtblättern". Damit stand die KLV ganz im Zeichen der NS-Erziehung und ihrem Prinzip: „Jugend muss durch Jugend geführt werden."

Notabitur

Mit dem rasanten Aufbau der Wehrmacht hielt der Offiziersnachwuchs nicht Schritt. Schon im Januar 1938 wurde daher die Oberschulzeit für Jungen auf acht Jahre herabgesetzt, für Mädchen erst 1940. Im Volksmund bürgerte sich für die verfrühte Reifeprüfung nach zwölf Schuljahren im Krieg der Begriff „Notabitur" ein. Am 8.9.1939 erging eine „Anordnung über Reifezeugnisse", nach der Schüler wegen Einberufung sogar das achte Oberschuljahr schon früher beenden konnten, wozu die schriftlichen Arbeiten erlassen wurden und nur noch eine mündliche Prüfung vorgesehen war. 1941 fiel auch diese weg, und das Notabitur wurde seit Februar 1942 schon 17-Jährigen ermöglicht. Im weiteren Verlauf des Krieges wurde die Möglichkeit immer großzügiger gehandhabt. Nach dem 1.1.1943 verliehene – von „erworbenen" konnte nicht mehr die Rede sein – Reifezeugnisse wurden daher nach dem Krieg annulliert.

Die hinter der Einrichtung stehende Not wurde zur weltanschaulichen Tugend gemacht, da man die Kinder in den Lagern ungestört von Eltern oder kirchlichen Einflüssen politisch schulen und vormilitärisch ausbilden konnte. Zugleich nahm man den Müttern – die Väter waren meist im Krieg, in Gefangenschaft oder gefallen – die Sorge um die Kinder und gewann so Arbeitskraftreserven. Über ein Drittel aller deutschen Schul- und Vorschulkinder (insgesamt etwa 5 Millionen) dürfte mit den KLV-Lagern Bekanntschaft gemacht haben.

Strandgut des Krieges

Im Rückblick erschien die KLV den Betroffenen oft romantisch verklärt, wie das Wort selbst auch eher „Sommerfrische" als Furcht vor Luftangriffen suggerierte. Die Schäden aber durch die Trennung von Familie und Heimat, durch die Angst um die Zurückgebliebenen in den bombardierten Städten und um die Angehörigen an den Fronten hatte weit öfter nachhaltige Traumatisierungen zur Folge. Hinter vorgehaltener Hand – Kritik war auch hier gefährlich – sprach daher so mancher böse von „Kinderlandverschleppung". Gegen Kriegsende lösten sich die Lager oft unter chaotischen Umständen auf; zahllose Kinder blieben sich selbst überlassen.

*„Wir danken dem Führer für die KLV" –
der für die Jugenderziehung zuständige Reichs-
leiter Baldur von Schirach bei der Inspektion
eines Heimes der Kinderlandverschickung.*

Tiefe politische Kluft

Deutsche Herrschaft in Griechenland (bis Oktober 1944)

Der deutsche Sieg im Balkanfeldzug 1941 hatte fatale Folgen für Griechenland. Die deutschen Besatzer und auch die Italiener pressten an Lebensmitteln soviel wie möglich aus dem Land heraus, so dass es in den folgenden Wintern zu schweren Hungersnöten kam; 1941/42 verhungerten allein in Athen 3000 Menschen. Hinzu kam die Belastung durch Flüchtlinge aus den verlorenen Gebieten, in denen eine massive Bulgarisierung eingesetzt hatte. Gegen die Besatzer bildeten sich bald Widerstandsgruppen, darunter vor allem die kommunistisch geführten Truppe ELAS (Volksbefreiungsarmee) unter ihrem furcht- und skrupellosen Chef Aris Veloukiotis. Der sich v.a. in der EDES (Nationalarmee) unter General Zervas sammelnde bürgerliche Widerstand war dagegen zwar zahlenmäßig bedeutungslos, erhielt aber den Löwenanteil der britischen Hilfslieferungen, die per Fallschirm abgeworfen oder an unzugänglichen Küstenstreifen angelandet wurden. Die Briten versuchten damit den kommunistischen Einfluss einzudämmen.

Ghetto in Saloniki

Schon Ende 1942 befanden sich große Teile der Gebirgsregionen in Zentral-Griechenland in der Hand der „Banden", wie die Partisanen im amtlichen deutschen Sprachgebrauch genannt wurden. Die Lage spitzte sich 1943 weiter zu. Die Athener Marionetten-Regierung stellte zur Unterstützung der Besatzer „Sicherheitsbataillone" auf, die an den grausamen Repressalien der deutschen Polizei und regulärer Wehrmachteinheiten beteiligt waren, denen ganze Ortschaften wie Distomon oder Kalávrita (siehe Kasten) zum Opfer fielen. Es setzte eine verschärfte Verfolgung der etwa 100 000 griechischen Juden ein, die zu zwei Dritteln in Saloniki lebten, wo im Februar 1943 ein Getto eingerichtet wurde. Im Monat darauf begannen die Deportationen in die Vernichtungslager, etwa 65 000 griechische Juden wurden dort ermordet.

Rückzug im letzten Moment

Mit der Macht der Widerstandsgruppen, denen nach Italiens Ausscheiden aus dem Krieg (September 1943) zahlreiche Waffendepots in die Hände fielen, wuchsen auch die Rivalitäten zwischen ELAS und EDES; englische Vermittlungsbemühungen scheiterten, nur der gemeinsame deutsche Gegner überdeckte noch eine Zeit lang die tiefe politische Kluft. Als die Rote Armee im Herbst 1944 zum Balkan vorstieß, geriet die deutsche Heeresgruppe E in Griechenland (Löhr) in Gefahr, abgeschnitten zu werden. Athen wurde daher am 9.10.1944 geräumt; am 2.11.1944 verließen die letzten deutschen Verbände nach Zerstörung zahlreicher Brücken, Tunnels und Versorgungseinrichtungen das Land.

Kalávrita

In den unwegsamen Bergen der nördlichen Peloponnes liegt die Ortschaft Kalávrita, 1940 von rund 1400 Menschen bewohnt. Dort versteckten Mitte Oktober 1943 Partisanen 78 gefangene deutsche Soldaten, die gegen eigene Leute ausgetauscht werden sollten. Die deutschen Behörden gingen zum Schein auf Verhandlungen ein, bereiteten aber einen Angriff vor, bei dessen Beginn die Gefangenen erschossen wurden. Zur Vergeltung brannten die deutschen Truppen Kalávrita am 13.12.1943 völlig nieder und erschossen alle über 13-jährigen männlichen Bewohner. 511 Opfer wurden gezählt, hinzu kamen die Obdachlosen, die im folgenden Winter umkamen, und weitere in den umliegenden Dörfern getötete Personen. Die Verfolgung der Täter nach dem Krieg blieb ergebnislos; 1974 wurden die Ermittlungen eingestellt. Der Europäische Gerichtshof (EuGH) wies Schadenersatzklagen gegen die Bundsrepublik am 15.7.2007 endgültig ab.

Über drei volle Jahre ein gewohntes Bild in Athen: Deutsche Truppen mit Panzern und Sturmgeschützen vor den Denkmälern einer ruhmreichen Vergangenheit, hier vor der Akropolis (Oberstadt) mit dem Parthenon.

Rote Flotte in der Kronstädter Bucht blockiert

Kriegsgebiet Ostsee (1939-1945)

Schon vor Kriegsbeginn spielte die Ostsee in den Planungen der deutschen Kriegsmarine eine wesentliche Rolle als Ausbildungs- und Schulgebiet. Angesichts der schwedischen Neutralität, des Bündnisses mit der Sowjetunion (23.8.1939), der finnischen Lähmung im und nach dem Winterkrieg, der Ausschaltung der polnischen Kräfte gleich nach Kriegsbeginn und der Besetzung Dänemarks im April 1940 konnte die Kriegsmarine bis zum Russlandfeldzug ungehindert in der Ostsee operieren und auch nach dem deutschen Angriff auf die UdSSR (22.6.1941) eine Bedrohung durch sowjetische Seestreitkräfte mit intensivem Mineneinsatz gering halten, unterstützt durch den raschen Vormarsch der Heeresgruppe Nord längs der Ostsee-Küste.

Planlose Einzelunternehmen

Zusammen mit der nun verbündeten finnischen Flotte legten deutsche Minenschiffe umfangreiche Sperren, die den Finnischen Meerbusen, in dem die sowjetische Flotte lag, abriegelten. Nach einigen schweren Verlusten versuchte kein sowjetisches Kriegsschiff mehr, in die offene Ostsee durchzubrechen, nur einigen wenigen U-Booten gelang das, doch erzielten auch sie bei planlosen Einzelunternehmen keine Erfolge. Nach der Eroberung der Baltischen Inseln und dem Erreichen Leningrads wurde die Rote Flotte in der Kronstädter Bucht eingeschnürt, wo sie durch deutsche Luftangriffe erhebliche Verluste erlitt. Dennoch blieb sie wegen der unterlassenen Eroberung Leningrads eine ständige Bedrohung.

Behinderungen durch eigene Minen

Mit zunehmenden Erfolgen der Sowjets im Landkrieg verschlechterte sich auch die deutsche Situation in der Ostsee. Nach der Kapitulation Finnlands (September 1944) und der Rückeroberung der Baltischen Inseln (November 1944) durch die Rote Armee konnte die sowjetische Flotte in die Ostsee durchbrechen und die durch Nachschub- und Truppentransportaufgaben überlastete Kriegsmarine bedrängen. Die Sowjets, unterstützt von britischen Luftstreitkräften, verminten nun ihrerseits deutsche Häfen und profitierten zudem von früheren deutschen Minensperren, die nun auch die Operationen der deutschen Verbände nicht selten behinderten. Das waren in der letzten Kriegsphase vor allem Transporte von Flüchtlingen aus den bedrohten Ostgebieten. Dafür zog die Kriegsmarine alle verfügbaren Einheiten in der Ostsee zusammen und konnte so die Seeherrschaft fast bis zum Schluss sichern. Die Verluste blieben trotz tragischer Fälle wie der „Wilhelm Gustloff" oder „Goya" (siehe Kasten) gering verglichen mit der Rettung von 2,2 Millionen Flüchtlingen über See.

„Goya"

Nicht so bekannt wie das Schicksal der „Wilhelm Gustloff", aber für die Betroffenen nicht weniger entsetzlich verlief die letzte Fahrt des deutschen Küstenmotorschiffs „Goya (5230 BRT). Es verließ am 16.4.1945 um 20 Uhr die Reede der Halbinsel Hela mit rund 7000 Menschen an Bord (nach der unvollständigen Schiffsliste „nur" 6100), die vor der anrückenden Roten Armee nach Westen flüchten wollten. Nach kurzer Fahrt wurde die „Goya" in Höhe Rixhöft um 23.50 Uhr vom sowjetischen Minen-U-Boot L3 (Konowalow) angegriffen und durch zwei Torpedotreffer versenkt. Das restlos überfüllte Schiff führte nur 1500 Schwimmwesten mit, doch auch durch diese konnten sich schließlich nicht mehr als 165 Personen aus der eisigen See retten. Zum Gedenken an den Untergang der „Goya" und der beiden anderen großen Flüchtlingsschiffe, „Wilhelm Gustloff" und „General von Steuben", wurde 1970 am Marineehrenmal Laboe ein Erinnerungszeichen geschaffen.

Herr in der Ostsee blieb die deutsche Kriegsmarine fast bis Kriegsende (Foto: Patrouillenfahrt um 1942). Sie hatte entscheidenden Anteil an der Rettung von Flüchtlingen und Soldaten in den letzten Kriegsmonaten.

Unzureichende Bemühungen

Organisation und Methoden des Luftschutzes im Deutschen Reich

Der neuartige Krieg aus der Luft verlangte Maßnahmen zum Schutz der Zivilbevölkerung vor Bombern und Tieffliegern. Im Deutschen Reich wurde dazu gleich nach Hitlers Machtübernahme am 29.4.1933 der Reichsluftschutzbund (RLB) gegründet. Er bildete die Luftschutzwarte aus, die die Luftschutzgemeinschaften in einzelnen Häusern oder Häuserblocks führten. Mit Gesetz vom 26.5.1935 wurde eine Luftschutzpflicht eingeführt, die eine Dienstpflicht (Fliegeralarm, Verdunklung, Brandbekämpfung, Erste Hilfe, Räumarbeiten) und eine Sachleistungspflicht (Bau von Luftschutzräumen, Bereitstellung von Gerät) vorsah. Bei Kriegsbeginn verfügte der RLB über 13,5 Millionen Mitglieder, 820 000 Amtsträger und 28 000 Luftschutzlehrer in 3800 Luftschutzschulen, zu deren Lehrgängen jeder verpflichtet werden konnte. Besondere Aufgaben waren dem betrieblichen Luftschutz (Werkluftschutz) zugewiesen, der der Reichsgruppe Industrie unterstellt war; Reichsbahn und Post organisierten einen eigenen Luftschutz.

Gasmasken und Feuerpatschen

Kernstück des Luftschutzes war der sogenannte Selbstschutz, der unter Leitung des Luftschutzwartes Hausfeuerwehr, Laienhelfer und Melder einsetzte. In regelmäßigen „Vollübungen" wurde aufeinander abgestimmtes Handeln trainiert. Damit sollte erreicht werden, dass behördliche Kräfte nur bei übergeordnetem Notstand eingesetzt werden mussten. Zum Selbstschutz gehörte daher die Bereithaltung von Volksgasmasken in vier Größen, Luftschutzgepäck, Verdunklungsvorrichtungen, Hausapotheke (Verbandsmaterial, Vaseline, Schienen, Natron, Baldrian, Tücher), Löschgeräten (Feuerpatschen, Schaufeln, Äxte, Wassereimer) sowie eines Luftschutzraums (meist in den Kellern). Er musste über sanitäre Anlagen und einen Wasservorrat verfügen; seine Lage war an den Häuserwänden deutlich und genau zu bezeichnen.

Der alliierte Luftkrieg zeigte nach 1942 den begrenzten Wert selbst bester Luftschutzvorsorge im modernen Krieg, zahlreiche Luftschutzhelfer wurden Opfer ihres Dienstes, die Schutzräume nicht selten zu Fallen in den Feuerstürmen, die die deutschen Großstädte verheerten. Bei Voll- oder Nahtreffern wurden Ausgänge oft verschüttet, Brände blockierten Fluchtwege. Besseren Schutz boten die zu spät und in zu geringer Zahl errichteten öffentlichen Luftschutzbunker mit oft mächtigen Flakstellungen auf den Dächern. Sie waren zuweilen so stabil, dass sie bis heute nicht ohne Gefahr für die Umgebung beseitigt werden konnten.

Pfadfinder

Den alliierten Bomberverbänden flogen Führungsmaschinen voraus, die sogenannten Pfadfinder. Sie waren mit besonderen elektronischen Navigationshilfen ausgerüstet und mit speziell geschulten Elitebesatzungen bemannt. Sie flogen beim nächtlichen Luftkrieg voraus ins Zielgebiet, wo sie den Angriffsbereich mit Leuchtbomben und „Christbäumen" markierten. Leuchtzeichen, die wegen ihrer kegelförmigen Ausbreitung beim Abwurf so weihnachtlich benannt wurden. Die deutschen Navigationshilfen der Pfadfinder waren in der Luftschlacht um England noch relativ unausgereift. Auf alliierter Seite wurde am 15.8.1942 ein Pfadfinder-Korps der Royal Air Force (RAF) unter Oberst Bennett gegründet; auch die in England stationierte 8. US-Luftflotte nutzte radarbestückte Pfadfinder für ihre Tagesangriffe. Hochfliegende Pfadfinder vom Typ Mosquito flogen Scheinangriffe, um die deutsche Jagdwaffe vom Hauptziel abzulenken. Umgekehrt bemühte sich die Luftabwehr, die Bomberverbände durch Scheinmarkierungen, Tarnnetze und Scheinfeuer in die Irre zu führen.

Plakate wie dieses als Werbung für den Luftschutz wurden in der Realität schnell unglaubwürdig. Für demonstrativen Optimismus, wie ihn die dralle Helferin ausstrahlte, gab es immer weniger Anlass.

Falsch kalkulierter Kraftakt

Ardennenoffensive der Wehmacht (16.12.1944)

Wie schon am 10.5.1940 brach im Morgengrauen des 16.12.1944 aus den Wäldern der Ardennen eine deutsche Offensive los, die den nun amerikanischen Gegner völlig überrumpelte. Die US-Armeen waren nach der Invasion in hohem Tempo nach Frankreich hinein vorgestoßen und hatten nach dem Fall von Paris (25.8.1944) immer weniger Widerstand gefunden, vor allem weil die US-Luftwaffe den Himmel über den Kampfräumen nach Belieben beherrschte, so dass deutsche Truppenbewegungen und Nachschubtransporte fast nur noch nachts möglich waren. Die Offensivkraft der Wehrmacht schien endgültig gebrochen zu sein. Diese Gewissheit hatte zu Versäumnissen der amerikanischen Feindaufklärung geführt.

Führung durch den „Führer"

Bereitgestellt hatte die Wehrmacht für die Offensive mit der Codebezeichnung „Wacht am Rhein" im Norden die 6. SS-Panzerarmee (Dietrich), die den eigentlichen Stoß Richtung Antwerpen führen sollte, im Mittelabschnitt die 5. Panzerarmee (Manteuffel) zum Flankenschutz und die 7. Armee (Brandenberger) zur Abwehr von Angriffen aus Südwesten. Die Luftsicherung hatte das Luftkommando West (Schmid) übernommen, dem dafür 1500 Jäger, 260 Bomber und 40 Aufklärer zur Verfügung standen. Hitler selbst führte die Ardennenoffensive von seinem Hauptquartier „Adlerhorst" beim hessischen Ziegenberg aus, so dass Model als zuständiger Oberbefehlshaber der Heeresgruppe B kaum Spielraum hatte.

Trotz der Überraschung des Gegners und des schlechten Wetters, das die alliierten Flieger am Boden hielt, geriet der deutsche Angriff im Norden ins Stocken. Man hatte die nach Hitlers Ansicht „in der Defensive hilflosen" Amerikaner unterschätzt. Im Mittelabschnitt gelang immerhin die Einschließung von Bastogne, und die 2. Panzerdivision drang bis Dinant vor. Im Norden wäre der Kampfgruppe Peiper um ein Haar dann doch am 17.12. der Durchbruch gelungen, wenn sie nicht Treibstoffmangel kurz vor Erreichen eines amerikanischen Benzindepots zum Stehen gebracht hätte. Nach einer Woche klarte der Himmel auf, und die amerikanischen Gegenmaßnahmen begannen zu greifen. Am 26.12. war Bastogne wieder freigekämpft. Die Ardennenoffensive hatte auf deutscher Seite 17 200 Tote, 16 000 Gefangene und 34 000 Verwundete gefordert, die Amerikaner verloren 30 000 Tote und Vermisste, fast 50 000 GIs wurden verwundet.

Hitlers Motive für den von vornherein aussichtslosen Kraftakt sind militärisch im Versuch der Wiedergewinnung der Initiative zu sehen, politisch hoffte er, die in seinen Augen „widernatürliche" Koalition der kapitalistischen Westmächte mit der kommunistischen Sowjetunion aufbrechen und sich als Partner für einen Endkampf gegen den Bolschewismus empfehlen zu können. Beide Rechnungen gingen nicht auf, im Gegenteil: Die Allianz der Gegner wurde zementiert, die Entblößung der Ostfront und die hohen Verluste beschleunigten den Zusammenbruch des Reiches.

Malmedy

Am 17.12.1944 wurden nahe der damals deutschen, heute belgischen Kreisstadt Malmedy 71 amerikanische Kriegsgefangene vermutlich von Angehörigen der 1. SS-Panzerdivision „Leibstandarte-SS Adolf Hitler" erschossen. Deswegen wurden am 16.7.1946 von einem amerikanischen Militärgericht in Dachau 73 ehemalige Soldaten des Verbandes verurteilt, 43 zum Tod. Alle Strafen aus dem Malmedy-Prozess wurden später im Gnadenweg herabgesetzt. Mitte der 1950er Jahre waren alle Verurteilten wieder frei. Einer der Hauptangeklagten, der hochdekorierte SS-Standartenführer Joachim Peiper, ließ sich 1970 ausgerechnet in Frankreich nieder und wurde dort 1976 ermordet; der Fall blieb ungeklärt.

Nur vorübergehend lehrten die Grenadiere der Waffen-SS die GIs das Fürchten (Foto: Soldat in Kampfmontur mit Patronengurt). Nach zehn Tagen ging der letzten deutschen Offensive im Westen die Kraft aus.

Schlüsselfigur Tito

Untergang und Erneuerung Jugoslawiens (1941-1945)

Das seit 1929 sogenannte Königreich Jugoslawien, 1918 von den Siegermächten künstlich geschaffen aus Serbien, Montenegro und Teilen des geschlagenen Österreich-Ungarns, war im deutschen Balkanfeldzug 1941 untergegangen, existierte aber in der Londoner Exilregierung unter dem jungen König Peter II. völkerrechtlich weiter. De facto aber hatte sich Kroatien unter Diktator Pavelic, dem Führer der faschistischen Ustascha (siehe Kasten), vom Staatsverband gelöst, andere Teile waren von Deutschen und Italienern übernommen und wieder andere von Bulgarien geschluckt worden. Gleich nach der Besetzung durch die Achsenmächte hatte sich in den unwegsamen Gebirgsregionen eine rasch wachsende Widerstandsbewegung gebildet, die aber unter ethnischen Konflikten und politischen Rivalitäten ihrer Anführer litt. Zwei Hauptfiguren profilierten sich in besonderer Weise:

Serbisch-kroatische Rivalität

Da war der serbische bürgerliche Offizier Dragojub „Draza" Mihailovic, der eine Truppe sogenannter Cetnici (benannt nach den Kämpfern gegen die frühere osmanische Herrschaft) aufgebaut hatte. Und da war sein anfänglicher Mitstreiter Josip Broz, genannt Tito, der aber als Kroate und Kommunist andere Ziele verfolgte. Auseinandersetzungen ließen nicht lange auf sich warten, und schließlich kam es zur Abspaltung der Kommunisten. Der zunächst von London favorisierte Mihailovic ließ sich zu begrenzter Zusammenarbeit mit den Deutschen einspannen, wenn es gegen die kommunistischen Partisanen ging, und verlor daher zunächst Stalins, später (Anfang 1944) auch die Unterstützung der Angloamerikaner. Im Juni 1944 ließ ihn die Exilregierung fallen und forderte ihre Landsleute zum Anschluss an Tito auf.

Tito wurde zur Schlüsselperson der Entwicklung auf dem Balkan. Er konnte allmählich neben der sowjetischen auch britische und amerikanische Hilfe gewinnen. Seine Verbände wuchsen zu einer regulären Armee an, die den deutschen Truppen erhebliche Schwierigkeiten bereitete und bald das gesamte Landesinnere bis auf die Städte kontrollierte. Der blutige deutsche Terror im Land hatte ihr breiten Rückhalt in der Bevölkerung verschafft. Beim Rückzug der Wehrmacht vom Balkan brachte sie den deutschen Verbänden 1944/45 noch einmal hohe Verluste bei. Nach dem Krieg und mörderischer Abrechnung mit den Kollaborateuren sowie politischen Feinden wurde Tito am 29.11.1945 Ministerpräsident der Volksrepublik Jugoslawien und stabilisierte den Vielvölkerstaat dank seiner großen Autorität als Befreier von der faschistischen Fremdherrschaft. Für den König war kein Bedarf mehr.

Ustascha

Gegen den serbischen Zentralismus und die Königsdiktatur Alexanders I. im jungen Balkanstaat Jugoslawien bildete sich eine katholisch-kroatische Verschwörerbewegung um den Anwalt Ante Paveliç, der sie am 7.1.1929 als Partei der Ustascha (= Empörer) institutionalisierte. Sie versuchte mit terroristischen Mitteln wie der Ermordung des Königs 1934 eine kroatische Autonomie durchzusetzen, vertrat faschistisches Gedankengut und fand daher Unterstützung bei Italien. Nach dem deutschen Balkanfeldzug wurde die Ustascha Trägerin des völlig von Deutschland abhängigen „Unabhängigen Staates Kroatien", der in die Judenverfolgung wie in die Kriegsanstrengungen eingespannt wurde. Die Ustascha dehnte allerdings die NS-Ausrottungspolitik auf die orthodoxen Serben wie auf die Muslime aus und schuf damit ein Klima der Unversöhnlichkeit, das, verschärft durch die blutige Abrechnung mit Paveliçs Anhängern unter Tito, den Balkan bis heute nicht zur Ruhe kommen lässt.

Der Generalsekretär der Kommunistischen Partei Jugoslawiens und Oberbefehlshaber der Partisaneneinheiten, Josip Broz „Tito" (Mitte, mit hellem Mantel und schwarzer Uniform), inspiziert am 7. November 1942 die Erste Proletarische Brigade in Bosanski Petrovac in Bosnien.

Eingestürzt wie ein Kartenhaus

Zerfall der Ostfront in der Januar-Offensive der Roten Armee (1945)

Während der sowjetischen Sommeroffensive 1944 war die 1. Ukrainische Front (Konjew) schon am 29.7. bei Baranow nordöstlich von Krakau über die Weichsel vorgestoßen und hatte bis 4.8. auf einer Länge von 50 Kilometern einen 30 Kilometer tiefen Brückenkopf errichtet. Was sich darin und an den anschließenden Abschnitten der Front zum Jahreswechsel 1944/45 tat, machte der deutschen Seite zunehmende Sorgen. Bitten aber von Generalstabschef Guderian, die in Kurland eingeschlossenen, auf Kreta nutzlos ausharrenden und im Westen nichts mehr ausrichtenden Kräfte zur Verstärkung in den Osten zu werfen, stießen bei Hitler auf taube Ohren. So baute sich ein Kräfteverhältnis an der Weichsel auf, das die deutsche Aufklärung vorsichtig mit 9:1 bei den Divisionen, 20:1 bei der Artillerie, 11:1 bei der Infanterie und 7:1 bei den Panzern zugunsten der Roten Armee angab.

Ostpreußen abgeschnitten

Diese Übermacht schlug am 12.1.1945 um 1.30 Uhr nach einem gewaltigen Feuerschlag mit massiver Luftunterstützung aus dem Baranow-Brückenkopf los. Konjews Armeen fluteten fast ungebremst ins Hinterland, kopflos fliehende deutsche Einheiten der Heeresgruppe A (Harpe) noch überholend. Am nächsten Morgen traf ein ebenso vernichtender Stoß die deutsche Heeresgruppe Weichsel, geführt vom völlig überforderten SS-Chef Himmler, der den gepanzerten Verbänden der 1. (Schukow) und 2. Weißrussischen Front (Rokossowski) wenig entgegenzusetzen hatte. Während Konjew nach Oberschlesien zielte und Schukows Armeen zur Oder vorstießen und sie beiderseits Breslau am 27.1. erreichten, schnitt Rokossowski Ostpreußen vom Reichsgebiet ab.

Es war gekommen, wie es Guderian vorausgesagt hatte: „Die Ostfront ist wie ein Kartenhaus. Wird sie an einer einzigen Stelle durchstoßen, so fällt sie zusammen." Jetzt fielen in rascher Folge Städte wie Lodz und Krakau (19.1.) im Süden ebenso wie im Norden Gumbinnen und Tannenberg (20.1.) beim Angriff der 3. Weißrussischen Front (Tschernjachowski) und der 1. Baltischen Front (Bagramjan). Das Heldenmal für den Sieg der Deutschen 1914 bei Tannenberg hatte General Reinhardt sprengen und die dort beigesetzten Särge des einstigen Siegers Hindenburg und seiner Frau abtransportieren lassen. Der deutsche Osten war endgültig verloren, auch wenn sich Königsberg noch bis zum 7.4. und Breslau sogar noch bis zum 6.5.1945 hielten.

Flucht

Entsetzliche Gerüchte, verstärkt durch grausige Propaganda, eilten den russischen Truppen voraus. Die Menschen im deutschen Osten ergriff Panik beim Näherkommen der Roten Armee. Wer fliehen konnte, versuchte es, wurde aber nicht selten von den eigenen Behörden und Parteistellen daran gehindert, weil auch die Zivilbevölkerung zur Verteidigung, zum Schanzen und zum Versorgen der Truppe herangezogen werden sollte. Für andere, etwa in Ostpreußen, gab es nur noch den Weg über die gefrorene See und weiter per Schiff. Obwohl beides hochriskant war – sowjetische Artillerie und Tiefflieger zerschossen die Eisdecke, U-Boote machten die Ostsee unsicher – zogen Millionen die bekannten Gefahren den namenlosen Gräueln vor, die sie von einer plündernden, mordenden und vergewaltigenden Soldateska befürchteten. Unterschwellig spielte dabei sicherlich mit, dass die deutschen Untaten im Osten so unbekannt nicht geblieben waren, wie später immer behauptet. Vielleicht war die Wut der Rotarmisten, die sich durch ihr verwüstetes Land nach Deutschland hatten vorkämpfen müssen, so unberechtigt nicht und Rache daher eine durchaus verständliche Regung?

Am 6. April 1945 stieß die 3. Weißrussische Front zum Frischen Haff durch und am 7. April drangen sowjetische Truppen in das brennende Königsberg ein. Die Stadt kapitulierte schließlich am 9.4.1945. Sowjetische Panzer vor dem Königsberger Schloss, April 1945.

Massengrab für Millionen

Befreiung von Auschwitz durch die Rote Armee (27.1.1945)

Die Rote Armee nahm am 27.1.1945 einen Ort ein, der polnisch Oświęcim und deutsch Auschwitz hieß. Die Rotarmisten waren auf der zurückgelegten Strecke beim Vormarsch schon auf zahllose Stätten deutscher Gräuel gestoßen, doch das hier hatte eine andere Qualität, obwohl das wahre Ausmaß der hier verübten Verbrechen erst weit später sichtbar werden sollte. Beim Einmarsch trafen die Soldaten noch 7650 lebende Häftlinge des einstigen Lagers an und fanden 650 Leichen. Die restlichen zuletzt noch über 50 000 Insassen waren von den SS-Wachmannschaften auf Todesmärsche ins Reichsinnere gezwungen worden. Spuren von Krematorien, Baracken und Häusern aber bezeugten das, was die Überlebenden den fassungslosen Befreiern über die Geschehnisse in Auschwitz berichteten:

Es war das größte der nationalsozialistischen Konzentrations- und Vernichtungslager im besetzten Polen gewesen, dessen Stammlager (Auschwitz I) im Mai/Juli 1940 entstanden, 1941 um das Lager Monowitz (Auschwitz III oder auch „Lager Buna" genannt) und Ende 1941/Anfang 1942 um das eigentliche Vernichtungslager Birkenau (Auschwitz II) erweitert worden war. Der Riesenkomplex hatte eine Doppelfunktion: Er diente mit seinen 40 Außenstellen einerseits als Arbeitslager, zum anderen der Tötung von kranken Häftlingen, Zigeunern, Kriegsgefangenen, vor allem aber von Juden aus dem ganzen deutsch besetzten Europa. In Auschwitz, dessen Gaskammern (siehe Kasten) von Mitte 1941 bis Ende Oktober 1944 in Betrieb waren, sind über eine Millionen Menschen getötet worden, weitere 500 000 Häftlinge erlagen Folter, Menschenversuchen, Seuchen, Hunger und Misshandlungen.

Sklavenarbeit im „Lager Buna"

Obwohl vor allem die US-Luftwaffe die um Auschwitz konzentrierten Industriebetriebe mehrfach angriff und einige Fehlwürfe auch das Lager trafen, unterblieb trotz jüdischer Appelle die systematische Bombardierung der Zufahrtswege; US-Präsident Roosevelt sah in der Konzentration aller Kräfte auf den militärischen Sieg die beste Hilfe für alle Verfolgten. So mussten die Sklavenarbeiter im „Lager Buna" bis zuletzt nach der Himmlerschen Formel von der „Vernichtung durch Arbeit" schuften, und so konnte die SS in Birkenau den Völkermord lange fortsetzen, ehe seit Oktober 1944 die Spuren eiligst durch Sprengungen und Evakuierungen oberflächlich beseitigt wurden. Was die Russen vorfanden, war allerdings noch erschütternd genug und ließ Gedanken an Milde gegenüber den nun geschlagenen Deutschen abwegig erscheinen. Das Datum der Befreiung von Auschwitz (27.1.) ist seit 1996 in Deutschland offizieller Gedenktag für die Opfer des Nationalsozialismus.

Gaskammern

Tarnung war bis zuletzt oberstes Gebot bei den Massenmorden in den Vernichtungslagern. Die Räume oder Gebäude, in denen die Opfer durch Gas getötet wurden, waren daher wie Duschräume mit Rohrleitungen und Brausen ausgestattet und gekachelt. Solche Gaskammern wurden zuerst in kleinem Maßstab im Rahmen des Euthanasie-Programms (Tötung von Behinderten) verwendet, ehe sie in den Todesfabriken im Osten den Völkermord vollendeten. Die Gaskammern waren luftdicht verschließbar und wurden entweder mit Kohlenmonoxid aus Flaschen, das aus den Brausen strömte, oder mit Motorabgasen, die hineingeblasen wurden, oder, wie vor allem in Auschwitz, mit Zyklon B betrieben, das durch Schächte in kristalliner Form eingeworfen wurde und bei Luftberührung Blausäuregase freisetzte. Der Tötungsvorgang ließ sich bei den meisten Gaskammern durch Gucklöcher kontrollieren.

Erstmals ohne Angst am Lagerzaun. Staunende Kinder und Halbwüchsige des Lagers Auschwitz in Häftlingskleidung beim Beobachten des Einzugs der russischen Soldaten. Ihre deutschen Peiniger waren geflohen.

Keine Chance gegen die früheren Kameraden

Aufbau und Einsatz der Wlassow-Armee (1944/45)

Die Kampfkraft der Roten Armee litt zu Beginn des Russlandkrieges auch aus politischen Gründen. Viele Soldaten und vor allem Offiziere waren mit dem brutalen Stalin-Regime alles andere als einverstanden. Als Andrei Wlassow, Kommandierender General der sowjetischen 2. Stoßarmee, am 12.7.1942 in deutsche Gefangenschaft geraten war, fiel ihm ein Frontwechsel jedenfalls nicht schwer. Wie viele der bis dahin rund 80 000 zu den Deutschen übergelaufenen Rotarmisten war auch er bereit, mit dem bisherigen Feind gemeinsame Sache zu machen. Wlassow fand zunächst nur propagandistisch Verwendung (siehe Kasten). Erst Mitte 1944 konnte er mit dem Aufbau einer russischen Befreiungsarmee (Russkaja Oswobodennaja Armija, ROA) beginnen.

Gefangene und Hilfswillige

Fernziel war ein Großverband aus 10 Grenadierdivisionen und einem Panzerverband mit eigenen Luftstreitkräften, gebildet aus sowjetischen Kriegsgefangenen, „Ostarbeitern" und Hilfswilligen. Die Aufstellung der ersten Division, der 600. Infanteriedivision (russ.), begann am 10.11.1944, eine zweite, 650. Infanteriedivision (russ.) wurde seit 17.1.1945 aufgestellt; außerdem enstanden eine Reservebrigade und eine Panzerjagdbrigade. Die Luftstreitkräfte umfassten eine Jagd- (16 Messerschmitt Me 109 G), eine Nachtschlacht- (12 Junkers Ju 88), eine Bomber- (5 Heinkel He 111) und eine Verbindungsstaffel sowie eine Luftnachrichtenabteilung und ein Fallschirmjägerbataillon. Ausrichten konnten Wlassows Divisionen gegen die Übermacht der einstigen Kameraden nichts mehr. Mancher mochte sogar schon bald an erneuten Seitenwechsel denken, obschon auch reumütige Rückkehrer mit empfindlichen Strafen rechnen mussten.

„Skorpion Ost"

Aufgrund der Besatzungsgräuel und des sinkenden Kriegsglücks hatte es die deutsche Frontpropaganda im Osten schwer. Dennoch unternahm die SS-Standarte „Kurt Eggers" unter dem Stichwort „Skorpion Ost" im Bereich der Heeresgruppe Nordukraine gegen Verbände der Roten Armee eine Werbeoffensive. In enger Zusammenarbeit mit übergelaufenen Offizieren um Wlassow begannen die Vorbereitungen im Mai 1944; die SS-Standarte stellte dafür den Kommandeur, 33 Offiziere und über 500 Mann ab. Die Amtsgruppe Wehrmachtpropaganda unterstützte das Unternehmen mit 60 Offizieren und rund 800 Unteroffizieren und Mannschaften der Propagandakompanien. Neben mobilen Druckereien für die Flugblattherstellung verfügte die Truppe über einen eigenen Kurzwellensender und über die beiden stationären Sender „Presow" und „Banska Bijstrika". Trotz punktueller Erfolge (1698 sowjetische Überläufer im Oktober 1944) konnte „Skorpion Ost" vor dem Hintergrund der allgemeinen Kriegslage keinen nennenswerten psychologischen Erfolg beim Gegner erzielen.

Gewaltsame Auslieferung

Am 10.2.1945 übernahm Wlassow die beiden ersten Divisionen auf dem Truppenübungsplatz Münsingen, nachdem am Tag zuvor erstmals ROA-Truppen erfolgreich gegen einen sowjetischen Brückenkopf eingesetzt worden waren. Obwohl einige Einheiten der inoffiziell Wlassow-Armee genannten Truppen am 6.5.1945 am Aufstand in Prag gegen deutsche Sicherheitskräfte teilnahmen, teilten sie nach Kriegsende das Schicksal der Kameraden, die von den Amerikanern gewaltsam an die Sowjets ausgeliefert wurden: Die Offiziere wurden zumeist sofort erschossen, andere in der UdSSR abgeurteilt (Tod oder Zwangsarbeit), die meisten einfachen Soldaten ohne Urteil nach Sibirien verschleppt. Wlassow selbst wurde am 1.8.1946 in Moskau hingerichtet.

Der sowjetische General Andrei Wlassow (Mitte vorn mit Brille) im Kriegsjahr 1944 an der Ostfront.

Hohe sowjetische Forderungen

Konferenz der Großen Drei in Jalta (4.-11.2.1945)

Der Zusammenbruch Deutschlands war nur noch eine Frage der Zeit. Stalin lud daher seine englischen und amerikanischen Verbündeten zu einem Treffen der Großen Drei in den Badeort Jalta an der Südküste der Halbinsel Krim. Es ging um letzte Maßnahmen zum militärischen Sieg, vor allem aber um die Nachkriegsordnung Europas und der Welt. Der sowjetische Diktator hatte dabei einen Trumpf im Ärmel in Gestalt des noch nicht absehbaren Endes des Krieges im Pazifik. US-Präsident Roosevelt wollte dort sowjetische Hilfe, nicht ahnend, dass sie dank Atombombe gar nicht mehr nötig sein würde. Und auch Churchill musste diese Unterstützung willkommen sein wegen der englischen kolonialen Interessen in Fernost. Stalin konnte seine europäischen Forderungen entsprechend hochschrauben.

Frankreich als Siegermacht

Und so sah das Ergebnis der vom 4. bis 11. Februar andauernden Besprechungen denn auch aus: Stalin versprach den sowjetischen Kriegseintritt gegen Japan „innerhalb von zwei bis drei Monaten nach der Kapitulation Deutschlands". Was diesen Hauptfeind anging, so beschloss man nach harten, aber von westlicher Seite wegen des besagten Trumpfs nur halbherzig geführten Diskussionen „die vollständige Entwaffnung, Entmilitarisierung und Zerstückelung Deutschlands" in Besatzungszonen. Frankreich sollte eine eigene Zone bekommen, aber ausschließlich zu Lasten der Westmächte. Die Regierung de Gaulle sollte Sitz und Stimme im vorgesehenen Alliierten Kontrollrat bekommen, der die Geschicke des geschlagenen Landes bestimmen würde. Hinsichtlich der Kriegsentschädigungen sollte eine Reparationskommission die deutschen Leistungen festlegen (siehe Kasten). Immerhin konnte Stalins Forderung nach 20 Milliarden Dollar zur Diskussionsgrundlage für später zurückgestuft werden.

Demontage

Die Probleme mit den finanziellen Reparationen nach dem Ersten Weltkrieg führten bei sich abzeichnender deutscher Niederlage im Zweiten Weltkrieg zu alliierten Überlegungen, sich an Sachwerten schadlos zu halten. Im September 1944 verabredeten Churchill und Roosevelt einen abgemilderten Morgenthau-Plan, in Jalta schloss sich Stalin den Forderungen nach Demontage deutscher Industrie an und im Potsdamer Abkommen vom 2.8.1945 wurden die Details festgelegt, wonach sich die Sieger in ihrer jeweiligen Besatzungszone bedienen sollten. Wegen des unterschiedlichen Industrieniveaus wurden der Sowjetunion zusätzlich zehn Prozent der Demontagen im Westen zugesprochen. Der Abbau von Produktionsanlagen geriet aber wegen des sich verschärfenden Ost-West-Konflikts bald ins Stocken. Er lief 1948/49 aus, auch wenn die UdSSR noch lange Waren aus ostdeutscher Produktion entnahm.

Kosmetik für Daheim

Hinsichtlich der schon in Teheran Ende 1943 beschlossenen Verschiebung Polens nach Westen, war Stalin zu keinem Kompromiss bereit. Er hielt an den durch seinen Pakt mit Hitler 1939 gewonnenen Gebieten fest, woraus sich die Entschädigung Polens durch deutsche Ostgebiete bis zur Oder-Neiße-Linie fast logisch ergab. Dass Stalin eine Hineinnahme bürgerlicher Kräfte der polnischen Exilregierung in London in die künftige polnische Regierung zusagte, war reine Kosmetik. Das galt auch für „demokratische" Zusicherungen im Fall von Ländern wie Rumänien, Bulgarien, Jugoslawien und Ungarn, die von der Roten Armee befreit wurden. Und der Tarnaspekt war auch den westlichen Partnern klar, doch konnten sie mit der formalen Zusage Kritiker im eigenen Land ruhig stellen und ihre Standhaftigkeit dokumentieren.

Gruppenbild in Jalta (von links): Churchill, der von Krankheit gezeichnete Roosevelt und Stalin mit den Außenministern Eden, Stettinius und Molotow (mit Hut) hinter ihren jeweiligen Chefs.

Alle bisherigen Schrecken übertroffen

Feuersturm in Dresden (13./14.2.1945)

Wie das von der deutschen Luftwaffe 1941 verwüstete Coventry und später das erste Atombomben-Ziel Hiroshima wurde Dresden Symbol für das Inferno des Bombenkriegs. Die wegen ihrer Schönheit und reichen Kunstschätze „Elb-Florenz" genannte Stadt hatte 1945 etwa 630 000 Einwohner, hinzu kamen mindestens ebenso viele Flüchtlinge vorwiegend aus Schlesien, die in der unzerstörten sächsischen Metropole (im Volksmund daher „Reichsluftschutzkeller" genannt) Zuflucht gesucht hatten, sowie Kriegsgefangene in einigen Lagern am Stadtrand und Verwundete in den Lazaretten. Die Dresdener gaben sich daher der trügerischen Hoffnung hin, die Alliierten könnten sie wegen ihrer Kulturdenkmäler und auch wegen gefangener Landsleute verschonen.

Blindes Bombardement

Am 13./14.2.1945 griffen britische und amerikanische Bomberverbände mit insgesamt 1323 Maschinen an. In mehreren Wellen warfen sie 3749 Tonnen Bomben ab, die 13 Quadratkilometer Fläche, darunter die historische Altstadt mit architektonischen Kostbarkeiten wie Zwinger, Schloss und Hofkirche total zerstörten. Militärische Ziele von Bedeutung gab es in der Stadt nicht, sie war unverteidigt, alle Flakgeschütze waren an die Ostfront abgegeben worden. Die US-Luftwaffe erklärte, ihr Tagesangriff habe den Verschiebebahnhöfen gegolten, doch bei tief hängender Wolkendecke bombardierten ihre Viermotorigen im Grunde fast völlig blind und vollendeten das Zerstörungswerk der britischen Teppichwürfe.

Munition für Goebbels

Dresden brannte drei Tage lang, die Aufräumungsarbeiten und die Bergung der Leichen zogen sich wochenlang hin. Bis zum 6.5.1945 waren 39 773 Tote identifiziert; zahllose Leichen namenloser Opfer waren zuvor auf riesigen Rosten verbrannt oder in Massengräbern beigesetzt worden, amtliche Schätzungen sprachen von 135 000 Toten, inzwischen jedoch wurden die abschließenden Zahlen auf 40 000 bis 60 000 Opfer korrigiert. Die Schreckensnachrichten aus Dresden lösten nicht nur in Deutschland einen Schock aus. Korrespondenten aus neutralen Ländern berichteten erschüttert über das Inferno, das alle bisherigen Schrecken des Luftkriegs übertraf. Goebbels schlachtete die Tragödie der Stadt als Beweis für die blindwütige Rachsucht und den Vernichtungswillen der Alliierten für seine Durchhaltepropaganda aus.

„Schwalbe"

Die deutsche Jagdwaffe war gegen Bomberpulks wie die über Dresden so gut wie machtlos. Dabei hätte sie über einen Trumpf verfügen können, der den alliierten Besatzungen erhebliche Probleme hätte bereiten können: 1942 war die Messerschmitt Me 262 „Schwalbe" als erster Düsen- oder Turbinenjäger der Welt aufgestiegen und hatte Spitzengeschwindigkeiten von 800 Stundenkilometern und mehr erreicht. Er kam aber erst spät zum Einsatz, weil Hitler nach der ersten Vorführung am 26.11.1943 die Umrüstung zum „Blitzbomber" Me 262 A „Sturmvogel" befahl. Als genuiner Jäger flog die „Schwalbe" erst von Oktober 1944 an und verbreitete trotz einiger technischer Kinderkrankheiten Schrecken unter den Besatzungen der Viermotorigen. Einige, so wurde erzählt, stiegen bereits mit dem Fallschirm aus, wenn sich ein „Turbo" auch nur näherte. So nannten sie die 870 Stundenkilometer schnellen Vögel mit ihrer Bugbewaffnung von 4-mal 30-Millimeter-Kanonen. Eine noch gefährlichere raketenbestückte Version wurde bloß noch in geringer Stückzahl fertig. Wenig mehr als ein Viertel der insgesamt 1433 produzierten Me 262 kam noch zum Fronteinsatz.

„Schau heimwärts, Engel", mahnt das berühmte Bild von der vernichteten Dresdener Altstadt. Von Deutschland ging der Krieg aus, und dorthin kehrte er mit vervielfacher Zerstörungskraft zurück.

Sprungbrett ins Innere des Reiches

US-Zugriff auf die Brücke von Remagen (7.3.1945)

Eine Vorhut der 9. US-Panzerdivision (Leonard) unter dem deutschstämmigen Leutnant Karl Timmermann mit einer Gruppe von Schützenpanzern und einem Zug Pershing-Tanks erreichte gegen Mittag des 7.3.1945 den Apollinaris-Berg über Remagen am Rhein nördlich von Koblenz und entdeckte die 1918 erbaute unversehrte Ludendorff-Brücke, über die zahlreiche deutsche Soldaten und Zivilisten nach Osten flohen. Timmermann erhielt Befehl vom vorgesetzten General William Hoge, den Übergang vor der drohenden Sprengung zu nehmen. Das MG-Nest in einem der Brückentürme wurde durch Panzerbeschuss ausgeschaltet. Während sich deutsche Pioniere vergeblich um Zündung der Sprengkammern bemühten und nur den Mittelpfeiler leicht beschädigen konnten, stürmten die GIs, allen voran Unteroffizier Alex Drabik, über die Gleise zum rechten Rheinufer.

Nachschub für vier Divisionen

Der gegen die ursprünglichen Pläne unternommene Übergang wurde am Abend vom alliierten OB Eisenhower nachträglich genehmigt. Innerhalb von 24 Stunden bildeten 8000 Mann einen nicht mehr zu beseitigenden Brückenkopf am Ostufer des Rheins, und noch bis zum 17.3. rollte der Nachschub für schließlich vier komplette Divisionen über die Brücke von Remagen, ehe sie unter den Belastungen zusammenbrach, wobei 46 Amerikaner ums Leben kamen. Die vorangegangenen deutschen Versuche, sie durch Stuka-Angriffe, Kampfschwimmer oder Artilleriebeschuss zu zerstören waren an der amerikanischen Luftüberlegenheit gescheitert; selbst der Einsatz von elf Fernraketen V 2 aus dem Raum Arnheim blieb ohne Ergebnis. So wurde die Brücke zum Sprungbrett der zur alliierten 12. Heersgruppe (Bradley) gehörenden 1. US-Armee (Hodges) ins Innere des Reiches.

„Bodenplatte"

Dass die alliierte Luftüberlegenheit so erdrückend war, als der Kampf um die Brücke von Remagen tobte, lag auch am letzten Großangriff der deutschen Luftwaffe an Neujahr 1945. Hitler wollte auf Biegen und Brechen die Ardennenoffensive fortsetzen und verlangte einen großen Schlag gegen die amerikanischen Luftstreitkräfte in Frankreich und Belgien. Dafür zog Generalleutnant Schmid, Chef des Luftkommandos West, 1035 Maschinen aller Art zusammen, Stichwort: „Unternehmen Bodenplatte". Der Großangriff unter Befehl von Generalmajor Peltz unterlag strengster Geheimhaltung, was tragische Folgen haben sollte. Am Neujahrsmorgen 1945 starteten überwiegend unerfahrene Piloten Richtung Belgien und Nordfrankreich. Der Überraschungsschlag gelang; insgesamt 439 alliierte Maschinen wurden als zerstört gemeldet. Schwerer als die kurzfristigen Materialeinbußen auf angloamerikanischen Seite wogen die eigenen Verluste: 214 Jagdpiloten (63 in Gefangenschaft) kehrten nicht zurück; dabei waren die meisten Maschinen Opfer der eigenen Flak geworden, die über die Route der im Tiefflug zurückkehrenden Verbände nicht informiert war.

Nur einer kam davon

Die Panne mit der Brückensprengung hatte auf deutscher Seite ihren Grund insbesondere in unklarer Befehlsstruktur, unzulänglicher Aufklärung, pausenlosen alliierten Luftangriffen und Behinderungen durch Flüchtlinge. Hitler machte fünf im Brückenbereich eingesetzte Offiziere als „Verräter von Remagen" verantwortlich und ließ sie zum Tode verurteilen: Majore Scheller, Strobel und Kraft, Hauptmann Blatge und Oberleutnant Peters; nur Blatge entkam, weil er in US-Gefangenschaft geriet, ehe ihn die deutschen Schergen hatten fassen können.

Zehn Tage lang hielt die angeknackste Brücke von Remagen über den Rhein. Genug Zeit für die unter dichtem Luftschirm ans Ostufer vorpreschenden US-Truppen, einen Brückenkopf zu bilden. Der Einsturz der Konstruktion kostete Opfer, aber verschwindend wenige verglichen mit einem erkämpften Übergang.

„Schaffen einer Verkehrswüste"

Hitlers „Nero-Befehl" (19.3.1945)

Nach dem Zusammenbruch der Rheinfront ging es nur noch darum, wie lange es bis zum Zusammenbruch des Reiches selbst noch dauern würde. Aufhalten ließen sich die Alliierten weder im Osten noch im Westen. Hatten bisher Vorstellungen, man müsse die eigene Infrastruktur schonen für den Fall, dass Gebiete zurückerobert würden, Hitlers unbedingten Vernichtungswillen bremsen können, so zog er nun die Konsequenz aus der aussichtslosen Lage. Trotz beschwörender Vorstellung seines Rüstungsministers Speer am 18.3.1945 ordnete er am Tag darauf an, dass „alle militärischen, Verkehrs-, Nachrichten-, Industrie- und Versorgungsanlagen innerhalb des Reichsgebiets, die sich der Feind für die Fortsetzung seines Kampfes ... nutzbar machen kann", zu zerstören seien: „Ziel ist Schaffen einer Verkehrswüste im preisgegebenen Gebiet."

Speer gegenüber hatte Hitler das so begründet: „Wenn der Krieg verloren geht, wird auch das Volk verloren sein ... Es sei nicht notwendig, auf die Grundlagen, die das Volk zu seinem primitiven Weiterleben braucht, Rücksicht zu nehmen. Im Gegenteil sei es besser, selbst diese Dinge zu zerstören. Denn das Volk hätte sich als das schwächere erwiesen, und dem stärkeren Ostvolk gehöre dann ausschließlich die Zukunft. Was nach dem Kampf übrigbleibe, seien ohnehin nur die Minderwertigen, denn die Guten seien gefallen ..." Diese widersinnige Untergangsvision referierte der Minister in einem Brief an Hitler vom 29.3.1945 noch einmal, erreichte aber keine Rücknahme der als „Nero-Befehl" (nach dem römischen Kaiser, der seine Hauptstadt hatte in Brand stecken lassen) in die Geschichte eingegangen Weisung. Immerhin jedoch unterstellte Hitler ihm die Gauleiter bei der Durchführung des Befehls. Durch abmildernde Anordnungen konnte Speer so Schlimmstes verhindern.

Mörderisches Unwesen

Außerdem gewann er militärische Befehlshaber für seine Haltung. Zwar gerieten einige dadurch in Konflikte mit ihrem Eid auf den „Führer", doch siegte bei einer großen Zahl die Vernunft. Als Soldaten sahen sie keinen Sinn mehr in weiteren Opfern und Zerstörungen, die den gegnerischen Vormarsch nicht einmal hätten verlangsamen können, schon gar nicht den der mit rollenden Pipelines und Gerät in Hülle und Fülle angreifenden West-Alliierten. Dennoch mussten sie vorsichtig bleiben bei ihren Maßnahmen, da die einfachen Soldaten, die kein realistisches Bild der Lage hatten, vielfach immer noch auf das „Genie des Führers" setzten. Außerdem trieben fanatisierte SS-Leute gerade jetzt ihr mörderisches Unwesen und schlugen zu, wo immer sie „Verrat" oder „Feigheit" auch nur witterten.

> *Sonderkommando Elbe*
>
> *Verzweifelte Lagen bringen irrsinnige Ideen hervor: Die deutsche Luftwaffe stellte in letzter Minute im Raum Magdeburg einen Verband von sogenannten Rammjägern auf unter der Codebezeichnung „Sonderkommando Elbe". Die Piloten sollten alliierte Bomber nach dem Vorbild der japanischen Kamikaze-Flieger notfalls durch Selbstaufopferung bekämpfen. Obwohl von vielen Kommandeuren scharf abgelehnt, kam es am 7.4.1945 zum ersten „Elbe-Einsatz": Unter dem Begleitschutz von Düsenjägern des Jagdgeschwaders 7 stiegen 183 Maschinen des Sonderkommandos gegen einfliegende Bomber der 8. US-Luftflotte auf und vernichteten über dem Steinhuder Meer bei 133 eigenen Totalverlusten und 77 gefallenen Piloten 23 Viermotorige; die Düsenjäger meldeten 28 weitere Abschüsse. Nur 50 Rammjäger kehrten zurück. So schwer die Verluste der Amerikaner waren, so deutlich wurde auch, dass selbst mit einem Mehrfachen solcher Todesflieger keine Wende im Luftkrieg herbeizuführen war.*

Wenn Hitler zu so etwas wie Freundschaft fähig war, dann konnte Albert Speer als einer seiner wenigen Freunde gelten. Umgekehrt stand der junge Minister eher in des „Führers" Bann, der sich erst löste, als er auch für den Gebannten sichtlich in Wahn umschlug.

Vorgefertigte Todesurteile

Hinrichtung von Widerstandskämpfern in Flossenbürg (9.4.1945)

Nach dem Attentat vom 20. Juli 1944 hatte Hitlers Justiz blutige Rache genommen, einige Widerstandskämpfer aber zunächst übersehen, weil bereits inhaftiert und wohl nicht unmittelbar in die Umsturzpläne verwickelt. Bei den Durchsuchungen von überführten Mittätern aber fand sich immer weiteres Material, das auch in Gefängnissen und KZ einsitzende Oppositionelle betraf, für eine Aburteilung zunächst aber als nicht ausreichend angesehen wurde. Erst Anfang April 1945 legte das Reichssicherheitshauptamt (RSHA) Hitler eine Liste der Gefangenen vor und erbat Entscheidung, wie mit den Männern weiter zu verfahren war. In diesen Wochen kannte der Diktator nur noch ein Mittel: Vernichten, was und wen er noch vernichten konnte. RSHA-Chef Kaltenbrunner wurde mit der „Ausschaltung" der „Verräter" beauftragt.

Rechtsförmiges Unrecht

Wie im Reich Hitler so oft kleidete man auch dieses Unrecht in Rechtsform. Es wurde ein Standgericht ins Leben gerufen, bestehend aus dem Gestapo-Mann und Mitglied der „Sonderkommission 20. Juli" SS-Standartenführer Walter Huppenkothen als „Ankläger" und dem jungen Juristen und SS-Offizier Otto Thorbeck als „Richter", Verteidiger waren in dieser Farce nicht vorgesehen. Das Gericht trat zunächst im KZ Sachsenhausen auf, wo es den schwer kranken ehemaligen Abwehrmann Hans von Dohnányi zum Tod verurteilte. Dann reisten die Schnellrichter weiter ins KZ Flossenbürg bei Regensburg und führten unter Beihilfe des Lagerkommandanten Max Koegel am 8.4.1945 ebenfalls das von Anfang an feststehende Todesurteil herbei gegen sieben Gegner des NS-Regimes, darunter Dietrich Bonhoeffer, Theologe der Bekennenden Kirche und Schwager Dohnányis, Admiral Wilhelm Canaris, bis 1943 Chef der Abwehr und Vorgesetzter Dohnányis, sowie Generalmajor Hans Oster, der unter den Widerständlern in der Abwehr die treibende Kraft gewesen war.

Am frühen Morgen des 9.4.1945 traten im Gefängnishof des Lagers die Verurteilten an, Thorbeck verlas die Urteile mit den stereotypen Begründungen „Landes- und Hochverrat". Anschließend mussten sich die Todeskandidaten in einem Duschraum entkleiden; Bonhoeffer bekam noch Gelegenheit zu einem kurzen Gebet, dann bestieg er nackt das Blutgerüst und wurde erhängt. Ob alle so ruhig wie Bonhoeffer in den Tod gegangen sind so kurz vor der Befreiung des Lagers durch die Amerikaner, steht zu bezweifeln. Trost aber wird er seinen Mitverurteilten sicher haben spenden können. Sein letzter bekannter Satz aus einem Brief an einen englischen Freund: „Für mich ist dies das Ende, aber auch der Anfang."

Bürgerbräu-Attentäter

Am gleichen Tag wie die Männer in Flossenbürg starb weiter südlich im KZ Dachau der Schreiner Johann Georg Elser, der dort seit 1939 als „Sonderhäftling des Führers" eingesperrt war. Er hatte in vielen Nächten im Sommer 1939 einen Sprengsatz in eine Säule des Münchener Bürgerbräu-Kellers installiert. Er sollte am 9.11.1939 bei der traditionellen Rede Hitlers vor „Alten Kämpfern" detonieren. Der Diktator aber sprach in diesem Jahr nicht wie gewohnt mehrere Stunden, sondern nur 13 Minuten und entging so dem Anschlag. Elser wurde noch am selben Abend verhaftet. Mit Hintermännern, wie sie Gestapo und Hitler beim britischen Geheimdienst vermuteten, konnte er aber nicht dienen. Elsers einziges Motiv: Hitler bedeute Krieg und der müsse um jeden Preis verhindert werden. Das nahmen ihm die Fahnder nicht ab, und so wurde Elser ins KZ eingeliefert und für einen Schauprozess aufgespart. Im April 1945 war er illusorisch geworden. Das Regime schickte Mörder, die den mutigen Mann liquidierten.

Ein seltsamer „Heiliger" mit Brille: Seit 1998 schmückt die Statue von Pastor Dietrich Bonhoeffer im Talar mit Buch die Westminster Abtei in London. Er wurde im Beisein von Königin Elisabeth II. zusammen mit neun weiteren Märtyrern des 20. Jahrhunderts für seinen Widerstand gegen Hitler mit einer Skulptur geehrt.

Feuerspeiender „Fleischwolf“

US-Eroberung von Iwo Jima (Februar/März 1945)

Noch ahnte kaum jemand, dass die USA in wenigen Monaten über eine kriegsentscheidende Waffe verfügen würden, die Atombombe. Das US-Militär musste sich daher auf einen gefährlichen Endkampf im japanischen Mutterland gefasst machen. Dafür war die Eroberung von nicht allzu weit entfernten Basen für die Luftwaffe unumgänglich, weswegen Iwo Jima ins Visier der US-Strategen geriet. Das zur Festung ausgebaute, nur gut 20 Quadratkilometer große Felseneiland, galt als ein Teil des japanischen Mutterlands und sollte daher auch aus psychologischen Gründen genommen werden. Im Rahmen des Unternehmens „Detachment“ landete die US-Navy vom 19.2.1945 an das V. Amphibische Korps (Smith) mit 3 Divisionen Marineinfanterie im Südwesten von Iwo Jima, das zuvor 72 Tage lang bombardiert worden war. Nach weiteren Feuerschlägen durch Schiffsartillerie und Trägerflugzeuge kamen die ersten der 30 000 US-Marines zunächst ohne Probleme auf den Strand.

Erst nach 20 Minuten eröffneten die Japaner, 22 000 Mann unter Generalleutnant Kuribayashi, das Feuer aus gut gesicherten Geschützständen und MG-Nestern. Zwar konnte sich der Landekopf halten, doch dauerte es bis zum 23.2., ehe mit dem Suribachi-Massiv an der Südspitze der Insel die größte Gefahr im Rücken der Amerikaner ausgeschaltet war; das – nachgestellte – Foto von der Hissung des Sternenbanners auf dem Gipfel ging durch die Weltpresse. In den Kampf hatten am 22.2. auch Kamikaze-Flieger eingegriffen und mehrere amerikanische Schiffe versenkt und beschädigt. In systematischer Durchkämmung unter massiver Luftdeckung schoben sich die GIs nach Norden vor, eroberten die beiden Flugplätze, kamen aber nur meterweise gegen die ortskundigen Verteidiger voran.

Mit Bergepanzern und Buldozern

Am 9.3. waren die überlebenden Japaner im nordwestlichen Gebirge auf engstem Raum zusammengedrängt, ihre dortigen feuerspeienden Befestigungen wurden von den Marines „Fleischwolf“ getauft. Es kam zu selbstmörderischen Banzai-Angriffen (siehe Kasten) der Eingeschlossenen, vielfach wurden unterirdische Kampfstände mit Bergepanzern und Bulldozern niedergewalzt und die Verteidiger unter den Trümmern begraben. Am 16.3. endete der organisierte Widerstand, am 26.3. waren auch die letzten Bastionen in amerikanischer Hand. Nur 216 Japaner gingen in Gefangenschaft, alle anderen waren gefallen; amerikanische Verluste: 5931 Marines und 890 Matrosen gefallen, 17 272 verwundet. In zwei eindruckvoll-verstörenden Filmen hat US-Regisseur Clint Eastwood das Drama auf der Pazifik-Insel 2006/07 einmal aus amerikanischer („Flags of our Fathers“) und einmal aus japanischer Sicht („Letters from Iwo Jima“) dargestellt.

> *Banzai*
>
> *Wie viele japanische Piloten zum Selbstopfer bei Kamikaze-Angriffen bereit waren, so opferten auch japanische Infanteristen manchmal ihr Leben bewusst. In aussichtslosen Kampfsituationen stürmten sie mit dem Schrei „Banzai“ (Hochruf auf den Kaiser) ohne Rücksicht auf Verluste, angeführt meist von einem Offizier mit gezücktem Schwert, gegen die feindlichen Stellungen. Dahinter stand der Ehrenkodex der Samurai, für die Gefangennahme höchste Schmach bedeutete und die daher entweder durch Banzai oder durch Harakiri den Tod vorzogen. Selbst Ertrinkende lehnten oft Rettung durch den Feind ab und hinderten Kameraden mit der Waffe am Ergreifen von Rettungsleinen. Zu besonders opferreichen Banzai-Attacken kam es, als die Verteidiger der Inseln Saipan, Iwo Jima, Okinawa oder Attu keinen anderen Ausweg mehr sahen als den Sturm mitten ins feindliche Feuer.*

Symbole spielen in Kriegen eine wichtige Rolle, so auch 1945 im Pazifik: Am 23.2. gelang es GIs, ihre „Stars and Stripes" auf dem Suribachi-Massiv zu hissen und damit erstmals auf japanischem Territorium; ein Schock für das Kaiserreich.

Kein zweites Mirakel

Tod von US-Präsident Roosevelt (12.4.1945)

Anders als Hitler, der sich schon seit Januar 1945 in seinem Bunker unter der Reichskanzlei verkrochen hatte, zeigte sich sein Chefpropagandist Goebbels auch in zerbombten Städten und an der Front, und er zeigte dabei ungebrochene Siegeszuversicht. Das wirkte auf realistische Zeitgenossen aberwitzig, auf nicht wenige Wankelmütige aber aufbauend. Wenn ein so hohes Tier und ein so gut informierter Mann noch so voller Hoffnung war, dann hatte die Führung offenbar doch noch Trümpfe, die stechen würden. Einer davon war die Geschichte von Friedrich dem Großen, der sich 1761/62 einer solchen Übermacht gegenüber gesehen hatte, dass sein Untergang nur noch eine Frage der Zeit schien. Doch die arbeitete auf einmal für ihn: Die mächtige Zarin Elisabeth Petrowna starb, und ihr Sohn Peter III., ein glühender Bewunderer des Preußenkönigs, verließ das feindliche Bündnis. Friedrich und Preußen waren gerettet.

„Die Zarin ist tot"

Zu dieser Geschichte griff Goebbels immer wieder gern, auch gegenüber seinem „Führer". Am 12.4.1945, als er die 9. Armee am Mittelabschnitt der Oderfront besuchte, musste das Wunder wieder einmal herhalten. Doch da hatte Goebbels sich falsches Publikum ausgesucht: Die Offiziere wussten nur zu gut, dass sich am anderen Ufer des Flusses eine mindestens fünffache Übermacht sammelte, um mit einem alles zermalmendem Feuerschlag morgen oder in den nächsten Tagen anzugreifen. Da konnte auch die von Hitler gern beschworene Vorsehung nicht mehr helfen. Missmutig ließ sich der Minister nach Hause kutschieren, keine 60 Kilometer weit nach Berlin. Dort sichtete er die neuesten Nachrichten, griff elektrisiert zu Telefon und rief den Kommandierenden General der 9. Armee Busse an: „Die Zarin ist tot!" Dann ließ er sich mit Hitler verbinden.

Gestorben war wirklich eine, ja die entscheidende Figur dieses Krieges, nämlich US-Präsident Roosevelt. Doch während sich im „Führer"-Bunker Euphorie über diese scheinbar glückliche Wende breit machte, wurde in Washington Vizepräsident Harry S. Truman als neuer Führer der Supermacht vereidigt. Er war den Sowjets und Stalin gegenüber zwar erheblich skeptischer als sein Vorgänger, doch erst musste Hitler niedergerungen werden. Einen Konflikt zur Unzeit wollte er sich nicht leisten. Das „Mirakel des Hauses Brandenburg" von 1762 wiederholte sich nicht und konnte es nach Lage der Dinge auch nicht. Was die Alliierten bei Ihrem Vorrücken entdeckten, machte einen Abbruch des Krieges vor einem vollständigen Sieg, und schon gar ein Paktieren mit dem Despoten gegen den Bolschewismus gänzlich unvorstellbar.

Brettheim

Bei Herannahen amerikanischer Truppen wurden am 7.4.1945 aus einem Wehrertüchtigungslager Hitlerjungen zur Feindbeobachtung bei Brettheim, einem Dorf südwestlich von Rothenburg ob der Tauber, eingesetzt. Vier der Kinder, bewaffnet mit einem Gewehr, vier Panzerfäusten und mehreren Handgranaten, wurden von Einwohnern des Dorfes, die weiteren Widerstand für unnütz und gefährlich hielten, entwaffnet, geohrfeigt und weggejagt. Ein Standgericht verurteilte daraufhin einen der beteiligten Erwachsenen zum Tode, doch weigerten sich Ortsgruppenleiter wie Bürgermeister das Urteil zu unterschreiben. Sie wurden deswegen am 10.4.1945 von einem provisorischen weiteren Standgericht ebenfalls zum Tode verurteilt und zusammen mit dem vorherigen Opfer beim Friedhof mit Drahtseilen erhängt. Die Standgerichtsangehörigen wurden in einem Nachkriegsprozess zunächst mangels Beweises freigesprochen, der Vorsitzende jedoch später zu 42 Monaten Gefängnis verurteilt.

Er war wie sein Reich total am Ende, letzte Aufnahme Hitlers vor seinem Bunker in den Trümmern der Reichskanzlei. Und dennoch starben noch immer täglich Tausende an den Fronten oder durch fanatisierte selbsternannte Henker.

Mit 1,8 Millionen Granaten

Schlussoffensive der Roten Armee gegen Berlin (Ende April 1945)

Übrig vom einstigen Häusermeer Berlin war nach 363 alliierten Luftangriffen kaum noch etwas. Und dennoch: Gewonnen werden musste die Schlacht um die Stadt am Boden, und diese Aufgabe fiel der Roten Armee zu, die im Januar/Februar 1945 die Oder erreicht hatte und am 16.4. mit 2,5 Millionen Mann, 41 600 Geschützen, 6250 Panzern und 7500 Flugzeugen zur „Berliner Operation", der Schlussoffensive des Krieges im Osten, antrat. Die Verteidiger an der Oderfront hatten an Waffen und Gerät nur wenig, womit sie den sowjetischen Vormarsch hätten bremsen können. Es verteidigten am West-Ufer von Oder und Neiße auf der Frontlinie von Stettin bis nördlich Guben die Heeresgruppe Weichsel (Heinrici/ v. Tippelskirch) mit der 3. Panzerarmee und der 9. Armee sowie zwischen Guben und Görlitz die 4. Panzerarmee der Heeresgruppe Mitte (Schörner), insgesamt – nach sowjetischen Angaben – 1 Millionen Mann mit 10 400 Geschützen und Granatwerfern, 1500 Panzern und Sturmgeschützen sowie 3300 Flugzeugen.

Handschlag von Torgau

Dennoch verloren die Russen beim Durchbruch auf Berlin 33 000 (siehe Kasten), und im Kampf um die Stadt noch einmal 20 000 Soldaten. Den Rand von Berlin erreichten sie am 21.4. und kämpften sich dann straßenweise gegen die rund 100 000 Verteidiger ins Zentrum vor, wo Hitler im Führerbunker unter der Reichskanzlei die Abwehr leitete. Seine und die von der Propaganda verbreitete Hoffnung auf Entsatz durch die deutsche 12. Armee (Wenck) erwies sich als irreal, denn schon am 25.4. hatte die Rote Armee die Stadt eingeschlossen und bei Torgau erstmals Fühlung mit den entgegenkommenden Verbänden der 1. US-Armee (Hodges) gewonnen.

Wenn sich die Straßenkämpfe in Berlin weit über eine Woche hinzogen, dann wegen der Unbrauchbarkeit der Panzerwaffe im städtischen Gelände, wegen der Gegenwehr der fanatisierten Verteidiger, wegen der von langer Hand vorbereiteten Abwehrstellungen und wegen der über 400 Befestigungen mit ihren Flakständen, die in die Erdkämpfe eingriffen. Am 30.4. hissten dann aber Rotarmisten auf den zerschossenen und immer noch umkämpften Reichstagsgebäude die Rote Fahne, General Weidling, letzter Kampfkommandant von Berlin, ließ das Feuer einstellen und unterschrieb am 2.5. die Kapitulationsurkunde. Die Rote Armee hatte 1,8 Millionen Artilleriegranaten in Berlin verschossen und die ohnehin schwer getroffene Stadt durch weitere Luftangriffe verwüstet.

Seelower Höhen

Westlich von Küstrin in Ost-Brandenburg erhebt sich die Hügelkette der Seelower Höhen. Dort kam es während der „Berliner Operation" der Roten Armee im April 1945 zur einzigen schwereren Schlappe der Sowjets: Der OB der deutschen Heeresgruppe Weichsel, Generaloberst Heinrici, hatte den Beginn der Offensive der 1. Weißrussischen Front (Schukow), die mit 10 Armeen an der Oder hielt und mehrere Brückenköpfe gebildet hatte, richtig für den 16.4. angenommen, in der Nacht zuvor die 9. Armee (Busse) aus der Front zurückgezogen und sie auf den Höhen in Stellung gehen lassen. Der russische Feuerschlag aus 20 000 Geschützen am nächsten Morgen um 4 Uhr ging daher ins Leere, und die vorstürmenden Rotarmisten gerieten in mörderisches Feuer von den Höhen her. Erst als Munitionsmangel und sowjetische Luftstreitkräfte weiteren Widerstand unmöglich machten, musste Heinrici nach drei Tagen aufgeben. Seine Taktik hätte bei früherer Anwendung die Front im Osten wesentlich langsamer vorankommen lassen, war aber an Hitlers starren Halte-Befehlen gescheitert.

4 Meter 50 hoch ragt die Statue des Soldaten auf den Seelower Höhen in den Himmel über dem Oderbruch. Die vom sowjetischen Bildhauer Lew Kerbel geschaffene Figur krönt die Gedenkstätte für die Gefallenen beim Durchbruch der Roten Armee auf Berlin.

Ziellose Zickzackfluchten

Todesmärsche der KZ-Häftlinge (Frühjahr 1945)

Bei Herannahen der Fronten mussten auf Befehl Himmlers die KZ geräumt werden, damit den Siegern kein Häftling in die Hände fiele. Anfangs marschierten die Kolonnen ausgemergelter, geschundener Gestalten ins Reichsinnere. Als auch hier die Gegner herankamen, arteten die Todesmärsche zu wirren Zickzackfluchten aus, ohne Ziel und ohne Sinn. Trotzdem hielten sich die Wachmannschaften weiter an den Befehl, dass Kranke und zu schwache Häftlinge zu „erledigen" seien. Zwar führten viele Kolonnen Leiterwagen oder andere Fahrzeuge mit, doch da fast alle Häftlinge völlig erschöpft und unzureichend bekleidet waren und zudem in zugigen Scheunen oder gar unter freiem Himmel übernachten mussten, konnten die Wagen sehr schnell keine Gehunfähigen mehr aufnehmen.

Kein Brot für die Erschöpften

Die Opferzahlen der Erschießungskommandos stiegen daher mit der Dauer der Märsche dramatisch an. So erreichten von 3200 Häftlingen des Auschwitzer Nebenlagers Jaworzno Mitte Januar 1945 nur 1700 das erste Ziel Blechhammer, im KZ Groß Rosen kamen dann noch weniger an. Bewacher hinderten Zivilisten daran, hungernden Häftlingen vom Straßenrand aus Nahrungsmittel zuzustecken. Im Nebenlager Lieberose des KZ Sachsenhausen wurden im Februar 1945 kurz nach dem Abmarsch der Häftlinge ins Hauptlager 1200 Kranke und Schwache getötet, wer auf dem Marsch selbst „schlapp" machte, erlitt dasselbe Schicksal . Ein Teil der Häftlinge des Hauptlagers Sachsenhausen wurde im April 1945 von der Halbinsel Hela in Schleppkähnen über See evakuiert. Beim Beladen der Schiffe entstand ein Chaos, bei dem zahlreiche Häftlinge erschossen wurden. Viele Kranke wurden noch an Bord ausgesondert und ermordet.

Es kam auf allen Todesmärschen aus den KZ zu Massakern. Versuchten Kameraden die Kranken mitzuschleppen, entrissen ihnen die Wachen die Schutzsuchenden und brachten sie am Wegrand um; so geschehen auf dem Marsch aus dem Neuengammer Nebenlager Hannover-Mühlenberg im April 1945. Bei einem Todeszug des Nebenlagers Wöbbelin und anderer Nebenlager des Mittelbaus wurden ganze Häftlingsgruppen in eine Scheune bei Gardelegen gesperrt, die SS-Begleitmannschaften anschließend in Brand setzten; über tausend Häftlinge verbrannten oder wurden beim Versuch, den Flammen zu entkommen, erschossen. Die ohnedies horrenden Opferzahlen des NS-Terrors erreichten neue Rekordhöhen, da selbst lebend in den Ziellagern angekommene Häftlinge dort den vorangegangenen Strapazen erlagen. Noch nach der Befreiung etwa von Bergen-Belsen starben trotz sofort eingeleiteter britischer Hilfe 13 000 Menschen in den folgenden Wochen.

„Cap Arcona"

Mit 27 000 BRT war die „Cap Arcona" das viertgrößte Passagierschiff der deutschen Handelsmarine. Sie wurde 1945 zur Rettung deutscher Flüchtlinge aus Pommern und Ostpreußen eingesetzt und ging Ende April in der Lübecker Bucht vor Anker. Am 25./26.4. wurden etwa 5000 Häftlinge aus dem KZ Neuengamme bei Hamburg an Bord gebracht, dazu 1100 Mann Wachpersonal. In der Enge starben bei völlig unzureichender Versorgung zahlreiche Gefangene. Die meisten anderen fielen am 3.5. einem britischen Luftangriff auf – so die offizielle englische Darstellung – „feindliche Schiffsansammlungen" in der Ostsee zum Opfer. Die Wachmannschaften hatten sich zum Teil mit Booten in Sicherheit gebracht, während die vergeblich weiße Tücher hissenden Häftlinge im Bombenhagel starben oder in den eisigen Fluten ertranken. Nur 500 Menschen konnten von dem brennenden Schiff gerettet werden.

In den KZ starben gegen Ende die kranken und unterversorgten Häftlinge in solchen Mengen, dass sich den Siegern oft Bilder boten wie dieses am 15.4.1945 den Briten in Bergen-Belsen (Kreis Celle).

Nur unkenntliche Reste

Hitlers Selbstmord im „Führer"-Bunker (30.4.1945)

Die Hochstimmung im „Führer"-Bunker nach dem Tod von US-Präsident Roosevelt wich schnell der Ernüchterung, ja der Panik, als die Ostfront zusammenbrach und am 17.4. 325 000 Mann der Heeresgruppe B im Ruhrkessel vor den Amerikanern kapitulierten. Die Hiobsbotschaften rissen nicht mehr ab, und bald war kaum noch zu unterscheiden, ob Bombenangriffe der Westmächte oder Abschüsse der sowjetischen Artillerie Berlin erschütterten. Spätestens nach der Meldung vom 28.4., Mussolini sei von Partisanen erschossen und sein Leichnam zur Schau gestellt worden, machte sich selbst unter dem meterdicken Beton des Bunkers Weltuntergangsstimmung breit. Als die letzten Hoffnungen auf Entsatz geschwunden waren, kam es zu einer bizarren Inszenierung:

Hitler hatte Eva Braun, seine 33-jährige Geliebte, nicht dazu bewegen können, Berlin und ihn zu verlassen. Nun beschloss er, der sich als „Führer" stets geweigert hatte, feste menschliche Bindungen einzugehen, Eva zu heiraten. Und obwohl sein Wille, ja bereits sein bloßer Wunsch im zerfallenden Reich Gesetz war, bestand er auf einer ordnungsgemäßen Zeremonie. Er ließ einen Standesbeamten herbeischaffen und am frühen Morgen des 29.4. im eigens dafür hergerichteten Kartenzimmer die Trauung vornehmen, wobei die künftigen Eheleute versicherten, sie seien „rein arischer Abstammung und frei von Erbkrankheiten". Goebbels und Bormann fungierten als Trauzeugen. Danach gab es eine Feier im kleinen Kreis, während in den Straßen Berlins SS-Einheiten und Wehrmachttruppen der Roten Armee weiter erbitterten, aber völlig aussichtslosen Widerstand leisteten.

Politisches Testament

Neben einem kurzen persönlichen Testament, diktierte Hitler am 29.4. ein ausführliches politisches. Darin erging er sich in widersprüchlichen Selbstrechtfertigungen, behauptete, dass er den Krieg nie gewollt habe, dass er ihm vielmehr von jüdischen Drahtziehern aufgezwungen worden sei und dass er daher das Recht gehabt habe, sie als die „wahren Schuldigen" zur Rechenschaft zu ziehen. Dann forderte er seine Nachfolger zur unbeugsamen Weiterführung des Krieges auf. Das sollten nach seinem Willen Großadmiral Dönitz als Reichspräsident, Goebbels als Reichskanzler und Bormann als Parteiminister sein. Himmler und Göring hingegen stieß er testamentarisch wegen ihrer Kontakte zum Feind aus der Partei aus. Er schloss mit der Wahnidee seines Lebens: „Vor allem verpflichte ich die Führung der Nation und die Gefolgschaft zur peinlichen Einhaltung der Rassengesetze und zum unbarmherzigen Widerstand gegen den Weltvergifter aller Völker, das internationale Judentum."

Pulver- und Mandelgeruch

Nach Diktat eines persönlichen und eines politischen Testaments (siehe Kasten) ließ Hitler seine Schäferhündin Blondi vergiften und nahm am 30.4. am frühen Nachmittag Abschied von seinen Mitarbeitern. Dann zog er sich mit seiner Frau zurück. Gegen 15.30 ein Schuss. Kammerdiener Linge öffnete Hitlers Raum und fand ihn offenen Auges zusammengesackt auf seinem geblümten Sofa, ein Loch in der Schläfe, eine Pistole auf dem Boden. Es roch nach Pulver und Mandeln. Eva hatte sich mit einer Blausäure-Kapsel umgebracht, während Hitler sich zusätzlich erschossen hatte. Genau lassen sich die Geschehnisse nicht mehr rekonstruieren. Sicher ist, dass Hitlers Leute seine Anweisungen befolgten, seinen und Evas Leichnam zu verbrennen. Das dafür nötige Benzin war schon vorher angeliefert worden. Außer unkenntlichen Resten blieb vom Zertrümmerer Europas und der alten Weltordnung nichts übrig.

Nur einen Tag lang verheiratet: Hitler und seine spätere Frau Eva, geborene Braun (Foto: Ruhepause im Teehaus des Berghofs auf dem Obersalzberg). Seit 1932 waren beide informell, ja fast geheim miteinander verbunden.

Jede Stunde zählte

Regierung Dönitz bis zur Verhaftung (23.5.1945)

Natürlich vermochte der von Hitler testamentarisch zum Nachfolger als Reichspräsident ernannte Dönitz nichts Nennenswertes mehr zu bewegen. Der für die Nachfolge als Reichskanzler vorgesehene Goebbels hatte sich schon am Tag nach seinem „Führer" mit seiner Frau Magda umgebracht, nachdem diese sechs ihrer Kinder im Bunker vergiftet hatte. Die Westmächte lehnten einen Sonderwaffenstillstand ab, den Stalin als Verbrüderung hätte verstehen können. Immerhin ließ sich der britische OB Montgomery dazu herbei, am 4.5.1945 eine Waffenruhe für den Nordwestraum, also für Holland, das nördliche Deutschland und Dänemark, zu vereinbaren. Damit gewann Dönitz einige wenige Tage für die Rettung weiterer Soldaten und Zivilisten. Sein Plan: Mit möglichst vielen Kräften vor den Westalliierten kapitulieren und so wenige wie möglich in russische Hand fallen lassen. Dazu passte, dass schon am 2.5. die Heeresgruppe C (von Vietinghoff) in Italien die Waffen streckte; rund eine Million Mann ging in Gefangenschaft.

Argwöhnischer Stalin

In den fünf Tagen, die bis zur unvermeidlichen Gesamtkapitulation noch blieben, zog Dönitz alles, was schwimmen konnte, in der Ostsee zusammen und ließ aus den letzten im Osten an der Küste noch gehaltenen Plätzen Flüchtlinge und Landser nach Westen schaffen. Die in der Front gegen die Sowjets stehenden Wehrmachtverbände gingen auf seine Weisung unter hinhaltendem Widerstand zurück und gaben sich, wo irgend möglich, den Briten und Amerikanern gefangen. Lange ließ sich dieses Verfahren nicht durchhalten. Am 7.5. musste Dönitz aufgeben. Er setzte allerdings noch einmal auf Zeitgewinn, indem er seinen Emissär Generaloberst Jodl im Hauptquartier des westalliierten OB Eisenhower in Reims die Bedingungslose Kapitulation unterschreiben und die Zeremonie den Sowjets gegenüber durch OKW-Chef Keitel erst am 9.5. in Berlin-Karlshorst vor Marschall Schukow wiederholen ließ. Die knapp zwei Tage retteten noch so manchen Soldaten vor dem Abtransport nach Sibirien. Insgesamt waren 1,8 Millionen Mann der Ostfront (55 Prozent) dem Zugriff der Sowjets entzogen worden.

Bedingungslos hatte sich Deutschland ergeben, und doch blieb die Regierung Dönitz noch zwei volle Wochen formal im Amt mit Sitz in Mürwik bei Flensburg. Sie hatte kaum Handlungsspielraum, doch ihre bloße Existenz führte zu Reibereien zwischen Westmächten und UdSSR. Schließlich verhafteten die britischen Besatzer am 23.5.1945 dieses Relikt einer untergegangenen Zeit. Dönitz, Speer und anderen sollte der Prozess gemacht werden; Generaladmiral von Friedeburg nahm sich das Leben.

Kosaken

Der traditionsreiche Reiterstamm der Kosaken stand dem Staat Stalins ablehnend gegenüber. Die deutschen Truppen waren daher im Russlandfeldzug als Befreier begrüßt worden; viele Kosaken stellten sich als Hilfswillige und Soldaten zur Verfügung. Das aus Kosakenregimentern gebildete XIV. Kosaken-Kavallerie-Korps der SS unter Führung des deutschen Generals Pannwitz stand bei Kriegsende in Nordjugoslawien. Um die Truppe nicht den Sowjets in die Hände fallen zu lassen, ließ Pannwitz sie samt Tross mit vielen Frauen und Kindern nach Kärnten weitermarschieren. Aber die Briten, auf die er gehofft hatte, enttäuschten ihn: Am 28.5.1945 wurden die Kosaken der Roten Armee ausgeliefert, wobei es zu Massakern, Massenselbstmord und Übergriffen britischer Soldaten kam. Die Sowjets ließen fast alle Offiziere hinrichten, die Unteroffiziere und Mannschaften, sofern sie die „Repatriierung" überlebten, verschwanden in sibirischen Arbeits- und Straflagern.

Von britischen Bewachern in die Mitte genommen: Großadmiral Dönitz (vorn), dahinter Rüstungsminister Speer und Generaloberst Jodl bei der Verhaftung der Reichsregierung am 23.5.1945.

Mann gegen Mann

Die Eroberung von Okinawa (bis 24.6.1945)

Das letzte Ziel beim amerikanischen Inselspringen im mittleren Pazifik hieß Okinawa, die Hauptinsel der japanischen Riukiu-Gruppe mit 1220 Quadratkilometern und rund 450 000 Einwohnern (1941), nur knapp 600 Kilometer südlich der japanischen Hauptinsel Kiuschu gelegen. Der schon im Oktober 1944 beschlossene Angriff zur Gewinnung eines Stützpunkts für die US-Bomber begann am 23.3.1945 mit einem tagelangen Luft- und Artilleriebombardement. Am 1.4. landete die 10. US-Armee (Buckner). Die Landungsflotte unter Admiral Turner umfasste 1300 Schiffe, darunter 18 Geleitträger und 10 ältere Schlachtschiffe. Dazu kam die Task Force 58 (Mitscher) mit 18 schnellen Trägern und eine britische Trägergruppe (Rawlings). Okinawa wurde von rund 130 000 Mann unter Generalleutnant Ushijima verteidigt. Die Amerikaner konnten schon am ersten Tag 50 000 Mann landen, die etwa 100 Kilometer lange Insel am nächsten Tag in der Mitte durchtrennen und zwei der drei Flugfelder erobern.

Mit Flammenwerfern Bunker ausräuchern

Vor allem im Süden an der sogenannten Shuri-Linie stießen die US-Truppen auf erbitterte Gegenwehr. Ushijima hatte sich hier mit seinen Truppen in gut getarnten Bunkern und Höhlen eingegraben, die regelrecht ausgeräuchert werden mussten. Erst am 21.5., also nach fast zwei Monaten Kampf, durchbrachen die Amerikaner die Befestigungslinie, und erst am 24.6. waren die Kämpfe beendet; Ushijima und sein Stab hatten Harakiri verübt. Angriffe von Formosa und vom japanischen Mutterland her auf die US-Pazifikflotte vor Okinawa scheiterten. Ein Flottenverband, geführt vom Riesenschlachtschiff „Yamato", wurde schon beim Anmarsch am 7.4. von der amerikanischen Aufklärung erfasst, von 280 Trägerflugzeugen angegriffen und bis auf 4 Zerstörer vernichtet; die „Yamato" versank mit 2498 Mann.

Begrenzte Erfolge erzielten Kamikaze-Flieger: Bei einem Verlust von 930 Selbstmord-Maschinen und Begleitjägern versenkten sie 16 US-Schiffe, keines größer als ein Zerstörer, und beschädigten 185, darunter 7 Träger und 10 Schlachtschiffe. Verheerender war die moralische Wirkung auf die US-Soldaten, von denen viele zermürbt aus dem Kampf genommen werden mussten, darunter als besonders hart und unerschrocken bekannte Flottenbefehlshaber wie Mitscher, Spruance, Hill und Turner. US-Verluste: 12 520 Gefallene, darunter Buckner, und 36 631 Verwundete; japanische Opfer:122 400 Gefallene 7600 Gefangene, 26 000 Ziviltote.

Tokio

Die USA wollten Japan auch mit massiven Luftangriffen in die Knie zwingen. Dafür brauchte man Flugfelder, von denen die Bomber Richtung Japan aufsteigen konnten. Hauptziel sollte die 6,8-Millionen-Hauptstadt Tokio sein. Mit der Eroberung der Marianen im August 1944 gelangte die Stadt in den Aktionsbereich der B-29-Fernbomber: 24.11.1944 erster Angriff. General Le May stellte die Bomberoffensive dann auf nächtliche Flächenbombardements mit Phosphorbrandbomben um: Am 9./10.3.1945 forderte der erste Brandangriff auf Tokio durch 279 B-29 nach japanischen Angaben 83 783 Tote und mehr als 100 000 Verwundete; 25 Quadratkilometer Stadtgebiet mit einem Viertel aller Gebäude, die wegen ihrer Leichtbauweise aus Holz und Papier wie Zunder brannten, wurden eingeäschert. Die Offensive eskalierte bis Mai 1945; rund 1000 B-29 flogen in den Nächten zum 24. und zum 26.5. die letzten großen Brandangriffe und brachten die auf Tokio abgeladene Bombenlast auf 11 836 Tonnen, die 50 Prozent der bebauten Stadtfläche niederbrannten.

Die Kamikaze-Angriffe der japanischen Luftwaffe waren nur bedingt effektiv und vermochten die alliierte Streitmacht nicht mehr aufzuhalten. Der Flugzeugträger USS-Bunker Hill stand nach dem Angriff von zwei Kamikaze-Fliegern am 11. Mai 1945 bei Kiushu im Pazifik in Flammen (372 Tote, 264 Verwundete).

Weltfriedensorganisation

Gründung der Vereinten Nationen (26.6.1945)

In groben Zügen hatten Roosevelt und Churchill im August 1941 in der Atlantik-Charta die ihnen vorschwebende Friedensordnung nach dem Krieg skizziert. Am 1.1.1942 präzisierte der amerikanische Präsident das Programm in seiner „Erklärung der Vereinten Nationen", wie er die alliierte Kriegsallianz bezeichnete. Die vier Großmächte USA, UdSSR, Großbritannien und China bekundeten am 1.11.1943 in Moskau ihren Willen, das Vorhaben weiterzuentwickeln. Ihre Unterhändler kamen im Herbst 1944 in Dumbarton Oaks zusammen, um Vorschläge für die Satzung der Vereinten Nationen zu machen, die den gescheiterten Völkerbund von 1919 ablösen und ein System kollektiver Sicherheit errichten sollten. Am 25.4.1945 begann dann die entscheidende Konferenz in San Francisco, auf der die Vertreter der Kriegsgegner Deutschlands, Japans und ihrer Verbündeten (insgesamt 50 Staaten) am 26.6.1945 eine Charta der Vereinten Nationen annahmen.

Gerechtigkeit und Achtung

In der Präambel hieß es: „Wir, die Völker der Vereinten Nationen, sind fest entschlossen, künftige Geschlechter vor der Geißel des Krieges zu bewahren, die zweimal zu unseren Lebzeiten unsagbares Leid über die Menschen gebracht hat, unseren Glauben an die Grundrechte des Menschen, an Würde und Wert der menschlichen Persönlichkeit, an die Gleichberechtigung von Mann und Frau sowie von allen Nationen, ob groß oder klein, erneut zu bekräftigen, Bedingungen zu schaffen, unter denen Gerechtigkeit und Achtung vor den Verpflichtungen aus Verträgen und anderen Quellen des Völkerrechts gewahrt werden können, den sozialen Fortschritt und einen besseren Lebensstandard in größerer Freiheit zu fördern." Noch ehe die hehren Formulierungen am 24.10.1945 in Kraft gesetzt wurden, erwies sich ihre wiederum nur begrenzte Tauglichkeit in der politischen Realität.

Als mächtigstes Organ der neuen Weltfriedensorganisation war der Sicherheitsrat der Vereinten Nationen konzipiert worden, dem fünf ständige Mitglieder angehörten: USA, Großbritannien, UdSSR, Frankreich und China, sowie zunächst sechs, später zehn zweijährlich wechselnde. Die wachsende Kluft zwischen Ost und West sollte schnell zu einer Selbstblockade führen, weil jedes ständige Mitglied Beschlüsse durch sein Veto verhindern kann. Naturgemäß konnte immer dann keine Einigkeit erzielt werden, wenn von einer diskutierten Maßnahme die politischen oder ideologischen Interessen auch nur eines ständigen Mitglieds berührt waren.

Junideklaration

Nach der bedingungslosen Kapitulation existierte Deutschland zwar völkerrechtlich weiter, war aber handlungsunfähig. Die USA, Großbritannien, Frankreich und die UdSSR übernahmen daher an seiner Stelle mit vier am 5.6.1945 – daher die Bezeichnung „Junideklaration" – herausgegebenen Erklärungen die gesamte politische Verantwortung: 1. „Erklärung in Anbetracht der Niederlage Deutschlands" über die Ausübung aller Regierungsbefugnisse durch die Siegermächte; 2. Viermächtekontrolle über Gesamtdeutschland sowie selbständige Verwaltung der Besatzungszonen; 3. endgültige Abgrenzung dieser Zonen; 4. Erklärung der Diskussionsbereitschaft mit allen Staaten der Vereinten Nationen hinsichtlich der deutschen Frage. – Von Annexion Deutschlands war nirgends die Rede, im Gegenteil: Man hatte auch die Zerstückelungsvorstellungen von Jalta aufgegeben. Ein Alliierter Kontrollrat aus den Oberkommandierenden der Besatzungsstreitkräfte sollte von der in vier Sektoren geteilten einstigen Reichshauptstadt aus die „Deutschland als Ganzes betreffenden Angelegenheiten" regeln.

Blick in den Konferenzraum in der Oper von San Francisco während einer der Sitzungen der Gründungskonferenz der Vereinten Nationen (UNO) im April/Juni 1945.

Risse in der Kriegskoalition

Potsdamer Abkommen der Großen Drei (2.8.1945)

Es knirschte schon lange in der Anti-Hitler-Koalition. Begonnen hatte es mit den Querelen über die Errichtung einer zweiten Front im Westen, gefolgt von Verdächtigungen Stalins, der in der vorzeitigen Kapitulation der Deutschen in Italien einen Vertrauensbruch gesehen hatte. Und schließlich hatte die Langmut der Westmächte mit der Regierung Dönitz für Irritationen gesorgt. Auf der anderen Seite hatte London und Washington verärgert, dass Stalin überall dort, wo seinen Streitkräfte standen, vollendete Tatsachen geschaffen und die Weichen Richtung Bolschewisierung gestellt hatte. Auch bei der Westverschiebung Polens, der die Sowjets durch rigorose Vertreibung der Deutschen den Weg geebnet hatten. Rückgängig machen hätte das der Westen nur können um den Preis einer militärischen Konfrontation, die nach der langen Kooperation noch nicht vorstellbar schien. Und auch nicht wünschbar, angesichts des anhaltenden Krieges in Fernost und dem Aufbau der Vereinten Nationen. Als die Führer der drei Siegermächte, Frankreich musste noch abseits bleiben, am 17.7.1945 in Potsdam zu Beratung zusammentrafen, hatte Stalin wie schon in Jalta die besseren Karten, und sie wurden noch besser, als am 26.7. Churchill abgewählt wurde. Den britischen Part übernahm der unerfahrene Clement Attlee von der Labour-Partei. Von den einstigen Großen Drei war nur Stalin übrig, denn die USA wurden vom ebenfalls noch unerfahrenen Roosevelt-Nachfolger Truman vertreten. Das Potsdamer Abkommen vom 2.8. fiel entsprechend aus:

Wirtschaftliche Einheit

1. Entmilitarisierung Deutschlands; 2. Entnazifizierung, Aburteilung der Kriegsverbrecher; 3. Demokratisierung; 4. Dezentralisierung. – Wirtschaftliche Beschlüsse: 1. Verbot der Rüstungsproduktion; 2. Demontage von Produktionsanlagen; 3. Friedensindustrie-Förderung; 4. Alliierte Kontrolle der Wirtschaft; 5. Wiederaufbau; 6. Behandlung Deutschlands als wirtschaftliche Einheit; 7. Entschädigungszahlungen. – An Gebietsveränderungen wurde verfügt (formal vorbehaltlich friedensvertraglicher Regelung): 1. Übergabe von Nord-Ostpreußen an die UdSSR; 2. Unterstellung der anderen Gebiete östlich der Oder-Neiße-Linie unter polnische Verwaltung; 3. Ausweisung der deutschen Bevölkerung „in geordneter und humaner Weise" aus Osteuropa und den deutschen Ostgebieten. – Die damit vorgesehene Erhaltung der Einheit Restdeutschlands scheiterte an französischer Obstruktion und wurde auch durch den Eisernen Vorhang vor dem sowjetischen Machtbereich illusorisch.

Alliierter Kontrollrat

Die einzelnen Siegermächte verwalteten ihre Besatzungszonen selbstständig. Fragen, die Deutschlands als Ganzes betrafen, sollten laut Junideklaration ein Alliierter Kontrollrat regeln. Mitglieder waren die Oberbefehlshaber der Besatzungstruppen, der Vorsitz wechselte monatlich, Entscheidungen wurden im „Amtsblatt des Kontrollrats in Deutschland" veröffentlicht. Der Rat trat erstmals am 30.7.1945 im Gebäude des Berliner Kammergerichts im amerikanischen Sektor zusammen. Er sollte eine einheitliche Politik der Besatzungsmächte sicherstellen, die deutsche Zentralverwaltung überwachen und die Verwaltung von Berlin wahrnehmen. Die laufenden Geschäfte erledigte ein ständiger Koordinierungsausschuss. Vornehmlich ging es bei ihrer Arbeit um die Beseitigung von NS-Gesetzen sowie um die Umsetzung der Vereinbarungen des Potsdamer Abkommens. Wegen der Unvereinbarkeit der angloamerikanischen mit der sowjetischen oder mit der französischen Besatzungspolitik konnte in vielen Fragen die vorgeschriebene Einstimmigkeit nicht erzielt werden.

Der sowjetische Diktator Josef Stalin, der amerikanische Präsident Harry S. Truman und der britische Premierminister Clement Attlee (v. l. n. r.) während der Potsdamer Konferenz, bei der die politischen und wirtschaftlichen Grundsätze über die Behandlung des besiegten Deutschen Reiches festgelegt wurden, Juli/August 1945.

Die Vernichtung vor Augen

Kapitulation Japans (2.9.1945)

Japan hatte 1941 angesichts der sich verschärfenden Lage im Pazifik mit Moskau einen Nichtangriffsvertrag geschlossen, der Russland letztlich vor der Wehrmacht rettete und Japan bis in die letzte Kriegsphase den asiatischen Rücken wenigstens im Norden freihielt. Als die US-Streitkräfte bis Okinawa vorgedrungen waren (Juni 1945) und die Hauptstadt Tokio bereits weitgehend zerstört war, bemühte sich Japan daher um russische Vermittlung bei der Suche nach einem Weg aus dem Krieg in der Annahme, es könne nicht im russischen Interesse sein, dass die USA auch noch das japanische Mutterland besetzten. Doch Moskau war hier der unmittelbare Vorteil eines Kriegseintritts auf Seiten der USA näher als eine weitsichtige globale Strategie. Hinzu kam, dass US-Präsident Truman in Potsdam Stalin vom erfolgreichen Test einer Waffe berichtet hatte, wie sie furchtbarer nicht gedacht werden könne: Am 16.7.1945 war bei Los Alamos die erste Kernwaffenexplosion gelungen.

Kaiser auf seiten der Friedenswilligen

Stalin hatte das scheinbar achselzuckend zur Kenntnis, insgeheim aber zum Anlass genommen, die Vorbereitungen für den Kriegseintritt drastisch zu beschleunigen. Während er die japanische Anfrage verschleppte, so dass am 6.8.1945 Hiroshima erstes Opfer der neuen Atombombe (siehe Kasten) wurde, übermittelte er Tokio am 8.8. seine Kriegserklärung und ließ die Rote Armee in die Mandschurei einrücken. In Japan aber bekam nach der zweiten Atombombe auf Nagasaki am 9.8. die Friedensfraktion Oberwasser, angeführt von Kaiser (Tenno) Hirohito, der sein Volk retten wollte, und koste ihn das den Thron. Das aber war eine weitere Hürde bei den Unterhandlungen über ein Ende der Feindseligkeiten. Von Roosevelt hatte der neue US-Präsident die Forderung nach Bedingungsloser Kapitulation geerbt. Die japanischen Partner aber beharrten über alle politischen Grenzen hinweg auf der Bewahrung der Monarchie. Dafür wurde schließlich eine absurde Konstruktion gefunden: Der Kaiser dürfe bleiben, werde aber dem künftigen OB der US-Truppen in Japan unterstellt. Für viele Japaner eine kaum hinzunehmende Demütigung und letztlich doch der einzige Weg, der völligen Vernichtung zu entgehen. Deswegen appellierte Hirohito an sein Volk, sich nicht seinetwegen zu opfern, und schickte hochrangige Emissäre aus dem Kaiserhaus in die vielen noch immer japanisch besetzten Gebiete, damit sie die Gemüter beruhigten, denn es gärte gefährlich in den Streitkräften. Trotz einiger Rebellionen konnte dann am 2.9.1945 auch der Krieg in Fernost beendet werden durch Kapitulation einer japanischen Delegation auf dem US-Schlachtschiff „Missouri" vor General MacArthur in der Bucht von Tokio.

> *Atombombe*
>
> *Im August 1939 hatte der amerikanische Präsident Roosevelt einen Brief erhalten, Absender: Albert Einstein. Der aus Deutschland emigrierte Wissenschaftler warnte vor einer neuen Waffe, über die die Deutschen möglicherweise bald verfügen könnten, denn dort habe der Chemiker Otto Hahn die Spaltung von Urankernen entdeckt. Damit ließen sich ungeheure Energien gewinnen, die in Form einer Atombombe ganze Landstriche auszulöschen in der Lage wären. Roosevelt handelte umgehend und rief das Manhattan Project ins Leben; mit schließlich 300 000 Mitarbeitern gelang bis zum Sommer 1945 die Entwicklung der Bombe. Der ungeheure Aufwand wurde wegen eines vermeintlichen Wettlaufs mit Deutschland betrieben, das über Ansätze einer Kernwaffenforschung jedoch nicht hinaus kam. Eigentlich also gegen Deutschland gebaut, kam die Bombe in Japan zum Einsatz. Am 6. und 9.8.1945 verglühten die Städte Hiroshima und Nagasaki im Atomblitz, Hunderttausende starben.*

Die vier Tonnen schwere Bombe „Little Boy", die etwa 580 Meter hoch über dem Stadtzentrum von Hiroshima zur Detonation gebracht wurde, zerstörte den Großteil der Stadt und tötete schätzungsweise 140 000 Menschen. Die Ruine der ehemaligen japanischen Industrie- und Handelskammer am Motoyasu-Fluss im Vordergrund ist heute Mahnmal.

Katastrophales Schicksal

Gefangenschaft

Fast 20 Millionen Soldaten gerieten 1939-1945 in Europa in Kriegsgefangenschaft. Ihr Schicksal war trotz der Regelungen in den Genfer Abkommen je nach Zeitpunkt der Gefangennahme und je nach Gewahrsamsmacht unterschiedlich. Die Behandlung der in deutschem Gewahrsam befindlichen westalliierten Kriegsgefangenen entsprach im Wesentlichen den internationalen Vereinbarungen, von Ausnahmen abgesehen (etwa die gemäß „Kugelerlass" angeordnete Erschießung wiederergriffener flüchtiger Kriegsgefangener).

Gegen alle Grundsätze des Völkerrechts jedoch verstieß die Behandlung der sowjetischen Kriegsgefangenen. Ursache war unter anderem die Einstufung des Kampfes durch Hitler als „Krieg zweier Weltanschauungen". Zu Hunderttausenden mussten entkräftete, verwundete und kranke Rotarmisten nach den Kesselschlachten unversorgt auf freiem Feld kampieren, was zu Massensterben führte. Es setzte sich auf den endlosen Transporten in die Sammellager fort und endete auch dort nicht, da die Versorgung mangelhaft blieb. Erst als sich im Reich Arbeitskräftemangel bemerkbar machte, änderte sich die Lage wenigstens für die noch arbeitsfähigen Gefangenen. Insgesamt kam von 5,4 Millionen gefangenen Sowjetsoldaten fast die Hälfte ums Leben.

Chaos nach der Kapitulation

Die Behandlung deutscher Gefangener im Gewahrsam der Westalliierten war größtenteils korrekt. Allerdings nahmen Übergriffe in der Endphase des Krieges zu, meist als Reaktion auf das Bekannt werden von nationalsozialistischen Verbrechen. Auch das Chaos direkt nach der Kapitulation, als Amerikaner und Briten 4 Millionen Kriegsgefangene einbrachten, führte zu Problemen bei Versorgung und Unterbringung (siehe Kasten). Mit der Entlassung der Gefangenen begannen die Westalliierten schon kurze Zeit nach der Kapitulation, bis Ende 1948 waren bis auf verurteilte Kriegsverbrecher alle Kriegsgefangenen auf freiem Fuß.

Wie das Schicksal der Rotarmisten in deutscher Gefangenschaft, war das der deutschen Soldaten in sowjetischer Hand katastrophal. In einem Land, dessen Bevölkerung selbst am Rand des Hungertodes lebte, konnten die Gefangenen nie ausreichend versorgt werden. Die UdSSR gab zunächst nur arbeitsunfähige Gefangene frei. Die übrigen mussten teilsbis 1955 warten, wobei unterschiedslos Kriegsverbrecher und technische Experten, die man noch brauchte, zu langjährigen Lagerstrafen verurteilt wurden. Von den 3,35 Millionen in Gefangenschaft geratenen deutschen Soldaten kehrten 1,1 Millionen nicht aus Russland zurück.

Rheinwiesenlager

1945 fielen den US-Truppen Massen von Kriegsgefangenen in die Hand. In aller Eile wurden Gefangenenlager zwischen Remagen und Diez mit einer Aufnahmekapazität von 1,3 Millionen Mann errichtet, die man „Rheinwiesenlager" nannte. Unterkünfte fehlten; den Landsern wurde ein Stück freies Gelände zugewiesen, das mit Stacheldraht umzäunt war oder wurde. Die Gefangenen gruben sich Erdlöcher, die bei anhaltendem Regen oft einstürzten. Verpflegung gab es in den ersten Tagen nicht. Erst nach einiger Zeit wurden karge Brotrationen verteilt. Durch Korruption der deutschen Lagerverwaltung und des US-Aufsichtspersonals verschwanden zuweilen ganze Wagenladungen mit Lebensmitteln. Die Amerikaner versuchten ohne Erfolg, das Ernährungsproblem durch Entlassung von Kranken, Verwundeten und Jugendlichen zu lösen. Erst nach Wochen besserten sich die Lebensverhältnisse. Nach Aufzeichnungen der Besatzungsmacht und Mitteilungen der deutschen Gemeindeverwaltungen betrug die Zahl der Todesopfer in den Rheinwiesenlagern bis Juli 1945 etwa 5300 Mann.

Dem Totalen Krieg folgte der totale Zusammenbruch mit Millionen Heimatvertriebenen, Flüchtlingen und einem Heer von Kriegsgefangenen die es nicht nur galt unterzubringen, sondern auch mit dem Lebensnotwendigen zu versorgen. Deutsche Kriegsgefangene in einem Gefangenenlager bei Sinzig (Rheinland Pfalz), 1945.

Den Boden zu Menschheitsverbrechen bereitet

Die Nürnberger Kriegsverbrecherprozesse (1945/49)

Die Nürnberger Prozesse, benannt nach dem Sitz des von den vier Alliierten paritätisch besetzten Internationalen Militärgerichtshofs, gelten vielen bis heute als „Siegerjustiz" und damit als rechtsförmiges Unrecht. Argumentiert wird dabei meistens mit dem Prozess gegen die Hauptkriegsverbrecher 1945/46, dem in Nürnberg noch zwölf weitere Verfahren gegen Repräsentanten der deutschen Wirtschaft, gegen Ärzte, Diplomaten, Juristen, Generäle und andere Tätergruppen folgten. Das zentrale Verfahren wurde gegen Göring und 23 weitere politische und militärische Führer sowie sechs Organisationen geführt; Anklagepunkte: Verbrechen gegen den Frieden (Planung und Führung eines Angriffskriegs), Kriegsverbrechen, Verbrechen gegen die Menschlichkeit, Mitgliedschaft in verbrecherischen Organisationen.

Am 6.10.1945 wurde Anklage erhoben, am 20.11.1945 begann der Prozess und am 1.10.1946 ergingen die Urteile: Zwölfmal Todesstrafe, dreimal lebenslänglich und vier zeitige Haftstrafen, drei Freisprüche. Außer Göring (Giftselbstmord) und Bormann (verschollen) wurden alle zum Tod verurteilten Täter am 16.10.1946 hingerichtet. In den übrigen Nürnberger Prozessen wurde gegen 185 Personen Anklage erhoben und gegen 177 seit 9.12.1946 verhandelt, letztes Urteil am 11.4.1949: Insgesamt wurden 24 Todesurteile, 20 lebenslängliche und 98 zeitige Haftstrafen verhängt; es ergingen 35 Freisprüche. Zahlreiche Strafen wurden durch Gnadenerlass am 31.1.1951 herabgesetzt, bis 1958 waren bis auf sieben alle Inhaftierten amnestiert.

Belastete deutsche Juristen

Im Wesentlichen stützt sich die Kritik an den Verfahren auf zwei Punkte: 1. Nichtzulassung deutscher Juristen zum Richterkollegium. 2. Einführung rückwirkender Straftatbestände. Wer außer den Siegern aber hätte zu Gericht sitzen sollen? Und: Kann irgendjemand daraus einen Nachteil für die Angeklagten konstruieren, die allesamt von jeder Justiz der Welt für ihre Verbrechen verurteilt worden, ja von denen viele in vielen Ländern erheblich schlechter weggekommen wären? Unbelastete deutsche Richter gab es nicht. Die Juristen, die zur Verfügung standen, hatten im Hitlerstaat zur Genüge bewiesen, dass sie zu jeder Rechtsbeugung fähig waren.

Und der zweite Punkt? Im nationalen Recht gab es natürlich zu keiner Zeit einen Straftatbestand „Verbrechen gegen den Frieden", völkerrechtlich sieht die Sache allerdings anders aus. Und darum ging es den Siegern, da der Krieg ja gerade das Klima und den Boden für die Menschheitsverbrechen und den Völkermord geschaffen hatte. Es gab internationale Verträge, nach denen die Entfesselung des Krieges 1939 genau das war, was der Anklagepunkt formulierte, ein Verbrechen gegen den Frieden (siehe Kasten).

> ### *Kellogg-Pakt*
>
> *Die USA (Außenminister Kellogg) und Frankreich (Außenminister Briand) handelten 1928 ein Abkommen aus, dem am 27.8.1928 in Paris 15 weiteren Staaten (darunter Deutschland) beitraten und das Krieg als Mittel der Lösung internationaler Konflikte verurteilte. Bis 1939 ratifizierten dieses Kellogg-Pakt genannte Abkommen 63 Staaten, also fast alle damals existenten. Es konnte auch insofern für den Nürnberger Prozess als Grundlage eines Anklagepunkts gelten, als selbst Hitler am 26.1.1934 im Nichtangriffspakt mit Polen auch den Satz unterschrieben hatte: „Beide Regierungen ... sind ... entschlossen, ihre gegenseitigen Beziehungen auf die im Pakt von Paris vom 27. August 1928 enthaltenen Grundsätze zu stützen ..." Dass die Angeklagten nun daran gemessen wurden, war nur folgerichtig.*

Blick auf die Anklagebank des Nürnberger Kriegsverbrecher Prozesses (v. l. n.r.). 1. Reihe: Göring, Hess, Ribbentrop, Keitel; 2. Reihe: Dönitz, Raeder, von Schirach, Sauckel und Jodl.

Der deutsche Angriffskrieg 1939 - 1942
Gegner des Deutsche Reiches
Verbündete der Gegner des Deutschen Reiches
Deutsches Reich
Verbündete des Deutschen Reiches
neutrale Staaten
Frontverlauf Winter 1941/42
Narvik
1940
Norwegen
Schweden
Finnland
Oslo
Leningrad
Sowjetunion
Groß britannien
Moskau
Danzig
London
Holland
1939
Berlin
Warschau
1941
1940
Belgien
Deutsches Reich
Polen
1940
Paris
1939
1941
Wien
Slowakei
Frankreich
Ungarn
1941
Italien
Rumänien
Yugoslawien
Bulgarien
Rom
Türke

Der Kriegsverlauf Anfang 1943 bis 1944
Gegner des Deutschen Reiches
zum Gegner übergetretene ehemalige Verbündete
zum Gegner übergetretene neutrale Staaten
Deutschen Reiches
neutrale Staaten
deutscher Machtbereich November 1942
Narvik
Norwegen
Schweden
Finnland
Sowjetunion
Leningrad
Groß britannien
London
Holland
Belgien
Paris
Frankreich
Berlin
Warschau
Deutsches Reich
Wien
Stalingrad
Front April 43
Ungarn
Rumänien
Kroatien
Serbien
Bulgarien
Italien
Rom
Griechen land
Türkei
1942
1943
1944

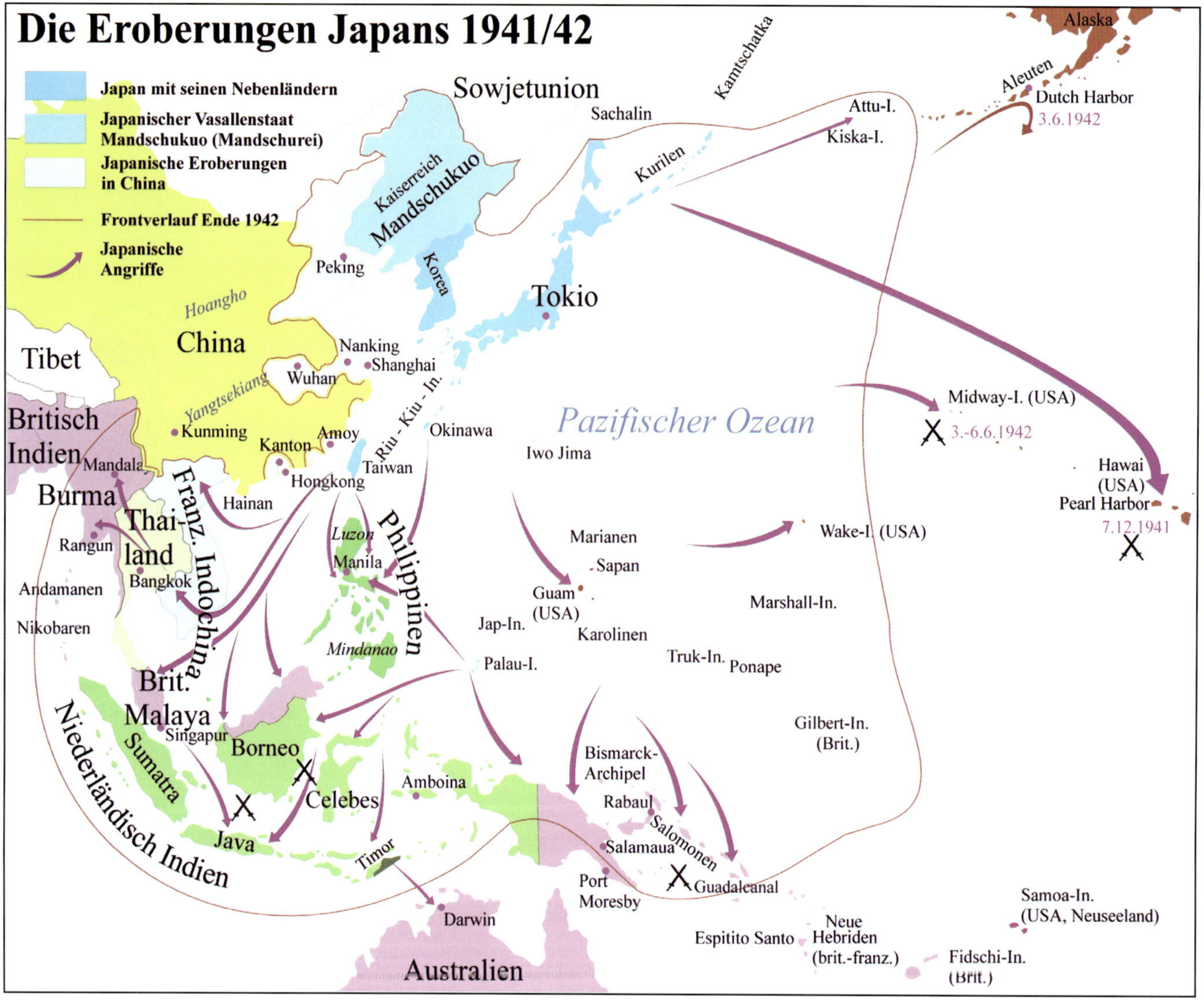
Die Eroberungen Japans 1941/42
Japan mit seinen Nebenländern
Japanischer Vasallenstaat Mandschukuo (Mandschurei)
Japanische Eroberungen in China
Frontverlauf Ende 1942
Japanische Angriffe
Sowjetunion
Sachalin
Kamtschatka
Alaska
Aleuten
Dutch Harbor
3.6.1942
Attu-I.
Kiska-I.
Kurilen
Kaiserreich Mandschukuo
Korea
Peking
Tokio
Hoangho
China
Tibet
Nanking
Shanghai
Wuhan
Yangtsekiang
Britisch Indien
Kunming
Kanton
Amoy
Riu - Kiu - In.
Okinawa
Pazifischer Ozean
Midway-I. (USA)
3.-6.6.1942
Iwo Jima
Hawai (USA)
Pearl Harbor
7.12.1941
Mandalay
Burma
Franz. Indochina
Hainan
Hongkong
Taiwan
Thai-land
Rangun
Bangkok
Andamanen
Nikobaren
Luzon
Manila
Philippinen
Marianen
Sapan
Wake-I. (USA)
Guam (USA)
Jap-In.
Karolinen
Marshall-In.
Mindanao
Palau-I.
Truk-In.
Ponape
Brit. Malaya
Singapur
Sumatra
Borneo
Celebes
Gilbert-In. (Brit.)
Bismarck-Archipel
Rabaul
Amboina
Salomonen
Salamaua
Niederländisch Indien
Java
Timor
Port Moresby
Guadalcanal
Darwin
Australien
Espitito Santo
Neue Hebriden (brit.-franz.)
Samoa-In. (USA, Neuseeland)
Fidschi-In. (Brit.)

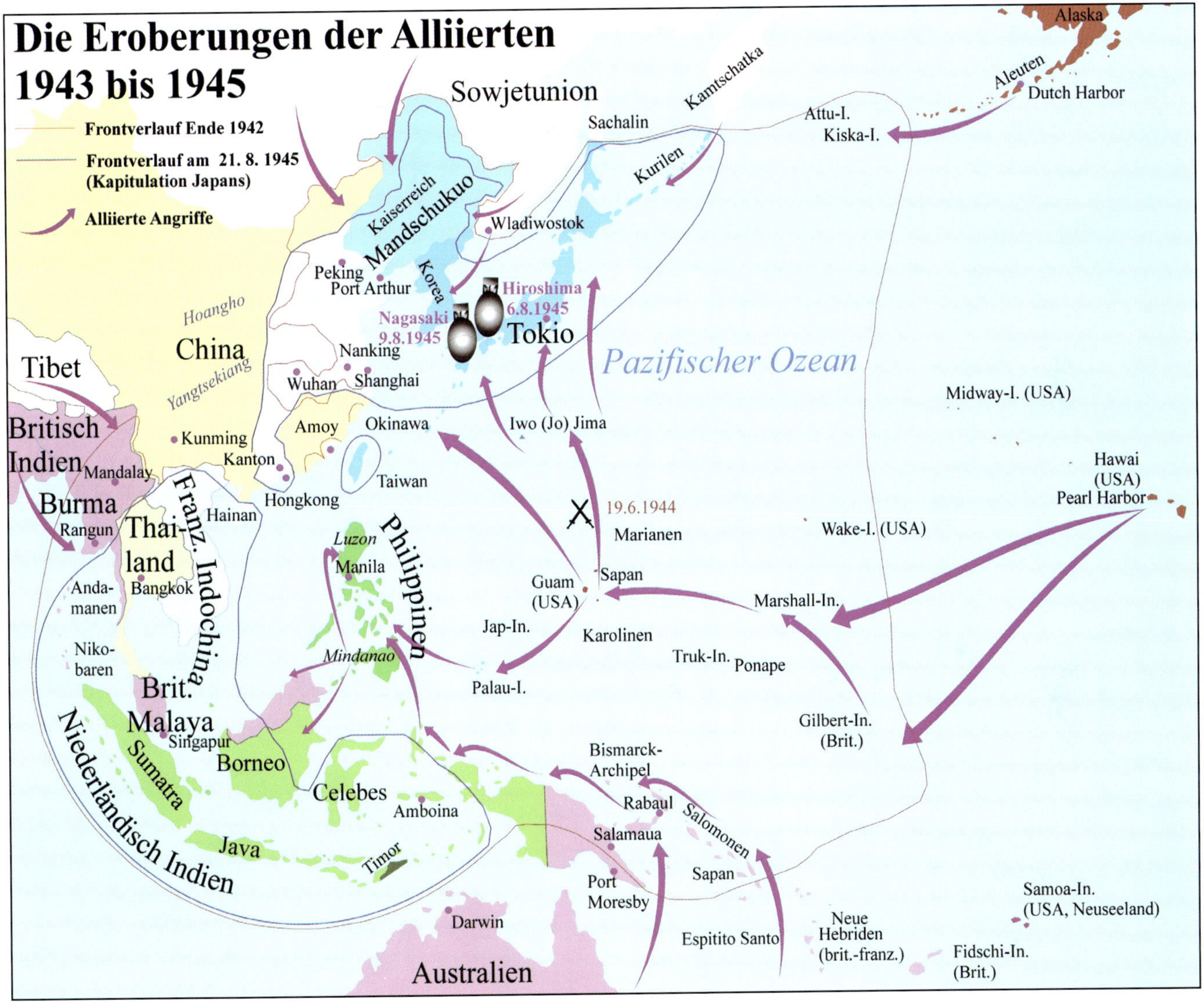
Die Eroberungen der Alliierten
1943 bis 1945
Frontverlauf Ende 1942
Frontverlauf am 21. 8. 1945
(Kapitulation Japans)
Alliierte Angriffe
Sowjetunion
Sachalin
Kamtschatka
Kurilen
Alaska
Aleuten
Dutch Harbor
Attu-I.
Kiska-I.
Kaiserreich
Mandschukuo
Wladiwostok
Korea
Peking
Port Arthur
Hiroshima
6.8.1945
Nagasaki
9.8.1945
Tokio
Hoangho
China
Tibet
Yangtsekiang
Nanking
Wuhan
Shanghai
Pazifischer Ozean
Midway-I. (USA)
Britisch
Indien
Kunming
Amoy
Okinawa
Iwo (Jo) Jima
Kanton
Mandalay
Taiwan
Hawai
(USA)
Pearl Harbor
Burma
Hongkong
Hainan
19.6.1944
Marianen
Wake-I. (USA)
Rangun
Thai-
land
Franz. Indochina
Luzon
Manila
Philippinen
Anda-
manen
Bangkok
Guam
(USA)
Sapan
Marshall-In.
Jap-In.
Karolinen
Niko-
baren
Mindanao
Truk-In.
Ponape
Palau-I.
Brit.
Malaya
Singapur
Gilbert-In.
(Brit.)
Niederländisch Indien
Sumatra
Borneo
Bismarck-
Archipel
Celebes
Rabaul
Amboina
Salomonen
Salamaua
Java
Timor
Sapan
Port
Moresby
Samoa-In.
(USA, Neuseeland)
Darwin
Espitito Santo
Neue
Hebriden
(brit.-franz.)
Fidschi-In.
(Brit.)
Australien

1936 bis 1938

1936-1939

Spanischer Bürgerkrieg

Jan./Feb. 1938

Blomberg-Fritsch-Krise: Entlassung der Wehrmachtsführung, Hitler oberster Befehlshaber der Wehrmacht

30.9.1938

Münchner Abkommen: Angliederung des Südentenlandes an das Deutsche Reich

1939

23.8.1939

Hitler-Stalin-Pakt: Nichtangriffsvertrag zwischen dem Deutschen Reich und der Sowjetunion

1.9.1939

Überfall auf Polen, Beginn des Zweiten Weltkriegs

17.9.1939

Einmarsch und Besetzung Ostpolens durch die Rote Armee

28.9.1939

Kapitulation Warschaus

6.10.1939

Ende des Polenfeldzugs

1940

9.4.1940

Operation „Weserübung“: Einmarsch der Wehrmacht in Dänemark und Norwegen

10.5.1940

Einmarsch der Wehrmacht in Holland, Belgien und Luxemburg

15.5.1940

Kapitulation der Niederlande

4.6.1940

Alliierte Armee aus Dünkirchen gerettet

5.6.1940

„Fall Rot", Beginn des Frankreichfeldzuges

9.6.1940

Ende der Kämpfe in Norwegen

22.6.1940

Kapitulation Frankreichs

13.8.1940

Beginn der „Luftschlacht um England"

1941

11.2.1941

Landung des Deutschen Afrika-Korps in Libyen

6.4.1941

Balkanfeldzug, Einmarsch deutscher Truppen in Griechenland und Jugoslawien

10.5.1941

Rudolf Hess fliegt nach England

1941

20.5.1941

Beginn des Unternehmens „Merkur", Besetzung Kretas

27.5.1941

Kampf und Selbstversenkung der „Bismarck"

22.6.1941

Unternehmen „Barbarossa", deutscher Angriff auf die Sowjetunion

Dez. 1941

Gegenoffensive der Roten Armee

7.12.1941

Japanischer Angriff auf Pearl Habor

1942

20.1.1942

Wannseekonferenz, „Endlösung der Judenfrage"

3.-7.6.1942

Schlacht um Midway

23.10-4.11.1942

Entscheidungsschlacht bei El Alamein

8.11.1942

Alliierte Landung in Nordafrika

Winter 1942/4

Untergang der 6. Armee in Stalingrad

Januar 1943

Casablanca Konferenz der West-Alliierten

Frühjahr 1943

Endkampf in Nordafrika

27.5.1943

Zusammenschluss der französischen Widerstandsgruppen im „Conseil National de la Résistance" (CNR)

28.11.-2.12.1943

Konferenz von Teheran

April/Mai 1944

Untergang der 17. Armee auf der Krim

1943

1944

18.2.1943

Verhaftung der Widerstandsgruppe „Weiße Rose"; Goebbels proklamiert den „Totalen Krieg"

April/Mai 1943

Aufstand im Warschauer Ghetto

3.9.1943

Sonderwaffenstillstand Italiens

25./26.12.1943

Versenkung der „Scharnhorst" im Eismeer

6.6.1944

D-Day, Landung der Westalliierten in der Normandie

1944

10.6.1944

Massaker in Oradour-sur-Glane

20.7.1944

Attentat auf Hitler und Umsturzversuch von Teilen der Wehrmachtführung

25.8.1944

Befreiung der französischen Hauptstadt

Sept. 1944

Luftlandeunternehmen gegen Arnheim

Okt. 1944

Beginn der Rückeroberung der Philippinen

Juni/Juli 1944

Untergang der Heeresgruppe Mitte

15.8.1944

Landung der Westalliierten in Südfrankreich

Sept. 1944

Ausscheiden Finnlands aus dem Krieg

14.10.1944

Erzwungener Selbstmord Rommels

2.11.1944

Die letzten deutschen Verbände ziehen sich aus Griechenland zurück

1945

16.12.1944

Beginn der Ardennenoffensive der deutschen Wehrmacht

4.-11.2.1945

Konferenz von Jalta

Feb./März 1945

US-Eroberung von Iwo Jima

9.4.1945

Hinrichtung von Widerstandskämpfern in Flossenbürg, Kapitulation Königsbergs

16.4.1945

„Berliner Operation der Roten Armee", Versenkung der Goya

27.1.1945

Befreiung des KZ Auschwitz durch die Rote Armee

13./14.2.1945

Feuersturm in Dresden

7.3.1945

US-Zugriff auf die Brücke von Remagen

11.4.1945

Befreiung des KZ Buchenwald durch US-amerikanische Truppen

30.4.1945

Hitlers Selbstmord im „Führer"-Bunker

1945

8.5.1945

Befreiung des KZ Theresienstadt durch die Rote Armee, Bedingungslose Kapitulation der deutschen Wehrmacht

23.5.1945

Verhaftung der Regierung Dönitz

24.6.1945

Eroberung von Okinawa

26.6.1945

Gründung der Vereinten Nationen (UNO)

2.8.1945

Potsdamer Abkommen

6.8.1945

Abwurf der ersten Atombombe über Hiroshima

9.8.1945

Atombombenabwurf über Nagasaki; Kapitulation Japans

6.10.1945

Beginn des Nürnberger Prozesses gegen die Hauptkriegsverbrecher

Register

Register

Register

Register